U0522318

博士论文
出版项目

儿童共情
特点、归因与培养
Children's Empathy
Characteristics, Attribution and Cultivation

颜志强　著

中国社会科学出版社

图书在版编目(CIP)数据

儿童共情：特点、归因与培养/颜志强著.—北京：中国社会科学出版社，2023.4
ISBN 978-7-5227-1593-3

Ⅰ.①儿… Ⅱ.①颜… Ⅲ.①儿童—心理交往—能力培养 Ⅳ.①C912.3

中国国家版本馆 CIP 数据核字(2023)第 047989 号

出 版 人	赵剑英
责任编辑	王　琪
责任校对	杜若普
责任印制	王　超

出　　版	中国社会科学出版社
社　　址	北京鼓楼西大街甲 158 号
邮　　编	100720
网　　址	http://www.csspw.cn
发 行 部	010-84083685
门 市 部	010-84029450
经　　销	新华书店及其他书店

印　　刷	北京君升印刷有限公司
装　　订	廊坊市广阳区广增装订厂
版　　次	2023 年 4 月第 1 版
印　　次	2023 年 4 月第 1 次印刷

开　　本	710×1000　1/16
印　　张	21
字　　数	312 千字
定　　价	118.00 元

凡购买中国社会科学出版社图书，如有质量问题请与本社营销中心联系调换
电话：010-84083683
版权所有　侵权必究

出 版 说 明

为进一步加大对哲学社会科学领域青年人才扶持力度，促进优秀青年学者更快更好成长，国家社科基金 2019 年起设立博士论文出版项目，重点资助学术基础扎实、具有创新意识和发展潜力的青年学者。每年评选一次。2021 年经组织申报、专家评审、社会公示，评选出第三批博士论文项目。按照"统一标识、统一封面、统一版式、统一标准"的总体要求，现予出版，以飨读者。

全国哲学社会科学工作办公室

2022 年

序

今天是六一儿童节，动笔为颜志强博士的《儿童共情：特点、归因与培养》一书写序，适逢其时。

颜志强 2013 年参加北京大学本科生夏令营并顺利保送为直接攻读博士学位的研究生。之后，他便在实验室开展以儿童共情为主题的研究工作。这本专著的基础，就是他的博士学位论文。在博士学位论文的基础上，他对相关文献进行了进一步的梳理。本书不仅总结和拓展了相关理论，更是构建出了实践指导方案。

共情作为个体社会生活中的关键能力，作为人与人之间以及人与自然之间沟通的纽带，是儿童发展健全人格并适应社会需求要具备的重要软实力。随着社会合作化程度的加深，儿童健康成长的内涵相应得以拓展。其中，儿童共情能力的发展越来越引起专业研究领域以及社会和实际应用场域中各方的重视。关心、理解及帮助他人、学会从他人角度看待问题、对他人情绪感同身受并适时适度做出反应的非显性能力已经逐渐成为各方关注的焦点。

从呼应政策层面的要求来看，作者不仅关注书斋里的研究，还有意识地将研究所得及时转化为指导实践方案，为家庭教养和学校教育服务。

其一，2012 年教育部颁布的《3—6 岁儿童学习与发展指南》，结合儿童学习与发展规律，从健康、语言、社会、科学、艺术五个领域分别提出儿童学习与发展目标及教育建议。在健康领域的"情绪安定愉快""具有一定适应能力"，在社会领域的"能与同伴友好相处""关心尊重他人""喜欢并适应群体生活"等目标的表述都强调了儿童具有良好的人际交往及社会适应能力的重要性。这些必要及合理的发展期望无疑都与儿童的共情发展有着密切的关联。因此，加强儿童的共情教育，发展和培养儿童良好的共情能力，是当前养育和教育工作中不容忽视的重要内容。这本书可以帮助养育者和教育者理解儿童共情及其发展相关的影响因素，有的放矢地展开工作。

其二，2021年国务院印发的《中国儿童发展纲要（2021—2030年)》中明确指出儿童发展调查研究亟须加强。《儿童共情：特点、归因与培养》一书，作为长期研究的经验成果，正契合了当前国家和社会各方之需。本书从共情的重要性及意义出发，对共情的经典理论进行梳理，以作者本人提出的儿童共情的注意双加工理论为依托，借助多种研究方法和技术描绘出学前期儿童共情发展的特点，并从个体及情境两个角度进行了因素探讨，希望可以为相关工作提供实证。

作为颜志强的博士导师，虽然在他的学习阶段，我挑刺鞭策的时候更多一些，但是现在他已经开始独立开展教学和研究工作，能够在繁忙的日常工作之余完成这本专著，难能可贵，所以在这里我更愿意向大家介绍其中的几个亮点。

第一，本书内容丰富、观点鲜明。可以说，在儿童共情方面目前还鲜有内容如此全面的参考书。在共情的意义和重要性方面，本书不仅从人际间交往的角度进行了探讨，还关注到了共情对于人与自然和谐共生的促进作用。基于共情的历史演变思路，本书深入挖掘了中国传统文化下的共情缘起，并从字形的变化和概念的辨析等方面进行了探寻。此外，本书的观点非常鲜明。书中明确指出共情具有两面性，共情既有助于我们对他人的情绪感同身受，也会让我们产生情绪压力，所以我们更需要借助情境线索来准确地共情，依赖执行功能来适宜地共情。

第二，本书研究扎实、方法多样。从科学研究的角度来看，本书所介绍和梳理的研究内容基础扎实。特别是第五章和第六章采用了多个实验来论证情境性因素和个体性因素对于学前期儿童共情的影响，研究之间环环相扣，逻辑清晰。在文献梳理方面，本书也做到了不仅全面而且精细。在探讨共情研究的历史、趋势和特点时，采用文献计量学方法；在探讨共情的毕生发展特点时，采用元分析方法；在探讨学前期儿童的共情及其注意加工特点时，还将实验法和眼动追踪技术相结合，客观而系统地呈现了这一领域的研究现状和进展。

第三，本书理论创新、联系实践。在已有研究的基础上，作者从本土化研究的角度出发，提出了具有一定学术前瞻性的儿童共情的注意双加工模型，不仅全面而系统地总结了共情的相关理论，更是实现了理论创新。另外，本书更是考虑到了儿童共情的教育实践问题。在第七章中，专门论述了如何培养儿童的共情能力。其中，第二节提出了儿童共情的团体、家庭和学校三个角度的培养思路。第三节则以亲子阅读为媒介，探讨了亲子阅读是如何促进儿童共情发展的。第四节对于共情横断历史变迁的考察更是表明，社会经济发展和教育对共情的发展有着同样重要的影响。

综上，作为儿童共情研究和教育的一种探索和尝试，本书对儿童共情的理论丰富及教育实践的积极意义是显而易见的，不失为一本能够为共情研究者带来启发、为养育和教育实践者提供指导的佳作。

是为序。

苏彦捷
2022 年 6 月于北京大学哲学楼

摘 要

在当代日益复杂的人际社会网络中,个体如何有效地处理社会网络中的人际交往关系必将是和谐社会发展的关键。共情,无疑有助于我们走向和谐社会。已有研究表明,共情能够促进人与人和谐相处、人与社会和谐相处、人与自然和谐共生。在探寻共情的文化源起时,我们发现,共情是中华传统文化的精华,需要继承、发扬和培养。共情作为个体社会生活中的关键能力,是儿童发展健全人格并适应社会需求应具备的重要软实力,所以培养共情应该从儿童抓起。

本书首先对共情相关的理论进行了回顾,在此基础上提出了具有一定学术前瞻性的儿童共情的注意双加工模型。为验证该模型,进行了一系列的实验。一是,第三章中,借助元分析技术考察了个体情绪共情和认知共情的发展差异,从而得以了解共情的毕生发展特点。结果表明,学前期儿童的共情处于以情绪共情为主的发展阶段,儿童共情处于共情发展的转折点上。二是,第五章中,采用行为实验法探讨了情境性因素对学前期儿童共情的影响。结果表明,情境线索会影响学前期儿童的共情,物理线索的影响强于社会线索。这意味着,共情具有一定的情境依赖性。三是,第六章中,结合行为实验法与眼动追踪技术探讨了情境性因素和个体性因素在学前期儿童共情影响中的作用。结果表明,学前期儿童的执行功能对其在不同物理线索和社会线索条件下的共情具有调节作用。随着前额叶的成熟,学前期儿童的执行功能也在这一时期得到了飞速的发展,可能对其情绪反应起到一定的调控作用。四是，借助元分析方法总结了已有研究中执行功能与共情的关系。结果发现，执行功能与共情显著正相关，执行功能与认知共情的相关强于其与情绪共情的相关，执行功能不同子成分中抑制控制与共情的相关程度最高。五是，第七章中，围绕学前期儿童共情的特点及其影响因素，本书提出了儿童共情的团体、家庭和学校三个角度的培养思路，更以亲子阅读为媒介，探讨了亲子阅读是如何促进儿童共情发展的。对于影响儿童共情发展的潜在宏观因素也进行了探讨。六是，第八章中，对全书进行了总结和讨论。一系列的实验结果综合表明，环境中的情境线索借由自下而上的视觉加工特征吸引个体的注意从而影响个体的疼痛共情，个体的执行功能则一方面能够直接调节情境线索对其疼痛共情的影响，另一方面可能通过影响由情境线索所产生的注意模式来间接影响个体的疼痛共情。该结果丰富并完善了疼痛共情的双加工模型，也为教育实践工作者更好地帮助学前期儿童产生和消解疼痛共情，提供了理论支持和实践支持。

关键词：儿童；共情；疼痛；情境线索；执行功能

Abstract

In the contemporary interpersonal social network, which is getting increasingly complex, how individuals effectively deal with the interpersonal relationship will be the key for creating a harmonious society. Empathy will undoubtedly help achieve this goal. Studies have shown that empathy can promote the harmonious coexistence among people, between countries, and between humans and nature. When exploring its cultural origin, we found empathy is the essential part of traditional Chinese culture and need to be inherited, cultivated, and developed. As the ability that the social life of an individual hinges on, empathy is an important soft power for children to develop a healthy personality and adapt to social need. Therefore, the cultivation of empathy should start from children.

This book reviews the theories related to empathy, and on this basis, puts forward a dual-processing model of children's empathy. In order to verify the model, a series of experiments were carried out. First, in Chapter 3, by using meta-analysis techniques, the differences in the development of individual affective empathy and cognitive empathy are investigated, so as to better understand the life-long development characteristics of empathy. Results indicated that the preschooler's empathy mainly focused on the affective empathy developing stage, a turning point in the whole process. Second, in Chapter 5, the behavioral experiment method is used to explore the influence of situational factors on preschoolers' empathy. Results showed that contextual cues affect empathy in preschoolers, and the influence of physical cues is stronger than social cues. This means that empathy was situationally dependable to some extent. Third, in Chapter 6, by combining the behavioral experiment method and eye-tracking technology, we considered the role of individual factors under the impact of situational factors on the empathy of preschool children. Results showed that the executive function of preschoolers moderates their empathy under different physical and social cues. With the maturity of the prefrontal lobe, the executive function of preschool children also developed rapidly, which may play a certain role in regulating their emotional responses. Fourth, the relationship between executive function and empathy in existing studies was summarized by employing the meta-analysis method, and it was found that executive function and empathy were significantly positively correlated, and executive function was more strongly related to cognitive empathy than to affective empathy. Among the different subcomponents of executive function, the correlation between inhibitory control and empathy is the highest. Fifth, in Chapter 7, focusing on the characteristics and influencing factors of preschoolers' empathy. This book puts forward three ideas for cultivating children's empathy from the perspectives of groups, families, and schools. Furthermore, we discuss how parent-child reading promotes children's empathy development.

Finally, in Chapter 8, we summarized and discussed the contents of the whole book. A series of experimental results comprehensively presented those contextual cues in the environment attract individuals' attention through bottom-up visual processing characteristics, thereby affecting individuals' pain empathy. On the one hand, the individual's executive function can directly regulate the impact of contextual cues on their pain empathy, and on the other hand, it may indirectly influence the individual's pain empathy by affecting the attention patterns generated by contextual cues. These results enrich and improve the dual-processing model of pain empathy, and also provide theoretical and practical support for educational practitioners to better help preschool children generate and eliminate pain empathy.

Key Words: Children; Empathy; Pain; Contextual cues; Executive function

目 录

第一章 绪论 …………………………………………（1）
第一节 共情是走向和谐社会的基石 ……………（3）
一 共情促进人际间和谐相处 …………………（4）
二 共情促进人与自然和谐共生 ………………（7）
三 共情促进社会安定和谐 ……………………（9）
第二节 共情是中华传统文化的精华 ……………（11）
一 中国传统文化下的共情缘起 ………………（11）
二 当代共情研究中的概念辨析 ………………（15）
三 共情研究中对于疼痛共情的关注 …………（18）
第三节 本章小结 …………………………………（22）

第二章 共情的理论 …………………………………（23）
第一节 共情研究的经典理论 ……………………（23）
一 知觉运动模型 ………………………………（23）
二 俄罗斯套娃模型 ……………………………（25）
三 双加工理论模型 ……………………………（26）
四 双系统模型 …………………………………（27）
第二节 儿童共情的注意双加工理论模型 ………（28）
一 儿童模型提出的由来 ………………………（28）
二 儿童模型研究的框架 ………………………（30）
第三节 本章小结 …………………………………（31）

第三章 共情的毕生发展……………………………………………(33)

第一节 共情的发展持续一生……………………………………(33)
一 共情的毕生发展理论模型……………………………………(33)
二 共情的毕生发展特点…………………………………………(35)

第二节 共情毕生发展的元分析研究……………………………(38)
一 文献检索和筛选………………………………………………(39)
二 文献编码与数据分析…………………………………………(40)
三 研究结果………………………………………………………(42)
四 结果分析………………………………………………………(48)

第三节 儿童共情处于共情发展的转折点………………………(51)

第四节 本章小结……………………………………………………(52)

第四章 共情的研究方法………………………………………………(54)

第一节 采用问卷法测量共情……………………………………(54)
一 单维度测量工具………………………………………………(54)
二 多维度测量工具………………………………………………(58)

第二节 借助行为实验法测量共情………………………………(62)
一 疼痛评价任务…………………………………………………(62)
二 眼中读心任务…………………………………………………(63)
三 多维度共情测量任务…………………………………………(64)

第三节 使用电生理方法测量共情………………………………(65)
一 肌肉电位反应（EMG）………………………………………(65)
二 脑电（EEG）…………………………………………………(66)
三 核磁共振成像（fMRI）………………………………………(67)

第四节 儿童共情测量的特异性与研究范式……………………(69)
一 图画/视频故事任务……………………………………………(69)
二 情境模拟任务…………………………………………………(71)
三 疼痛评价任务…………………………………………………(72)
四 他人报告问卷…………………………………………………(73)

第五节　本章小结……………………………………（75）

第五章　情境线索对儿童共情的影响……………………（77）
　　第一节　情境线索的概念及作用……………………（78）
　　　一　情境线索的概念………………………………（78）
　　　二　情境线索的作用………………………………（78）
　　　三　情境线索对儿童共情的影响…………………（81）
　　第二节　物理线索对儿童共情的影响………………（83）
　　　一　实验设计与实施………………………………（84）
　　　二　实验结果及分析………………………………（88）
　　　三　研究总结与讨论………………………………（93）
　　第三节　社会线索对儿童共情的影响………………（95）
　　　一　实验设计与实施………………………………（95）
　　　二　实验结果及分析………………………………（99）
　　　三　研究总结与讨论………………………………（108）
　　第四节　不同类型线索对儿童共情的影响…………（110）
　　　一　实验设计与实施………………………………（111）
　　　二　实验结果及分析………………………………（115）
　　　三　研究总结与讨论………………………………（127）
　　第五节　本章小结……………………………………（129）

第六章　执行功能对儿童共情的影响……………………（132）
　　第一节　执行功能的概念及其发展…………………（133）
　　　一　执行功能的概念………………………………（133）
　　　二　儿童执行功能的发展…………………………（133）
　　第二节　执行功能在共情反应过程中的作用………（134）
　　　一　参与共情反应…………………………………（135）
　　　二　调控注意过程…………………………………（136）

第三节　执行功能在物理线索对儿童共情影响中的
　　　　作用 ……………………………………………………（137）
　　一　实验设计与实施 ……………………………………（139）
　　二　实验结果及分析 ……………………………………（145）
　　三　研究总结与讨论 ……………………………………（158）

第四节　执行功能在社会线索对儿童共情影响中的
　　　　作用 ……………………………………………………（162）
　　一　实验设计与实施 ……………………………………（163）
　　二　实验结果及分析 ……………………………………（165）
　　三　研究总结与讨论 ……………………………………（172）

第五节　执行功能与共情关系的元分析研究 ………………（174）
　　一　文献检索和筛选 ……………………………………（174）
　　二　文献编码与数据分析 ………………………………（176）
　　三　研究结果 ……………………………………………（176）
　　四　结果分析 ……………………………………………（180）

第六节　本章小结 ……………………………………………（182）

第七章　培养儿童的共情能力 ……………………………（186）

第一节　共情具有可塑性 ……………………………………（186）
　　一　共情能力的获得部分源于遗传 ……………………（186）
　　二　共情能力培养的必要性与可行性 …………………（188）

第二节　培养儿童共情的路径 ………………………………（194）
　　一　从团体出发，以团体心理辅导提高儿童的
　　　　共情能力 ……………………………………………（195）
　　二　从家庭出发，以亲子阅读培养儿童的共情能力 …（198）
　　三　从学校出发，以幼儿园思政课培养儿童的
　　　　共情能力 ……………………………………………（201）

第三节　绘本阅读促进儿童共情发展的实证探索 …………（204）
　　一　研究设计与实施 ……………………………………（204）

二　研究结果及分析 …………………………………… (207)
　　三　研究总结与讨论 …………………………………… (209)
　第四节　共情的时代变迁 ………………………………… (210)
　　一　共情的发展与社会的发展息息相关 ……………… (210)
　　二　中国大学生共情随时代变迁产生的变化 ………… (211)
　　三　共情时代变迁背后的原因及教育启示 …………… (217)
　第五节　本章小结 ………………………………………… (219)

第八章　结论与展望 …………………………………………… (220)
　第一节　儿童共情的发展特点与注意加工机制 ………… (220)
　　一　共情是生物演化和遗传的"天赋" ………………… (220)
　　二　情境线索是儿童产生共情的"催化剂" …………… (222)
　　三　执行功能是儿童调控共情的认知基础 …………… (224)
　　四　儿童共情的注意双加工理论模型 ………………… (226)
　第二节　儿童共情研究的未来 …………………………… (229)
　　一　关注儿童特质共情的影响 ………………………… (229)
　　二　控制儿童实验的材料属性 ………………………… (229)
　　三　考虑儿童自身的情绪状态 ………………………… (230)
　　四　调查儿童自身的疼痛经历 ………………………… (231)
　　五　转向儿童积极共情的研究 ………………………… (231)
　　六　研究社交排斥对儿童共情的影响 ………………… (231)
　第三节　结语 ……………………………………………… (232)

参考文献 ………………………………………………………… (233)

索　引 …………………………………………………………… (304)

后　记 …………………………………………………………… (308)

Contents

Chapter 1　Introduction ········· (1)
　Section 1　Empathy Is the Cornerstone of a Harmonious
　　　　　　Society ········· (3)
　　1　Empathy Promotes Interpersonal Harmony ········· (4)
　　2　Empathy Promotes the Harmonious Coexistence of
　　　　Human and Nature ········· (7)
　　3　Empathy Promotes Social Stability and Harmony ········· (9)
　Section 2　Empathy Is the Essence of Chinese Traditional
　　　　　　Culture ········· (11)
　　1　The Origin of Empathy Under Chinese Traditional
　　　　Culture ········· (11)
　　2　Discrimination of Concepts in Contemporary Empathy
　　　　Research ········· (15)
　　3　Attention to Pain Empathy ········· (18)
　Section 3　Chapter Summary ········· (22)

Chapter 2　The Theory of Empathy ········· (23)
　Section 1　The Classical Theory of Empathy ········· (23)
　　1　Perception-Action Model ········· (23)
　　2　Russian-Doll Model ········· (25)
　　3　Dual-Process Model ········· (26)

  4 Dual System Model of Empathy ……………………（27）
 Section 2 The Attention Dual-Processing Theoretical Model of Children's Empathy ………………………………（28）
  1 Child Model …………………………………………（28）
  2 Research Framework ………………………………（30）
 Section 3 Chapter Summary ………………………………（31）

Chapter 3 The Lifelong Development of Empathy …………（33）

 Section 1 The Development of Empathy Lasts a Lifetime ……（33）
  1 The Theoretical Model of Empathy Lifelong Development ………………………………………（33）
  2 The Lifelong Development Characteristics of Empathy ……………………………………………（35）
 Section 2 Meta-Analysis Study of Lifelong Development of Empathy ……………………………………………（38）
  1 Literature Search and Inclusion Criteria ……………（39）
  2 Reference Coding and Statistical Analyses …………（40）
  3 Result …………………………………………………（42）
  4 Discussion ……………………………………………（48）
 Section 3 Children's Empathy Is at the Turning Point of Empathy Development …………………………（51）
 Section 4 Chapter Summary ………………………………（52）

Chapter 4 Empathy Research Methods ……………………（54）

 Section 1 Questionnaire ……………………………………（54）
  1 Single Dimension Questionnaire ……………………（54）
  2 Multi Dimension Questionnaire ……………………（58）
 Section 2 Behavior Experiment ……………………………（62）
  1 Pain Evaluation Task ………………………………（62）
  2 Mind Reading Task …………………………………（63）

  3 Multifaceted Empathy Test ……………………………… (64)
Section 3 Electrophysiological ……………………………………… (65)
  1 Electromyogram (EMG) …………………………………… (65)
  2 Electroencephalogram (EEG) …………………………… (66)
  3 Functional Magnetic Resonance Imaging (fMRI) ……… (67)
Section 4 The Specificity and Research Paradigm of Children's
     Empathy Measurement ……………………………… (69)
  1 Picture/Video Story Task ………………………………… (69)
  2 Situational Simulation Task ……………………………… (71)
  3 Pain Evaluation Task ……………………………………… (72)
  4 Questionnaire ……………………………………………… (73)
Section 5 Chapter Summary ………………………………………… (75)

Chapter 5 The Influence of Contextual Cues on Children's Empathy ……………………………………………… (77)

Section 1 The Concept and Function of Contextual Cues …… (78)
  1 The Concept of Contextual Cues ………………………… (78)
  2 The Function Contextual Cues …………………………… (78)
  3 The Influence of Contextual Cues ……………………… (81)
Section 2 The Influence of Physical Cues ……………………… (83)
  1 Experiment Design ………………………………………… (84)
  2 Experiment Results ………………………………………… (88)
  3 Experiment Discussion …………………………………… (93)
Section 3 The Influence of Social Cues ………………………… (95)
  1 Experiment Design ………………………………………… (95)
  2 Experiment Results ………………………………………… (99)
  3 Experiment Discussion …………………………………… (108)
Section 4 The Influence of Different Types Cues on
     Children's Empathy ………………………………… (110)
  1 Experiment Design ………………………………………… (111)

2　Experiment Results ……………………………………（115）
　　3　Experiment Discussion …………………………………（127）
　Section 5　Chapter Summary …………………………………（129）

Chapter 6　The Influence of Executive Function on Children's Empathy ……………………………（132）
　Section 1　The Concept and Development of Executive Function …………………………………（133）
　　1　The Concept of Executive Function ……………………（133）
　　2　The Development of Children's Executive Function ……（133）
　Section 2　The Influence of Executive Function on Empathy ………………………………………（134）
　　1　Modulate Empathy ………………………………………（135）
　　2　Regulate Attention ………………………………………（136）
　Section 3　The Role of Executive Function in the Influence of Physical Cues on Children's Empathy …………（137）
　　1　Experiment Design ………………………………………（139）
　　2　Experiment Results ………………………………………（145）
　　3　Experiment Discussion …………………………………（158）
　Section 4　The Role of Executive Function in the Influence of Social Cues on Children's Empathy ……………（162）
　　1　Experiment Design ………………………………………（163）
　　2　Experiment Results ………………………………………（165）
　　3　Experiment Discussion …………………………………（172）
　Section 5　Meta-Analysis of the Relationship between Executive Function and Empathy ………………（174）
　　1　Literature Search and Inclusion Criteria ………………（174）
　　2　Reference Coding and Statistical Analyses ……………（176）
　　3　Result ……………………………………………………（176）
　　4　Discussion ………………………………………………（180）

Section 6　Chapter Summary ……………………………… (182)

Chapter 7　Cultivate Children's Empathy …………………… (186)
　Section 1　Empathy Is Plastic …………………………………… (186)
　　1　Empathy Partly from Heredity ……………………………… (186)
　　2　The Necessity and Feasibility of Cultivating
　　　　Empathy ……………………………………………………… (188)
　Section 2　The Way to Cultivate Children's Empathy ………… (194)
　　1　From the Perspective of Group, Group Psychological
　　　　Counseling Should Be Used to Improve Children's
　　　　Empathy ……………………………………………………… (195)
　　2　From the Perspective of Family, Parent-Child
　　　　Reading Should Be Used to Cultivate Children's
　　　　Empathy ……………………………………………………… (198)
　　3　From the Perspective of School, Ideological and
　　　　Political Classes Should Be Used to Cultivate
　　　　Children's Empathy ………………………………………… (201)
　Section 3　The Empirical Exploration of Picture Book Reading
　　　　　　 to Promote Children's Empathy Development …… (204)
　　1　Experiment Design …………………………………………… (204)
　　2　Experiment Results ………………………………………… (207)
　　3　Experiment Discussion ……………………………………… (209)
　Section 4　Empathy Changes With the Times ………………… (210)
　　1　The Development of Empathy Is Closely Related to the
　　　　Development of Society …………………………………… (210)
　　2　The Changes of Chinese College Students' Empathy
　　　　With the Changes of the Times …………………………… (211)
　　3　The Reason and Educational Enlightenment …………… (217)
　Section 5　Chapter Summary …………………………………… (219)

Chapter 8 Conclusion and Prospect (220)

Section 1 The Development Characteristics and Attention Processing Mechanism of Children's Empathy (220)

1. Empathy Is the Gift of Biological Evolution and Heredity (220)
2. Contextual Cues Are the Catalyst for Children to Have Empathy (222)
3. Executive Function Is the Cognitive Basis for Children to Modulate Empathy (224)
4. The Attention Dual-Processing Model of Children's Empathy (226)

Section 2 The Future of Children's Empathy Research (229)

1. Pay Attention to the Influence of Children's Trait Empathy (229)
2. Control the Material Properties of Children's Experiment (229)
3. Consider Children's Own Emotional State (230)
4. Investigate Children's Own Pain Experience (231)
5. Turn to the Study of Children's Positive Empathy (231)
6. Study the Effect of Social Exclusion on Children's Empathy (231)

Section 3 Chapter Summary (232)

References (233)

Index (304)

Postscript (308)

第一章

绪　论

在当代日益复杂的人际社会网络中，个体如何有效地处理社会网络中的人际交往关系必将是和谐社会发展的核心问题（王登峰、黄希庭，2007：2）。人类作为一种社会性动物，是难以脱离群体而独自生活的。在群体生活中，和谐的人际关系显得尤为重要（颜志强等，2017：578）。实际上，和谐、互助的人际关系一直都是人类社会所倡导的主旋律（林崇德，2007：1）。构建社会主义和谐社会，是中国特色社会主义事业的有机组成部分，是推进全面建设小康社会的重大战略举措。无论是从个体的发展，还是从国家的发展来说，人际和谐都是人类社会生活的核心，人际和谐意味着没有人际冲突，每个人都能够为了个体和国家发展的目标奋力向前，从而建设好中国特色社会主义事业。

然而，人际间的和谐互动没有想象中的那么容易。我们总能在某些时刻发现一些不和谐的现象。许多新闻报道显示，人们对于身边的人缺乏人文关怀，在人际交往之中缺乏共情。另外，随着互联网技术的发展，在网络上也出现了大量的恶性事件。数据表明，39.18%的中国内地大学生参与过网络欺凌（朱鹤等，2016：605），58%的中国香港大学生参与过网络欺凌（Anml 等，2018：7）。网络欺凌犯罪已经成为全球青少年面临的主要问题，其发生率也在不断上升（Watts 等，2017：268）。面对此情此景，我们不禁发出疑问，社会是否普遍存在共情缺失的现象？在如此社会背景下，社会还能和谐发展吗？在2006年，时任美国总统的奥巴马就曾在一次演讲中提到，共情能力的缺乏可能是如今美国社会人情冷漠、对他人缺乏关怀的关键原因。

共情的发展既是个体性的发展也是社会性的发展。首先，随着社会的发展，个体与个体之间变得更加独立。一方面，这体现了人类社会的进步和发展，人们越来越具有自我意识，个性越来越明显。中国传统文化以集体主义为核心，强调服从或为集体利益而奉献。在集体主义文化的熏陶下，中国的老一辈都是秉持着一荣俱荣、一损俱损的观念，对于周围的亲人甚至是陌生人都十分关心。但是，随着文化的发展趋向于多元化，个性得以彰显，人们能够选择的生活方式多彩多样，越来越多的个体倾向于去追求属于自己的个性。个体主义文化的兴起毫无疑问地使得新生代的青少年更加关注自我，而缺乏对他人的关注。另一方面，新生代个体共情的缺失引发了广泛的社会关注。现在20世纪90年代出生的孩子正成为社会主力，他们在计划生育政策下成长起来，以独生子女为主，这样的社会结构在共情研究领域中受到了有史以来最多的关注，引发了诸如"90后"是否存在共情缺失、独生子女过于以自我为中心等一系列问题的讨论。这一系列的社会现象表明，个体自我意识的过度发展可能是问题的关键。当个体缺乏或没有动力与他人产生联结时，也就是所谓的共情能力较差时，容易引发人际交往冲突、家庭矛盾乃至社会问题。针对这个问题，钱理群教授提出了精致的利己主义者这一概念，他认为个人主义无可厚非，但是把个人利益作为自己唯一的追求是有问题的。缺乏共情能力的精致利己主义者不仅拥有较差的人际关系，更重要的是自身容易出现快感缺失并随之引发一系列的问题行为（穆菁菁等，2013：934）。在已有的共情与攻击性行为间关系的元分析研究中发现，个体的共情能力越低，其攻击性行为就会越多（赵陵波等，2016：86）。很明显，共情能力的缺失会为个体和他人带来不利影响，这将阻碍我们实现构建和谐、幸福社会的宏远目标。所以，当代年轻人共情缺失的问题需要得到重视。此外，根据共情的毕生发展规律和特点，儿童阶段共情的发展对于成年后的共情能力以及社会行为表现具有重要的预测作用，这提醒我们共情的培养要从娃娃抓起。

其次，共情的缺失将使社会的发展出现问题。共情是人际和谐的关键，是联结起人与人之间沟通和理解的桥梁。中国作为一个人口大国，国家的生存和发展都需要强大的凝聚力。为此，党中央高度重视，并提出了许多相关的政策以及规划纲要。党的十六届六中全会明确提出了中国特色社会主义社会构建的指导思想，该指导思想的基本特征包括以下几点：民主法治、公平正义、诚信友爱、充满活力、安定有序、人与自然和谐相处。通过系统学习，可以发现党中央对于和谐社会的论述主要体现在五个方面，其一是自我的和谐，其二是人际和谐，其三是社会和谐，其四是人与自然的和谐，其五是国家与外部世界的和谐。林崇德（2007：1）结合党的十六届六中全会关于构建和谐社会的文件提出了中国和谐社会建构所必需的六大关系，其中之一就是要处理好人与人的关系。而且这种人与人之间的关系并非简单的个体与个体之间的关系，还包括个体与群体之间的关系，进而扩展到个体与社会的关系（辛自强、辛素飞，2013：14）。十三届全国人大四次会议通过的"十四五"规划和2035年远景目标纲要更是明确提出，要在习近平总书记的领导下，以习近平新时代中国特色社会主义思想为指导，进一步实现社会安定和谐。近年来逐渐得到改革推广的二胎、三胎生育政策或许也将有助于改变独生子女政策带来的弊端，为儿童的成长提供更多的共情培养情境，从而为其共情发展带来有益的影响。

第一节　共情是走向和谐社会的基石

共情作为社会性动物的重要社会认知能力之一，有助于我们对他人的情绪产生共鸣、理解他人的情绪，并且做出具有适应性的行为反应。换言之，共情能够借由情绪的纽带将每一个单独的个体连接在一起，甚至在国与国之间和人类与自然之间建立起沟通和联系的桥梁。本节将从共情对于个体间、群体间以及人与自然之间的和谐的影响这三个方面进行展开。

一 共情促进人际间和谐相处

共情是社交黏合剂，是人与人之间进行交流和沟通的关键。在当代复杂的人际社会网络中，拥有较高共情能力的个体无疑能够更加妥善地处理好人际关系，能够更多地表现出亲社会行为和更少的攻击性行为或反社会行为，能够更好地适应社会环境，能够成功地生存下来以及繁衍后代。身处社会网络中的个体时时刻刻都在自主或不自主地向外界传递自己的情绪信号，例如日常的或是突发性事件带来的情绪信息。这些情绪信号可能没有明确的接收对象，但是社会网络中具有较高共情能力的个体却能够接收并准确地解读这些情绪信息（Hoenen 等，2018：2）。每个独立的人，随时随地都在向他人传播、散发自己的情绪、思维信号，等待并期望有人能够接收到，能够理解并接纳他/她。共情的存在使得我们能够觉察到、体验到并且理解他人的情绪和想法，并且促使我们去帮助他人，这是一种非常高效的交流方式。所以，也有研究者将共情形象化地描述为神经 WIFI，每个人既是一个会自动向周围发放情绪信号的路由器终端，也是一个会自动接收周围情绪信号的路由器终端。由于对他人的情绪和感受感同身受，人们会主动地尝试去关心、理解和帮助身边的人。de Waal（2008：279）指出，共情基于内含适应性和互惠利他服务于个体的生存和种族的繁衍，对社会性动物的群居生活具有非常重要的影响。内含适应性是基于内含适应性理论提出的，是指自然选择倾向于那些能促使有机体的基因得以传播的特性，而不管有机体是否能直接繁殖出后代。互惠利他则是基于互惠利他理论提出的，是指非亲缘个体之间的利他行为是互惠性的，一个个体冒着降低自己适应性的风险去帮助另一个与自己无亲缘关系的个体，是为了日后与受益者相遇时得到一定的回报（李春桃，2019：1）。拥有了共情，就意味着拥有了了解、理解他人并与他人沟通、交流的最佳工具，无论是在亲情、友情还是爱情中，都能够打开彼此的心门，惺惺相惜，心心相印。

首先，共情将使我们获得亲密无间的亲子关系。一方面，共情能够促进父母与子女形成亲密的情感联结。共情既是我们的本能，也是我们的天赋。亲子关系是儿童情感发展的重要背景，而共情是建构亲子依恋的良好载体（Creavy 等，2020：310）。换句话说，依恋是共情的根源，共情是依恋的自然延伸，共情促使亲子之间产生紧密的情感联系，促进亲子之间进行情感交流。共情的作用是存在生理基础的。例如，在分娩时母亲会分泌大量的催产素。从功能上来看，催产素不仅能够促进母亲子宫收缩，还能够增强母子之间的情感联系。已有研究表明，催产素与共情有着显著的正向关联：人体内催产素浓度越高，个体的共情反应就越强（魏高峡等，2021：702）。相对应地，一些研究确实发现，相比于剖宫产的母亲，自然生产的母亲与孩子之间的情感联结要更加紧密。父母对孩子产生高水平的共情，将有助于父母关注与理解孩子的感受和表现，进而使父母对孩子做出关爱和照顾行为，为孩子的感受和行为表现提供积极的反馈。另一方面，共情在亲子互动的过程中发展。亲子交流和沟通一直是教养领域的一个难题，在亲子交流和沟通的过程中父母需要做到设身处地从孩子的角度思考问题，需要将孩子置于与自己平等的位置，共情或许能使父母在这项任务上有更好的表现。共情意味着父母对孩子需求和情绪的关注，共情能力较强的父母更有可能准确地理解孩子的需求和及时地觉察到孩子情绪的变化，这将有助于亲子之间互相沟通和理解。同时，父母的表现也将反馈到孩子的成长中，孩子将在成长的过程中以及与父母互动的过程中逐渐学会并尝试去理解他人的感受和看法。例如，儿童在一定的年龄阶段开始理解父母的反应、喜好与期望，从而做出符合父母预期的行为，这对亲子关系的良好发展具有重要意义，而良好的亲子关系又将反过来促进亲子双方心理能力的发展。事实上，共情与亲子依恋的关系不仅表现在幼儿身上，大量的研究都表明，对青少年而言，高水平的共情能力与对父母的安全依恋存在显著正相关（Laible 等，2004：703）。此外，父母的教养可能被孩子内化，从而促进其共情能力的发展。具体来讲，当父母提供情感支持，并对孩子共情时，他们可能成为孩子共情行为的榜样，进而促进个体共情的发展（Goering, Mrug, 2021：1308；Strayer, Roberts, 2010：229）。

其次，共情将使我们获得牢固可靠的同伴关系。同伴关系是指年龄或心理发展水平相当的个体在交往活动之中建立起来的关系。在个体成长过程中，同辈群体是最重要的交往对象之一，同伴关系甚至贯穿人的一生，和谐的同伴关系对个体的身心健康具有重要影响。共情先于社会关系出现，是指个体知觉和理解他人的情绪并做出适当行为反应的能力（颜志强、苏彦捷，2018：129）。因此，共情被认为与同伴关系息息相关。研究者们也就此开展了关于共情与同伴关系之间相关性的研究。其中，一项元分析的结果发现，青少年群体中的同伴关系质量与共情之间存在小至中等程度的正相关，即关系质量较好的青少年更倾向于关心和理解他人的情绪（Boele 等，2019：1033）。而当个体在特定情境中能够较好地理解他人的想法和感受时，又能增加其助人、合作或友好行为，进而提高同伴接纳的可能性。也就是说，在某种程度上，更强的共情能力被认为与更积极的同伴互动有关。例如，如果一个人能够理解另一个人的观点和情绪，人们会认为他对外群体有更积极的看法，一般不会以消极的方式与他人互动。对于学前期儿童的共情发展而言，与同伴交往是一项重要的发展任务。共情能力越强的儿童越能够站在他人的角度思考问题，相对来说，更容易成为同伴群体中受欢迎的那个人（刘思航等，2021：69）。同时，儿童在与同伴交往的过程中，不但要学会对他人感受产生共鸣还要尝试去理解他人情绪产生的缘由，而这无疑也会促进学前期儿童共情能力的发展。

最后，共情被认为是社会情感互动的潜在机制，终将使我们获得心灵相通的爱情。从理论的层面出发，共情源于亲子依恋，亲子依恋与成人依恋有着密切的联系，安全、稳定、可靠的亲子关系会让个体形成安全依恋，反之则可能形成不安全依恋。共情则是安全型依恋的重要表现，已有研究确实也发现共情是伴侣间关系稳定性的最佳预测指标之一。与共情的定义相对应，共情有助于我们了解伴侣的情绪状态，理解伴侣的情绪感受和想法，共情的表现也将使伴侣认为你更懂他／她，从而提高伴侣对关系的满意度。有研究指出，个体的共情反应会因个体与他人的关系而产生变化，与陌生人相比，对亲密的伴侣会产生更强的共情反应（Singer 等，2004：1157）。这也意味着，共情水平越高的个体在爱情中会有更加积极的表现，更能够及时觉察并关注到伴侣的情绪变化，因此能够更好地预测伴侣关系。Angera 等（1999：235）从干预的角度出发，招募了48 对伴侣参加一个 10 小时的共情训练项目，结果发现共情能力的提升也提高了伴侣们对于关系的满意度。另外有研究发现，共情缺失与消极的倾向和偏见有关，而这也是低适应的恋爱／婚姻的典型特征（Blair，2008：157）。无法识别他人的精神状态和感受，尤其是配偶或伴侣的精神状态和感受，将会阻碍个体间亲密关系的建立和维持，并使一个人对他／她的配偶或伴侣的形象僵化（Dodell - Feder 等，2015：593）。此外，共情一般与亲社会行为呈正相关（丁凤琴、陆朝晖，2016：1159），而在男女择偶的过程中，更多的亲社会性将会带来更多的好感，甚至加速感情的升温。这意味着，共情是个体走向爱情的捷径，是提升伴侣关系满意度的必备技能。在与心仪对象建立亲密关系时，我们不能仅要求对方能够对自己产生共情，也要做到对他人共情，相互理解和相互尊重将使我们获得真正心灵相通的爱情。

二 共情促进人与自然和谐共生

人际间的共情对于个体的社会性发展而言至关重要，自然共情则对于人类的延续与发展有着重要的影响。"绿水青山就是金山银山"是时任浙江省委书记习近平于 2005 年 8 月在浙江湖州安吉考察时提出的科学论断。2017 年 10 月 18 日，习近平总书记在党的十九大报告中指出，坚持人与自然和谐共生，必须树立和践行"绿水青山就是金山银山"的理念，坚持节约资源和保护环境的基本国策。我国"十四五"规划中的第十一篇单独讨论了如何通过推动绿色发展从而促进人与自然和谐共生这一问题。不得不说，这是一个具有远见的观点，是一个坚持尊重自然、构建可持续发展生态文明的伟大战略。要实现人与自然的和谐共生，一方面，我们要做好宏观调控，从政府出发，从顶层设计，通过加大整治力度，从而保护好现有的生态环境；另一方面，则需要加强共情教育，从底层出发进行理念的普及。人是社会性动物，同时也是地球生物圈中的一员，我们是命运共同体，每一个人都有责任和义务去保护自然环境。

共情并不局限于人与人之间，也可以延伸至人与自然之间。共情是跨越种族和物种的亲社会动机，是人与自然和谐共生的基础。科技的迅速发展确实为人类带来了便利，但是也给自然环境造成了一定的影响。以环境为代价的经济建设引发了一系列环境问题，如河流污染、森林资源破坏、动物栖息地减少、草原退化和大气污染等（解芳等，2019：66；盛光华等，2021：51），甚至还有牺牲环境来应对全球粮食挑战的问题（成升魁等，2021：426）。因此，如何在人类自身发展和生态保护之间进行平衡是一个亟待解决的重要问题。想要促使人们保护自然、维系生态平衡，就势必需要将自己与大自然放在一个对等的位置上，站在大自然的角度来思考人类与自然的关系。自然共情的概念应运而生，自然共情是指个体对自然情绪体验的共鸣和理解，尤其是在困境中的体验，例如森林火灾、泥石流以及疫情等（宗阳、王广新，2016：1432）。自然共情是连接人与自然的纽带和激发个体环境行为意愿的重要杠杆，通过使人们对自然界的认知和情感发生改变，让人与自然之间的关系更加密切（盛光华等，2021：51）。站在大自然的角度思考，对大自然的共情将促进人们体验并思考自己的所作所为。与学习环境友好相关的知识或方法相比，对大自然的共情可能更能够提升亲环境行为，促使个体为环保事业贡献一份力量。近年来，随着政府出力、媒体呼吁以及人们自主监督，对环境的破坏问题已经得到一定程度的改善，人们对大自然的共情也得到一定的提升。有研究发现，对自然表现出高共情的个体通常道德判断水平更高，他们具有较高的环境保护意愿并且会做出较多的环境保护行为（Berenguer，2007：269；2010：110）。个体的共情能力会随着个体的发展以及与环境的交互而不断发展，所以共情能力的培养应该从儿童抓起，使共情能力成为个体做出亲环境行为的内驱力。

三 共情促进社会安定和谐

共情不仅有益于个体的人际交往，也会为和谐社会的建构添砖加瓦。当个体与他人或社会产生联结时，将会促使其融入新的社会群体，成为内群体的成员。在现代社会生活中，人们总是归属于不同的社会群体，而这个社会群体划分的标准不尽相同，既可以是兴趣爱好，也可以是工作事业。这意味着，人们可以归属于任意一个群体。相对地，他们也可能在某一划分标准下成为外群体成员。共情将促使个体更好地、更快地融入社会群体，成为内群体成员。已有的研究表明，共情可以有效地缓解矛盾并缓和冲突。Shamay-Tsoory等（2013：3139）的研究发现，通过鼻吸催产素的方式可以提高个体的共情水平，从而降低内群体偏差，这为社会和谐带来新的启示。就日益凸显的医患关系问题而言，共情也被视为一纸良方，可以加强医患之间的沟通进而促进医患关系的良好发展，并且有助于患者的治疗和康复（Decety，Fotopoulou，2015：1）。此外，共情也会影响到人们对某些特殊群体的看法和态度。Batson和Shaw（1991：107）提出的利他和亲社会行为模型指出，对不同群体的态度可以通过共情来提高。许多研究也都证实，共情对于改善一些人对艾滋病人、无家可归的人以及少数民族的态度有明显的效果（Stephan, Finlay, 1999: 729)。因此，无论是个体间的交流，还是群体间的交流，我们都需要从共情出发，去观察、理解他人的情绪和行为反应，这样才能够形成并促进有效的沟通。换言之，良好的共情能力不仅意味着健康的心理状态或水平，同时还意味着更低的内群体偏差、更强的群体融入能力。

拥有共情将使得我们的生活更加幸福和美满，缺失共情则将带来无尽的苦恼。作为社会性动物，人类难以脱离群体而独自生活，在群体生活中，共情将使越来越个性化的人在一体化的社会组织中相互关联。当个体失去与他人、社会的联结时，将会引发一系列的心理健康问题，例如孤独症、述情障碍、精神分裂、精神病态等。孤独症也称自闭症，是一种广泛性发育障碍，也是共情缺失的典型代表群体，存在共情表达困难是这一群体的典型表现（孟景、沈林，2017：59）。根据美国精神疾病诊断手册的描述，自闭症患者存在社交回避，而且这种表现可能在发展的早期就有所体现。然而，目前有关自闭症的诊断标准一般从3岁开始，这忽略了自闭症在3岁以前就会发病的现实情况。通过对共情发展情况的追踪与评估可以有效地预警自闭症的发生（康一奇等，2018：1223）。具体而言，自闭症患者的情绪识别能力较弱，并且存在所谓的注意回避，一个典型表现就是会回避他人的目光。郝艳斌等（2018：26）对已有的27篇自闭症眼动研究进行了元分析，结果发现自闭症患者对他人眼睛的注视时间显著低于普通被试，但是在嘴部没有明显差异。当然，也有研究表明，自闭症患者的共情缺损可能只是缺损了情绪共情这一方面（马伟娜、朱蓓蓓，2014：528），认知共情可能仍然保持完整。总而言之，共情是自闭症早期预警机制中重要的研究内容。精神分裂症是一种非常严重的精神疾病，个体的社会认知受到了一定程度的损害（Penn等，2008：408）。已有的研究表明，对于精神分裂症患者而言，无论是认知共情还是情绪共情都会受到损害（Bonfils等，2016：109；2017：293），他们无法对他人产生情绪共鸣，难以正确识别他人的情绪体验，更难以理解他人的情绪感受。精神病态是一种人格障碍，患者通常被认为是自私自利的、肤浅的和不负责任的（杨敏齐等，2014：1258）。这类患者无法抑制自己的冲动行为，他们大多具有不良的成长环境，大多数人在很小的时候就已经表现出了不道德行为和品行问题，缺少正常人具有的共情能力（王孟成等，2014：466）。总的来说，他们可能存在情绪共情缺陷，但其认知共情处于正常水平（Bird，Viding，2014：520）。

第二节　共情是中华传统文化的精华

一　中国传统文化下的共情缘起

> 恻隐之心，人皆有之；羞恶之心，人皆有之；恭敬之心，人皆有之；是非之心，人皆有之。恻隐之心，仁也；羞恶之心，义也；恭敬之心，礼也；是非之心，智也。仁义礼智，非由外铄我也，我固有之也，弗思耳矣。
>
> ——《孟子·告子上》

共情最早源于儒家对于人性的探讨。对于人性的探讨由来已久，其中以儒家学派的孔子、孟子和荀子为代表。孔子对于人性的理解是多向度的，孔子提出了"仁"的思想，他认为仁者能够感受到他人的苦与乐，能够为他人的幸福而奉献自己（赵法生，2010：55）。仁的思想即爱人，孔子提倡人们要爱自己、爱他人、爱社会，正所谓四海之内皆兄弟。孔子的学生孟子和荀子对其人性思想进行了继承并分别提出了新的见解。有别于孔子，荀子认为人性本恶，所以提出了性恶论。与荀子不同，孟子则延续了孔子人性本善的观点。正如本节开篇所引用的《孟子·告子上》中的内容，孟子在孔子"仁"的基础上提出了"恻隐之心"这个概念，仁者对于他人的苦难会产生相通的感受（陈立胜，2011：19；2016：110）。在《二程集》中对此有一句精确的表述:"仁者,以天地万物为一体,莫非己也。"通俗地来讲,就是个体能够体会到万物盎然的生意,能够与物同化,感知到其变化,从而做到推己及人以及博施济众。

然而,孟子并没有具体阐述什么是恻隐之心,而是向人们讲述了两个描述人类恻隐之心的经典故事。第一个故事源自《孟子·公孙丑》篇,在该篇中孟子提到"今人乍见孺子将入于井,皆有怵惕恻隐之心"。这句话描述了这样一个情境,你在路边走的时候突然看见一个小孩马上就要掉进一口井里了。孟子认为,无论是什么人,在看到儿童将要跌入水井时都会产生恐惧、惊骇和悲痛的情绪。联系生活实际的事例,让我们深深地体会到恻隐之心就是对他人所处情境的感同身受,年龄不同、性别不同、肤色不同、人种不同、地域不同、国籍不同等都不会影响到我们对他人的共情。第二个故事源自《孟子·梁惠王》篇,该篇中提到"吾不忍其觳觫,若无罪而就死地"。这句话描述的场景更有意思,梁惠王看到屠夫要宰杀牛来进行祭祀,由于牛看上去十分痛苦,梁惠王就跟屠夫说不要杀牛了,换成羊。换句话说,不只是看到人,当人们在看到动物临死前那害怕得发抖的样子时也会体验到相同的痛苦而生出不忍之心。这个故事将人们的恻隐之心的内涵和对象进行了拓展,我们不仅仅是对同类才会产生恻隐之心,对于任何有生命、有灵魂的生物我们都会产生恻隐之心,这是一个思想上的巨大进步,反过来,诸如此类的对动物共情的说法如"君子远庖厨"也被用于表达实行仁术。邵显侠(2012:78)在解读《孟子》时进一步指出,孟子所提及的恻隐之心主要是指个体对他人的痛苦感等负性情绪感同身受的一种能力。

共情(empathy)这一术语虽然源自西方,但是其概念以及内涵却在我国早有论及。虽然孔子最早提出"仁"的思想,并概括为"仁者人也,亲亲为大"。但是,与共情相符合的解释应该是在孟子的著作之中,即"恻隐之心,仁也"。这是一个对人性观念以及仁爱解释的转变和扩展,从亲族、亲人扩展到对所有的人。正如孟子所说的,"老吾老,以及人之老,幼吾幼,以及人之幼"。不过,从词源的角度来看，最早见诸我国文献以及书籍中的最为近似的概念是同情（sympathy）。在对书籍和词典进行查阅时发现，至今汉语词典都只收录了"同情"一词，而没有"共情"。我国权威的汉语词典《辞源》一书中将"同情"释义为"因他人之悲哀欢悦而引起同种类之感情者，谓之同情。如见他人之喜而发声，悯他人之贫困而思救助是也"。这个释义既包括了心理层面的情绪体验，也包括了行为层面的表现。从心理情感的层面而言，同情是对他人的包括幸福、痛苦、感激、仇恨等在内的一切情绪的共鸣；从道德行为的层面而言，同情是对他人的痛苦和不幸的怜悯、体恤，以及由此引发的帮助别人摆脱痛苦的行为（罗肖泉，2002：47）。此外，同情是人的天性，并非强者对弱者的怜悯之情。这意味着，在我国早期词汇演变过程中"同情"的内涵与现在我们所使用的"共情"一词的内涵是几乎一致的。

从字形演变的角度来看，翻译为"共情"确实更为合适。尽管从汉语词源的角度而言，本土词汇并没有"共情"一词，官方词典也没有相关记录，但是从《说文解字》中对"共情"二字的释义中可见一斑。共，同也，意思是相同、一样，彼此都具有、使用或承受，而甲骨文和小篆的"共"字正是体现着这个意思，是两手托着一个供品或器皿上供的样子（见图1-1）。象形的文字更加凸显了共情的本义，是共同，是共担，是共享。因此，共情这一翻译不仅可以和咨询以及临床心理学相区分，也可以和发展心理学中的概念有所区别。共情研究的深入、研究范围的扩大虽然使得研究者们对其有了更加全面和深刻的认识，但也带来了一些问题。概念的演变、发展使得共情的翻译比较杂乱，再去论证翻译的准确性已无太大意义，研究者在使用时若能阐释和理解其本意和内涵即可（肖福芳、申荷永，2010：18）。近年来，国内的研究者们对 empathy 的翻译逐渐统一为"共情"（颜志强、苏彦捷，2017：699）。

不过，需要注意的是，随着研究的发展，同情和共情的含义逐渐分离。尽管目前尚未得到研究者们一致认可的定义，但是大多数

甲骨文　　　　　　小篆　　　　楷书

图 1 - 1　共情的字形演变

研究者都接受共情需要在自我和他人之间形成联结，同时又不能混淆自我和他人的观点（Decety，Meyer，2008：1053）。Reniers 等（2011：84）就认为，在测量共情时应该仅包括认知共情和情绪共情，不应该把同情掺杂进来，同情应该作为共情加工反应的输出形式。基于此，Decety 和 Svetlova（2012：1）将共情定义为个体知觉和理解他人情绪并做出适当反应的能力。区别于共情，Goetz 等（2010：351）将同情定义为一种独特的情绪体验，这种情绪体验会促使观察者对那些弱势和承受苦难的人产生合作和保护行为。比较这两个定义可以发现，它们既有共通之处也有不同之处。共通的地方包括体验他人的感受和关注他人的悲伤（de Waal，2008：279），不同之处在于它们在认知和行为成分上不尽相同（Macbeth，Gumley，2012：545）。共情是感他人所感，也就是说，产生共情的个体自身也会体验到他人的情绪；而同情并不意味着需要和他人共享情绪体验，相反，同情是以温暖的感受关心和关爱他人为特征的一种强烈的提升他人幸福感的动机。这种差异意味着共情的主体一定会产生与共情对象一致的情绪体验，不论是开心、悲伤或是恐惧；同情则类似于站在上帝视角对他人施以关爱，不存在将自己的情绪投入进去的情况。此外，就共情与同情之分，Singer 和 Klimecki（2014：R875）在测量方面做了许多工作。他们通过考察共情训练和同情训练的脑区激活模式，发现共情与同情的脑区几乎没有重叠。共情训练激活了前脑岛（anterior insula，AI）和内侧扣带回前部（anterior middle cingulate cortex，aMCC），同情训练激活了内侧眶额叶皮层（medial orbitofrontal cortex，mOFC）、膝下前扣带回（subgenual anterior cingulate cortex，sgACC）和腹侧纹状体（ventral striatum，VS）。此外，Vossen 等（2015：66）编制了青少年共情和同情量表（Adolescent Measure of Empathy and Sympathy，AMES），他们将情绪共情定义为对他人情绪的体验（条目示例："当朋友感到害怕时，我也感到害怕"），将认知共情定义为对他人情绪的理解（条目示例："我总是能在别人告诉我之前理解他们的感受"），将同情定义为对他人悲伤的关注（条目示例："我会为受到不公平对待的人感到难过"）。该量表目前已由王阳等（2017：1027）在中国幼儿教师群体中进行了施测，信效度良好，修订量表的因子模型与原量表一致。也就是说，共情与同情概念不同，测量也有所区别。

综合比较早期的概念和后来逐渐发展完善的概念，我们可以发现，早期的哲学研究中所提到的"同情"一词，其内涵包括了现在心理学领域中所提及的共情和同情，相较之下，共情的内涵源自"同情"的心理层面，而同情的内涵源自"同情"的行为层面。然而，由于共情研究范围的不断扩大，其内涵开始逐渐被研究者们扩展。

二　当代共情研究中的概念辨析

共情作为个体社会认知能力的重要组成部分，目前已经成为社会学、发展心理学、演化人类学和认知神经科学共同关注的热门研究主题。不过，由于涉及的研究领域过多、范围过广，共情的概念一直都存在着较大的分歧和争论，直到现在也尚未有能够完全得到研究者们一致认可的概念（Bloom，2017a：24；de Waal，2008：279；Decety, Cowell，2014：337；付迪等，2017：2500；黄翯青、苏彦捷，2012：434；刘聪慧等，2009：964）。共情最初被认为是单一维度，或偏向认知或偏向情绪，时至 21 世纪，来自不同领域的研究者试图从不同的角度出发来解析共情。目前，在文献中得到确认的共情的定义就有 43 种之多，这些定义主要涉及以下 8 个方面：将共情从其他概念中剥离出来，认知的还是情绪的，一致或是不一致，是否受刺激影响，自我、他人区分或整合，特质或状态影响，是否有行为结果，自动化的或受控制的（Cuff 等，2014：144）。

近年来，有研究者将共情作为一个伞概念提出，换句话说，共情是一个概念集合，它可能包含了多种涉及人际间情绪交流的心理加工过程（Bloom，2017b：60；de Waal，Preston，2017：498；Zaki，2017：59）。具体而言，则是共情到底存在几个维度，包括多少个子概念的问题。在研究初期，研究者们普遍将共情作为一个整体性的概念进行定义，或偏认知方向，认为共情是对他人情绪感受和想法的采择能力；或偏情绪方向，认为共情是对他人情绪感受的替代性体验（Mehrabian，Epstein，1972：525）。然而，对共情进行单一维度的划分使得许多研究结果之间出现了冲突和矛盾，这也意味着共情的结构可能并非单一维度。随着研究的深入，逐渐发展成了共情的结构是多维度的观点。一些研究者认为共情有两个维度（Khanjani 等，2015：80；Shamay - Tsoory 等，2009：617；黄翯青、苏彦捷，2010：13），他们认为共情可以分为认知共情和情绪共情。这与心理学研究的经典划分方式相一致，共情既可能源自原始的、自动化的情绪反应，也可能源自后天的、控制的认知加工。不过，随着研究的深入，另一些研究者则提出共情和行为反应密切相连，因此应该划分为三个维度（Zhang 等，2014：10；刘聪慧等，2009：964；王启忱等，2021：717），即认知共情、情绪共情和行为共情；抑或认知共情（或者心理理论）、运动共情以及情绪共情（Blair，2005：698）。这种三维度的划分方式与心理学所提出的知情意的经典概念是相一致的，共情既有情绪也有认知的反应，而无论是情绪的还是认知的反应最终都要体现在行为层面。

共情概念的复杂性可能与这一术语的词源演变有关（颜志强、苏彦捷，2017：699）。在 1873 年，德国哲学家 Robert Vischer 在其著作 *Uber das optische Formgefuhl：Ein Beitrag zu Aesthetik* 中首次提到了"einfuhlung"一词，这个词是对希腊语"empatheia"的音译（见

Gladstein，1984：38）。最初，"einfuhlung" 被用于描述个体对艺术作品的共鸣。后来，"einfuhlung" 被德国心理学家、美学家 Lipps 引入心理学领域，认为人们正是通过 "einfuhlung" 的形式来了解对方和对对方做出反应的，它是发生于投射（Projecction）和模仿之前的，而且当人们之间的情感模仿增加时 "einfuhlung" 也会跟着加深（郑日昌、李占宏，2006：277）。在这之后，英国的历史学家、美学家和小说家 Vernon Lee 将其翻译成了 "sympathy"。但是，"sympathy" 这一翻译和其原本的意思存在一定的出入。"sympathy" 在国内通常被翻译为同情，虽然共情和同情都是对他人情绪所做出的反应，但共情的情绪反应与客体情绪基本一致，同情则不随客体情绪不同而产生变化。此外，共情的内容可以是积极或消极的情绪，而同情的内容通常是消极情绪且明显隐含了对他人情绪的理解与评价，具体论述可见颜志强等（2018：129）所发表的论文。直到 1909 年，英国心理学家 Edward Titchener 才首次将 "einfuhlung" 翻译成了 "empathy"。这个术语的概念和相关的研究也是起源于美学领域（Schott，2015：812），之后才是心理学和认知科学，具体内容可以参见 Wispé（1986：314）的论文。

相对应地，"empathy" 的中文翻译也是争论不下。为了探讨国内研究者对 "empathy" 翻译的变化，我们检索并收集了中国知网、维普和万方这三个主流的中文文献数据库，并对文献数据进行了计量学分析。我们将文献发表时间限定为 1996 年到 2015 年，将中文文献类型限定为已出版的期刊论文。共获得 1199 篇中文文献数据。通过文献检索，可以发现 "empathy" 先后有过如下的中文翻译，如"神入""移情""同感""同理心""投情"（胜利，2010：403；徐凯文，2010：407；许又新，2010：401；赵旭东，2010：405）。从时间线上来梳理的话，大致如下：最早，朱光潜先生在其著作《文艺心理学》一书中将 "empathy" 翻译为了移情。后来，《简明不列颠百科全书》中译本（第 15 版）将 "empathy" 译为神入。接着，车文博主编的《心理治疗手册》和许又新主编的《现代心理治疗手册》将"empathy"译为投情。后来,则是随着罗杰斯人本主义心理治疗观的兴起而变更译名为共情。就信息检索的内容而言,在中文文献中,"empathy"最早在国内被翻译为"移情",这与临床与咨询领域的移情相混淆。研究者曾纳入"empathy"的其他翻译词进行检索,结果发现"empathy"的其他翻译词的概念和释义确实更偏向于临床与咨询方向(陈晶等,2007:664;肖福芳、申荷永,2010:18)。为了聚焦共情研究的主题演变以及研究趋势,采用广泛认可的翻译词可能更具有代表性。从关键词网络中抽取出的翻译词的使用频次结果中也发现,国内研究者对"empathy"的翻译逐渐达成共识(见图1-2)。

empathy翻译	1998-1999	2000-2001	2002-2003	2004-2005	2006-2007	2008-2009	2010-2011	2012-2013	2014-2015
共情		1	2	2	6	18	50	122	124	159
移情			1			1	3		2
同感				1		1			1
同理心					2		8	3	7
神入							1		
投情							1		

图1-2 empathy 翻译词汇的出现频率

虽然共情的具体概念尚未能有定论,但是大多数研究者目前较为认可的概念是,共情需要在自我和他人之间形成联结,同时又不能混淆自我和他人(Decety, Svetlova, 2012:1;颜志强等,2018:129)。在此基础上,Decety 和 Svetlova(2012:1)所提出的共情的定义受到了较多研究者的支持,即共情是指个体知觉和理解他人的情绪并做出适当反应的能力。在本书中也将采用这个定义。

三 共情研究中对于疼痛共情的关注

与积极情绪相比,人们更倾向于对他人的消极情绪产生共情,例如疼痛。国际疼痛研究学会(International Association for the Study of Pain, IASP)将疼痛定义为与实际或潜在的组织损伤有关的,一种不愉快的情绪和感觉体验(Williams, Craig, 2016:2420)。疼痛对于个体而言预示着伤痛或疾病的到来,是一种具有警示性的生理信号,促使个体寻求他人帮助以回避危险并获得救助。一些研究者认为疼痛是一种选择性压力,疼痛作为一种亚致死损伤(Sublethal Injuries)可能会威胁到个体的生存或种族的繁衍(Walters,1994:325)。可以说,疼痛是一种不利的、让人产生压力的负性体验,这种体验对于个体的发展和生活质量具有消极的影响(Oliveira等,2017:1)。因此,评估他人的疼痛强度是人类生存和繁衍的一项关键技能。已有研究表明,共情能力与对他人的疼痛的评估密切相关(Decety,Svetlova,2012:1;Goubert等,2005:285)。一项药理学研究发现,一种常见的生理止痛药可以减少对他人疼痛的共情(Mischkowski等,2016:1345),这表明共情和疼痛可能具有相同的生理机制。此外,共情是具有普遍性的,我们可以对他人的任何情绪体验产生共情,包括积极的和消极的情绪体验。具体而言,我们可以体验到比赛获胜的运动员的激动和愉悦,也能够体验到不小心摔倒而受伤的小朋友的悲伤和痛苦。不过,相较于对他人积极情绪的共情,对于负性情绪的共情具有更强的演化意义。这种对他人消极情绪产生共情的能力不仅体现在人类身上,大量研究都证实,非人类动物同样会对同类的痛苦表现出共情(de Waal,Preston,2017:498;Meyza等,2016:216)。

  对于观察者而言,他人的疼痛所带来的信息则要更加复杂,并且更具有社会性。当我们发现他人处于痛苦状态的时候,不仅他人的社交线索(如痛苦的面部表情或尖叫)会影响到我们对他人疼痛的感知,与伤害有关的物理线索(如流血的伤口和致命的武器)也会影响到我们对他人疼痛的感知(Melloni等,2014:407;Yan等,2021:2204)。许多研究都发现,观察者会对他人的疼痛产生共情反应,也就是所谓的疼痛共情(Empathy for Pain),该术语特指观察者对他人疼痛的情绪和认知反应(Batson,Shaw,1991:107;Danziger等,2006:2494)。他人的疼痛信号不仅可以借由情绪共享激活观察者的内部感受器使其产生替代性的情绪体验(Wicker等,2003:

655），而且其所诱发的情绪反应还会促使个体预设有关的动作程序（Decety，Jackson，2004：71），使得个体能够自动化地产生防御和退缩的准备。例如，在现实生活中，当人们看到他人打针所露出的痛苦表情时，通常自己也会产生相同的感受，觉得非常痛苦，从而产生缩手和后退的动作，并且产生目光回避。正是这种感同身受的情绪反应，使得人们更加能够理解他人的痛苦，从而促使人们对他人的疼痛或痛苦做出关怀、帮助等亲社会行为（安连超等，2017：1369；寇彧、徐华女，2005：73）。这样的行为既有利于维持人际间的和谐关系，也有利于他人的生存和种族的延续（Craig 等，2010：101；Goubert 等，2005：285）。

虽然疼痛共情与其他消极情绪的共情一样都是一种典型的共情反应，但是疼痛区别于其他情绪类型的特点，使得疼痛共情在功能性和重要性上占据了更加重要的位置。演化心理学家认为，他人的疼痛对于观察者而言，既是一种威胁性的警告信号，使得观察者提高警觉（Yamada，Decety，2009：71），从而能够回避危险；同时，他人的疼痛也是一种求救信号，使得观察者对疼痛者产生共情和进一步的亲社会行为（Craig 等，2010：101；Decety，2009：365），从而使得疼痛者能够获得治疗和救助的机会。小至社会生活中的磕碰和对动物的关爱，大至对于战争情境下的人们的怜悯都是疼痛共情的表现。鉴于疼痛共情的重要性和研究价值，许多研究者都试图探讨和揭示疼痛共情的加工过程。疼痛共情的研究也经历了从自动化的、自下而上的单一加工通路的观点逐步转向自下而上和自上而下相结合的双加工通路的观点。

Goubert 等（2005：285）是较早提出疼痛共情双加工模型的一批研究者，他们认为共情对于理解他人的疼痛状态十分重要，但是疼痛共情可能受到观察者的学习经验、共有的知识或者是疼痛灾难化思维等自上而下的因素和疼痛者的疼痛表情、情境线索等自下而上的因素所影响。自上而下和自下而上的加工过程共同作用于对他人疼痛体验的感知，从而促使个体产生相应的情绪和行为反应

(Goubert 等，2005：285；周海波等，2019：1194）。de Vignemont 和 Singer（2006：435）则认为，疼痛共情可能受到情绪的特点、观察者与共情对象的关系、情境线索以及观察者自身特点的影响。在此基础上，他们提出了疼痛共情的晚期评估模型和早期评估模型，即自上而下的加工方式如何对共情产生影响、是在共情反应的哪个阶段产生的影响。目前的研究大多表明，自上而下的因素主要在共情反应的晚期阶段产生影响（Fan，Han，2008：160；Yan 等，2017：1；颜志强等，2016：573）。

基于疼痛共情双加工理论，Goubert 等（2009：5）从视觉加工的角度对这一加工过程进行了进一步的解析。该理论表明，当疼痛信号出现时，或许会首先引起观察者自我定向的情绪，从而激发威胁搜索系统产生注意定向；但是，在注意的后期，疼痛威胁可能会因为观察者的个人特质（如共情）或是所处情境而降低，从而诱发观察者产生他人定向的情绪进而表现出帮助行为或亲社会行为。Hadjistavropoulos 等（2011：910）所提出的疼痛交流模型（the Communications Model of Pain）也指出，疼痛的信息加工存在两条路径：自动化的信息加工和有意识的认知加工。该模型扩展了 Goubert 等（2005：285）所提出的疼痛共情模型，将疼痛加工过程概化为三个步骤：第一步是内部体验（Internal Experience），第二步是信息编码（Encoding），第三步是信息解码（Decoding）。在信息解码的过程中，观察者的态度、能力和特质都有可能会对其产生影响，从而影响观察者的情绪反应、认知反应和行为动机。

在总结前人研究的基础上，Decety 等（2016：1）对疼痛共情反应加工的进程进行了更加细致的整理。他们认为共情反应源自对同种族个体的疼痛或痛苦线索的知觉，这种知觉会捕捉观察者的注意使其产生定向性的反应。而这种对消极情绪的知觉和反应会导致观察者产生情绪压力。因此，Decety 等（2016：1）认为，情境性因素和个体的认知能力等因素将决定个体是否能够消除情绪压力，从而产生亲社会的动机，进而做出亲社会行为。而在帮助他人之后，个体因为共情而产生的情绪压力就会下降,从而获得正向反馈,这将进一步促使观察者今后在同类情境中表现出亲社会行为,这种反应模式和倾向可能是在所有哺乳类动物中都保持一致的(de Waal,Preston,2017:498)。

第三节 本章小结

共情对于人类社会的发展和延续有着重要的意义,第一章分别从共情的作用、意义和传统文化等方面进行了介绍。一方面,从作用和意义的角度而言,共情能够促进人与人之间和谐相处、人与自然和谐共生以及社会安定和谐;另一方面,从传统文化的继承与发展而言,共情是中华传统文化的精华。通过回顾中华典籍和相关文献,可以发现共情这一概念在我国早有提及,时间要远远早于西方国家。

此外,本章采用文献计量学分析方法对已有的共情研究进行了分析。文献计量学的分析为我们呈现了以下几个方面的结果:其一,共情存在概念混淆,共情和同情有着近似的含义,在使用时需要进行区分。其二,共情研究逐渐多元化,各种方法异彩纷呈,随着科学技术的发展,认知神经科学相关的研究技术得到了应用。其三,共情的毕生发展特点有待梳理和探讨。共情的重要性和必要性,让我们认识到、关注到共情的发展特点,随着个体的发展和成长,共情有着怎样的变化值得探讨。

第 二 章

共情的理论

第一节 共情研究的经典理论

在共情的研究中，虽然许多研究者都提出了不同的理论观点，但是目前对于共情的解析较为透彻，具有较大影响力的理论模型主要有四个：其一，是由 de Waal 等提出的知觉运动模型（Perception-Action Model）；其二，是由 de Waal 在知觉运动模型基础上提出的俄罗斯套娃模型（Russian-Doll Model）；其三，是由 Decety 等基于认知神经科学研究证据所提出的双加工理论模型（Dual-Process Model）；其四，是由 Heyes 提出的双系统模型（Dual System Model of Empathy）。

一 知觉运动模型

在共情的早期研究中，研究者们都提出了各自的观点，共情研究兹待一个具有普适性的理论来统一共情研究中不同的观点。在这个背景下，Preston 和 de Waal 认为共情的概念可以更大、更广一些，并试图整合已有的共情观点使其成为一个较完整和较系统的理论。基于行为学研究和动物研究的证据，Preston 和 de Waal（2002：1）提出了知觉运动模型。这个模型特别指出，对客体状态的知觉会自动化地激活主体的状态表征、环境表征和客体表征，而这些表征的自动化激活则会启动或产生相关联的、未受到抑制的躯体反应。换言之，观察者对他人状态的知觉可能会自动化地激活观察者相应的情绪、认知和行为反应，同时观察者也可以对这种反应进行抑制。

值得注意的是，镜像神经元的发现为知觉运动模型的提出奠定了神经生物学基础。镜像神经元发现于动物研究，早期研究者在观察动物大脑的激活情况时发现动物会在观看他人的运动时激活相同的运动执行脑区（Rizzolatti 等，1996：131）。这意味着，我们可以对他人的行为产生镜像行为反应。借助知觉运动匹配过程，我们能够产生与他人相同的情绪和行为，进而全方面地理解他人的情绪体验。随后，研究者发现镜像神经元不仅可以对行为学水平的动作进行镜像反应，还可以对意识层面的目的、欲望产生镜像反应（刘聪慧等，2009：964）。Nakahara 和 Miyashita（2005：644）用猴子做被试，发现镜像神经元可以使猴子明白示范者的目的性行为。例如，当实验者拿的是食物，那么目的性行为是吃；而当实验者拿的是物品，那么目的性行为是用，这些可以通过猴子的镜像神经元激活反映出来。

这个理论最大的贡献在于提供了一个宏观的框架，对当时的共情研究及相关概念进行了归纳和总结。同时，不足之处也很明显，该模型所提出的框架过于宽泛，使得共情的概念变得模糊，许多研究者对此争论不休。另外，该理论的提出忽视了个体自身的自主调节能力，知觉运动模型的存在意味着我们将无时无刻不对他人的情绪产生镜像反应，而这显然是不现实的。Preston 和 de Waal（2002：1）的论文发表在顶级期刊 *Behavioral and Brain Sciences* 上，这个期刊的特点在于每一篇论文的后面都会附上该领域其他研究者对该模型的探讨，从其他作者的论述中可以看到知觉运动模型虽然对共情的研究进行了理论上的大一统，但是仍然存在一定的不足和局限。

二 俄罗斯套娃模型

随着共情研究的深入，共情的研究对象并不局限于人类。对动物共情特点的探讨，让人们了解到共情的普遍性和复杂性。基于不同动物的共情研究结果，de Waal（2008：279）在知觉运动模型的基础上进一步提出了共情的俄罗斯套娃模型。之所以将其称为俄罗斯套娃，是因为 de Waal 认为共情的发展是一层套一层，每一层的出现都要基于上一层的发育成熟。该模型早期还区分了模仿和共情，后来则将两者合并了。俄罗斯套娃模型将共情分成了三层：第一层是以知觉运动模型为内核的运动模仿和情绪感染；第二层是共情关注和安慰；第三层则是观点采择和有目标的帮助行为。其中，第一层内容最为基础，也是人类共情的发生基础，甚至在很多哺乳类动物当中也存在，它在观察者和目标身上诱导出一种相似的情绪状态。而第二层和第三层建立在核心的社会情感基础之上，同时更需要情绪调节、自我与他人区分和认知能力（de Waal, Preston, 2017：498）。de Waal 和 Preston（2017：498）强调，概念层级的嵌套依赖于前额叶的成熟和自我与他人区分能力的发展。

相比于知觉运动模型，俄罗斯套娃模型更加细化了共情的能力层级，同时也提供了许多演化方面的证据，将共情的理论模型的适用对象从人类扩展到了哺乳类动物。这从两方面拓展了共情的概念和内涵：其一，共情是所有哺乳类动物都具有的，只不过发展层级有所不同；其二，共情具有多个层级，并且每个层级的发展时间和先后顺序不同。从理论建构的视角来看，俄罗斯套娃模型的提出是把共情的维度从二维平面变成了三维时空，不但考虑了个体随着时间发展而产生的共情发展变化特点，还考虑了物种随着时间发展而产生的共情发展变化特点。但是，俄罗斯套娃模型仅仅提出了共情的层级划分和所属，并未过多谈及其加工过程和可能的影响因素。换句话说，俄罗斯套娃模型只是阐述了共情是如何从低级的情绪共鸣以及运动模仿的能力逐渐发展演变成为高级的观点采择和有目标的帮助行为，对于共情的反应过程并没有进行具体的论述。所以，de Waal 和 Preston（2017：498）认为，俄罗斯套娃模型更多的是从共情发生发展的角度进行解释的，而只有知觉运动模型才能解释共情的个体差异的本质。

三 双加工理论模型

起初，研究者们更多关注于共情的定义及其维度，后来则逐渐过渡到对共情的认知加工过程的探讨。与 de Waal 等不同，Decety 和 Meyer（2008：1053）从认知神经科学的角度入手，以事件相关电位和核磁共振成像研究的成果为基础提出了共情的双加工模型。Decety 和 Meyer 认为，共情加工存在两条通路：一条是自上而下的通路，人类通过客观的、有意识的情绪理解和观点采择从而对他人进行共情，强调了人类意识和认知能力在共情加工过程中起到的作用；另一条是自下而上的通路，人类通过主观的、无意识的情绪共享和共情关注从而对他人进行共情，强调了共情加工的自动化。这两条通路并非彼此独立的，在共情加工的过程中，知觉表征使得个体产生自动化的反应，个体的意识和认知能力会对这个反应产生调节作用，从而使得个体能够更好地处理由情绪共鸣所产生的替代性情绪体验（黄翯青、苏彦捷，2010：13）。换言之，两者紧密相连，相辅相成。

共情的双加工模型的优点在于，更多地强调了个体的认知能力在共情反应过程中的作用。之前的部分研究表示，共情是个体自动化的情绪反应，是不需要个体努力就能完成的。也有研究者发现，共情可以通过纯粹的观点采择和想象完成，无须产生情绪共鸣。那么，共情的双加工模型的提出就很好地解决了这些矛盾和冲突。相应地，许多研究结果也表明，共情反应和个体的认知能力密切相关。Rameson 等（2012：235）的一项 fMRI 研究显示，被试自我报告的共情与内侧前额叶皮层的激活显著相关，在三种观看条件下（自然观看、认知负荷、共情），共情条件下的脑区激活水平要比认知负荷的条件强。另外，高特质共情观察者在观看悲伤图片时的脑区激活水平要比低特质共情观察者的反应更强。同时，一项元分析研究的结果也发现，个体的共情能力与执行功能密切相关，执行功能越强，个体的共情能力越强（Yan 等，2020：34）。这些结果都表明，共情并不是纯粹的情绪反应，是需要认知参与的。该理论的不足之处则在于其研究证据大多来自神经影像学研究，缺少行为层面和发展层面的证据。

四 双系统模型

共情的多元性意味着其存在多个功能系统。在最新的研究进展中，Heyes（2018：499）提出了共情的双系统模型。该模型认为，共情包括两个功能系统：情绪传染和情绪理解。共情反应可以由两个功能系统中的任何一个产生或两个同时产生。情绪传染是指一个人的情绪表现会感染到身边的其他人，经典的情绪传染现象是哭泣传染。许多研究都发现，新生儿会在看见其他婴儿哭泣时哭泣。情绪传染系统是自动发生的，在人类早期开始发展，并且在其他动物身上均有发现。情绪传染对于人类感受和体验他人的情绪具有重要的作用，如果无法体验到他人的痛苦，人们便无法理解他人的情绪表现。情绪理解是指个体对于他人的情绪表现及其产生此类情绪表现的可能原因的理解，情绪理解则涉及控制加工，其发展较晚，并且是人类独有的功能系统。共情可以由两个系统单独发生，也可以由两个系统共同作用发生。

因此，可以认为情绪传染是情绪理解的基础，情绪理解是对情绪传染的解读。情绪传染系统可能是由面部或身体动作或情绪性声音等引起，情绪刺激通过前运动皮层、顶叶下、后颞上沟（运动激活）、前岛叶和前扣带皮层（躯体激活）等区域的神经回路自动触发运动或躯体反应。这种激活是快速的、自发的，对执行功能的要求很低，并且最低限度地依赖于执行者的意识。自动反应（包括行为和生理的变化）可能被检测到，也可能检测不到。自动反应会使主体的情绪状态更像目标的情绪状态。例如，一看到皱眉，就会引发患者的面部肌肉产生皱眉反应，而一看到针扎入身体，就会引发与恐惧相关的心率和呼吸频率的升高。对人类而言，情绪传染输出的自动反应通常会成为情绪理解系统的输入内容，经过情绪理解系统的元认知重评或认知重评，自动情绪反应会转换为受控制的反应，例如，主体可能会将目标概念化为处于特定的情绪状态（"他焦虑"），将自己概念化为处于相同的情绪状态（"我焦虑"），并推断目标状态导致了自己的状态（"我焦虑是因为他焦虑"）。更广泛地说，情绪理解系统处理了关于在过去存在这种情绪刺激时所采取的各种行动的结果的信息。

综合来看，双系统模型是在双加工理论模型的基础上进行了推进，将并行的两条加工通路变成了具有交叉影响的双行轨道。从认知加工过程角度来看，双系统模型更加清晰和准确地描绘了共情的反应过程。不过，该理论系统目前仍缺乏实证研究证据，有待进一步验证。

第二节　儿童共情的注意双加工理论模型

一　儿童模型提出的由来

共情是一个非常复杂的研究主题，共情的视觉加工过程和机制是研究者们关注的一个重点。虽然疼痛刺激的注意加工一直备受研究者们的关注，但是对其注意加工的影响因素的探讨以及时序特点的考察略显不足。对共情注意加工时序特点的考察将有助于研究者了解其动态的注意加工过程，并且进一步了解共情的早期和晚期注意加工的特点。

已有研究者从情绪的角度切入，就个体的特质共情水平对其疼痛共情及其注意加工的影响进行了探讨。例如，颜志强及其同事（2016：573）首先尝试了使用眼动追踪技术探讨成人被试的疼痛注意偏向与其特质共情水平之间的关系。他们采用中性和疼痛面孔图片作为实验材料,通过点探测范式考察了被试对于不同情绪面孔的注意偏向。研究结果发现,成人注意加工的早期阶段不受个体特质共情的影响,注意加工的晚期阶段受个体特质共情水平的调节。这种视觉加工模式也反映在被试对面孔的视觉加工上,有研究发现,与低特质共情水平的个体相比,高特质共情水平的被试对情绪面孔会有较长的注视持续时间(Cowan 等,2014:1522)。这项研究的结果表明,共情与注意加工密切相关,并且共情对于早期加工和晚期加工的影响是不同的。

值得注意的是,在儿童群体中的共情与注意加工之间的关系与成人略有不同。Yan 等(2017:1)采用眼动追踪技术考察了学前期儿童共情和注意加工之间的关系。研究者采用视觉搜索范式,以高兴、中性、悲伤和疼痛面孔作为实验材料,考察了不同类型情绪面孔对学前期儿童视觉搜索的影响。研究结果发现,学前期儿童在疼痛刺激加工的早期阶段会受到其特质共情水平的影响,晚期阶段则不会受到其特质共情水平的影响。这提示研究者,学前期儿童具有发展的独特性,处于以情绪共情为主的共情发展阶段。并且,学前期儿童的认知能力正处于飞速发展的时期,对情绪性刺激的反应可能是一个比较复杂的加工过程。这意味着,儿童共情可能是一个共情发展的转折点,是逐渐从情绪加工转向认知加工的一个关键时刻,研究者有必要也应该探讨儿童共情的视觉加工特点。但是,从认知的角度切入,探讨个体自身的认知能力对其疼痛共情和注意加工的影响的发展心理学研究却很少。

针对以上问题,本书试图通过分别探讨自下而上的情境线索与自上而下的执行功能对学前期儿童注意加工的影响进行回答(见图2-1)。本书假设情境线索与执行功能会影响学前期儿童的注意加工,从而得以从注意加工的角度丰富和完善现有的疼痛共情双加工理论模型。

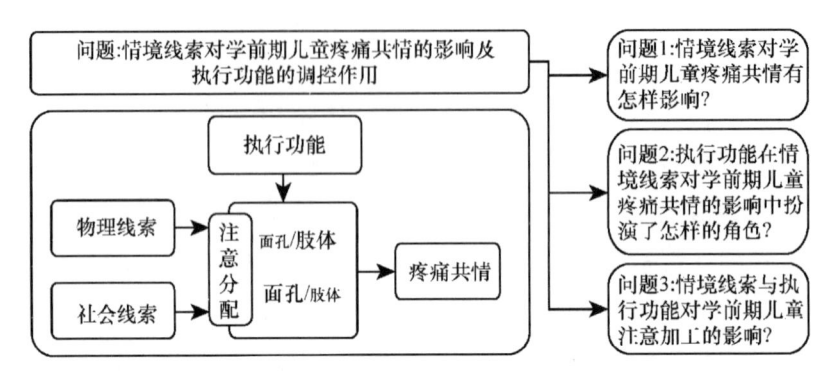

图 2-1 研究框架示意图

二 儿童模型研究的框架

本书试图采用严谨的文献综述和科学的研究方法来带领读者了解儿童产生及调控共情的相关情境性因素和个体性因素。本书的各个组成部分是相互衔接的，读者需要一以贯之。

本书的前四章介绍共情相关的概念、经典理论、发展特点和研究方法。第一章，通过联系生活现实，阐述共情对于人类走向和谐社会的意义，也强调了共情是中华传统文化的继承与发展，厘清了共情相关的概念起源和变化。第二章，通过研读文献，分析和比较共情的不同理论，包括知觉运动模型、俄罗斯套娃模型、双加工理论和双系统模型。第三章，通过对已有文献结果进行元分析，考察个体情绪共情和认知共情的发展特点，基于共情毕生发展的理论模型进行展开，重点关注学前期儿童共情的特点。在大量查阅中英文文献的基础上筛选出同时测量并报告个体情绪共情和认知共情的研究，并采用元分析的方式对不同发展阶段个体的情绪共情与认知共情的情况进行调节效应分析，重点分析学前期儿童共情发展的特点，探讨这种发展特点对其情绪和认知反应的影响，结果表明学前期儿童共情可能正处于共情发展的转折点。第四章通过研读文献对共情的相关研究方法分类别、分范式地进行整理，包括问卷法、行为实验法、电生理方法。此外，着重对儿童共情测量的特异性和研究范式进行分析和讨论。第五、第六章为实验研究，将分别探讨情境性因素和个体性因素对学前期儿童共情的影响。第五章从情境因素的角度出发，以情境线索作为研究对象，通过比较多情境线索条件下情境线索间的一致性（一致线索条件、不一致线索条件）和不同线索类型（物理线索、社会线索）的影响，探讨物理线索和社会线索对儿童疼痛共情影响的异同。在此基础上，进一步探讨疼痛共情的评价形式对实验效应的潜在影响。研究者采用颜色模拟量表替代面孔量表，整体上对实验效应有更强的控制和解释。第六章则从个体一般认知能力的角度出发，以执行功能及其子成分抑制控制、工作记忆和灵活转换作为研究变量，采用眼动追踪技术，分别探讨物理线索和社会线索条件下儿童的执行功能及其子成分抑制控制、工作记忆和灵活转换对其疼痛共情以及注意加工的影响。第七章探讨如何培养儿童的共情能力，内容包括探讨共情的可塑性、培养儿童共情的路径，并且从亲子阅读这一视角进行实验验证。另外，还探讨了社会环境变化对共情发展的潜在影响。第八章对全书的内容进行了总结和梳理，对本书的理论和研究部分进行了提炼，最终得出了儿童共情的注意双加工理论模型。在该章最后，就儿童共情研究的未来进行了展望。

第三节 本章小结

共情的概念与内涵随着研究的深入一直在拓展，相关的理论模型也在一直更新。截至目前，共情的经典理论模型有知觉运动模型、俄罗斯套娃模型、共情双加工理论模型和共情双系统模型。每一个理论的建构都是对共情研究的一次深入而系统的总结，从这些理论的更新和变迁中可以发现，研究者们对共情的理解逐渐倾向于认知和情绪两维度的共同作用。

基于已有的共情理论，本书从发展的视角出发，试图建构儿童共情的视觉注意加工的理论模型。本书试图通过分别探讨自下而上的情境线索与自上而下的执行功能对学前期儿童注意加工的影响进行回答。本书假设情境线索与执行功能会影响学前期儿童的注意加工，从而得以丰富和完善现有的疼痛共情双加工理论模型。

第 三 章

共情的毕生发展

第一节　共情的发展持续一生

一　共情的毕生发展理论模型

综合第二章中所提到的共情理论模型我们可以发现，共情既保留着演化遗留下来的遗传基础，也会随着个体年龄的增长和社会化的加强而得到发展（颜志强、苏彦捷，2018：129；2021：1）。一方面，基因决定了我们的共情特点；另一方面，环境则决定了基因的表达。这意味着，共情的发展既受到遗传的影响也受到后天环境的影响。Preston 和 de Waal（2002：1）很早就提到，共情并不存在严格的先天与后天之分。

多方面的证据表明，共情不同维度的发展可能存在先后顺序。从演化的角度而言，在共情这个复杂的多层次系统中，情绪成分处于共情的核心，是共情最简单和最古老的一种形式；而认知成分出现较晚且比较复杂，处于共情的外层（de Waal，2008：279；2012：874；de Waal，Preston，2017：498）。来自遗传学方面的证据表明，共情不同维度的遗传力略有差异。一项以双生子为被试的遗传学研究发现，在共情的两个成分中，情绪共情的遗传解释力高于认知共情的（Melchers 等，2016：720），情绪共情的遗传解释力为52%—

57%，而认知共情的则小于27%。这意味着，与认知共情相比，情绪共情与遗传可能有着更为密切的联系。这项研究结果表明共情的情绪成分更加基础，具有较强的遗传学基础。同时，我们注意到，认知共情也与遗传有关，不过关联程度略低。进一步地，脑电的研究从时程的角度表明共情的情绪和认知成分在时间加工过程上存在分离，并且情绪分享过程早于认知调节过程（Fan，Han，2008：160）。脑电时程上的研究结果说明了两个问题：其一是脑电时程上的先后顺序意味着共情不同维度起作用的时间不同，人们对于情绪刺激的自动化分享是明显早于对情绪的调节的；其二是脑电时程上的先后顺序意味着个体的共情反应是基于情绪和认知两个维度共同发挥作用的。这些研究结果提示研究者，共情能力的发展涉及情绪能力和认知能力的发展，并且在发展上情绪能力先于认知能力，在加工时间进程上情绪加工先于认知加工。

通过回顾共情的发展研究，黄翯青和苏彦捷（2012：434）提出了共情的毕生发展模型（见图3-1）。黄翯青和苏彦捷认为情绪共情可能是天生的，从婴儿期到成年期是逐渐变弱的；而认知共情则是后期发展出来的，从婴儿期到成年期是逐渐变强的，即共情的整体发展趋势可能呈倒"U"形的发展曲线，个体的共情反应在认知能力发展成熟之前主要依赖情绪共情。随着个体年龄的增长，不但其认知能力开始逐渐发展，社会和文化的影响也开始逐渐显现。进一步地，颜志强和苏彦捷（2021：1）借助元分析技术为个体认知共情和情绪共情的毕生发展特点提供了更充分的证据，通过文献检索和筛查，获取了136项研究和178个独立效应量，共计50606名被试。研究者通过随机效应模型分析发现，不同发展阶段个体的共情反应受认知共情和情绪共情的影响存在差异。具体而言，学前期儿童主要以情绪共情为主，儿童中期至成年早期主要以认知共情为主，成年中期至成年晚期主要以情绪共情为主，元分析内容将在第二节中展开介绍。Decety和Svetlova（2012：1）也提出了相同的观点，他们认为共情能力的发展涉及情绪感染、情绪理解和情绪调节能力的发展，情绪感染可能是与生俱来的，情绪理解能力则在 3 岁左右开始迅速发展，情绪调节能力则是从儿童期到青春期一直都在发展。理论模型提示研究者，共情的情绪成分和认知成分在发展上可能存在差异。

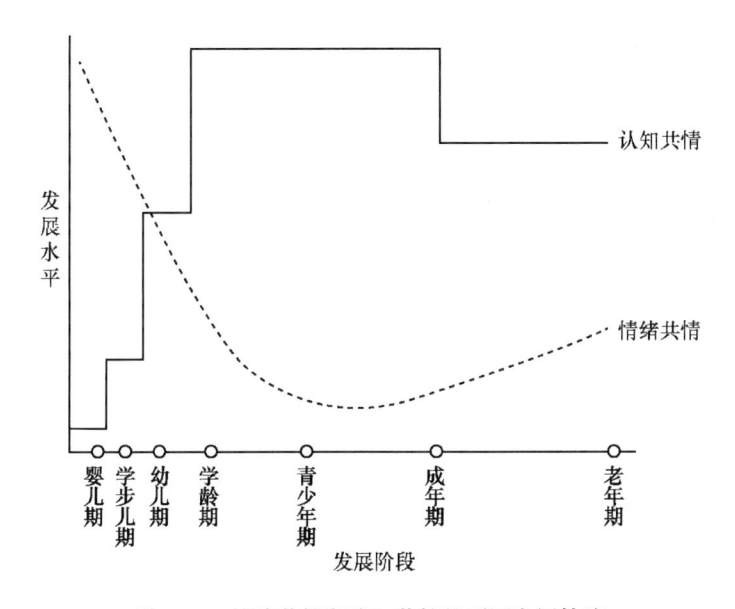

图 3-1 情绪共情和认知共情的不同发展轨迹

说明：修改自黄翯青、苏彦捷，2012。

二 共情的毕生发展特点

在共情的发展过程中，情绪共情在发展早期更为凸显。对他人产生情绪共情可能是人与生俱来的一种能力。Roth – Hanania 等（2011：447）通过录像记录了 8 个月、10 个月和 12 个月大的婴儿对他人痛苦的反应，并对其表情的变化程度进行了 4 点量表的评定。他们的研究结果发现，在婴儿 8 个月大的时候就已经表现出了对他人情绪性面孔和声音刺激的共情关注，并且随着年龄的增长，反映其共情能力的亲社会行为也在逐渐增加。行为观察的结果可能存在一定程度上的主观性，但是除了行为编码，一些采用生理指标测量的研究也得到了类似的结果。有研究者发现，在观看主动给予他人帮助和他人被帮助的视频片段时，2岁幼儿的瞳孔直径并没有显著性的变化，但是在父母阻止幼儿给予他人帮助的情况下，幼儿的瞳孔直径会有显著性的变化，这可能是处于困境的他人诱发了幼儿与生俱来的助人动机，尤其是在无法给予他人帮助时，与交感神经系统相关的瞳孔直径会有更加明显的变化（Hepach 等，2013：67）。相应地，来自认知神经科学的研究也发现，包括前运动皮层、前脑岛和杏仁核等区域在内的镜像神经系统在胚胎时期就已经初步发展，新生儿已经可以对情境中的社会线索产生共情反应，例如对他人的哭泣等情绪信息做出反应（Giudice 等，2009：350）。后来的许多研究都发现，个体在婴儿期就可以对他人的情绪产生共鸣，而且这种情绪性反应不会区分对象，无论是对自己的母亲还是对陌生人，均能产生情绪共鸣（Simner，1971：136）。这种情绪性传染和共鸣的表现一直稳定存在，无论是学前期儿童（Spinrad，Stifter，2006：97），还是学龄儿童（Fabes 等，1994：1678）抑或成年人（Carr 等，2003：5497）。

但是，随着年龄的增长，一方面个体能够依靠情境中社会线索以外的物理线索对他人产生共情，另一方面个体的情绪共情的外在表现呈现出了逐渐减弱的趋势。Zhou 等（2002：893）通过纵向追踪的方式考察了个体从10—14岁情绪共情的变化水平，结果发现个体的情绪共情强度明显随年龄增长而逐渐减弱。不过，有研究发现，在老年阶段情绪共情的强度会有所升高。Richter 和 Kunzmann（2011：60）比较了青年人和老年人的共情，结果发现，与青年人相比，老年人自我报告了和电影主人公更相似的情绪体验，表现出了更强的情绪分享倾向。从上述研究中，可以看到情绪共情发展的大致趋势，即情绪共情在婴儿期很强，之后迅速下降，直到进入青少年时期；从青少年到成年期保持相对稳定；从成年期步入老年期的过程中逐渐上升，情绪共情的发展轨迹似乎为"U"形曲线。情绪共情的发展主要反映为情绪唤醒水平的降低，不同阶段的反应模式没有质的差异（黄翯青、苏彦捷，2012：434）。这既可能源于对外界刺激敏感性的降低，也可能源于个体自身对于情绪调控的能力增强。

与婴幼儿相比，3—6岁儿童情绪共情的发展已处于相对稳定的状态，而认知共情仍在不断地发展（Bensalah 等，2016：17）。正如第二章理论部分所谈到的共情的双加工理论模型，认知共情的发展依赖于个体一般认知能力的发展，即执行功能（executive function）。执行功能在认知共情的发生和初步发展过程中可能充当了"脚手架"。由于在发展的时间进程上几乎同步，执行功能对个体认知共情的发展具有重要的影响。认知共情的发展也使得个体的共情反应更加灵活，有研究发现3岁左右的儿童就已经能够根据情境做出反应（Eivers 等，2011：499）。认知神经科学方面的研究则发现，随着年龄的增长，从成年早期到成年晚期个体的情绪共情水平在不断地下降（Chen 等，2014：827），而从学前期到成年期个体的认知共情水平则在不断地上升（Cheng 等，2014：160）。Cheng 等（2014：160）的研究同时还发现，与认知重评相关的晚期正成分（Late Positive Potentials，LPP）会随着年龄增加而不断增大，LPP 反映了认知评估与情绪调节的联系（Dennis, Hajcak, 2009：1373），其与年龄相关的波幅变化也在很大程度上反映了认知共情的发展趋势（Brink 等 2011：1）。但是，发展心理学的研究结果也发现，在成年期以后随着年龄增长所带来的认知功能衰退又使得其情绪共情表现更加凸显。一些横断比较的研究发现，与青年人相比，老年人的情绪共情表现更强（Richter, Kunzmann, 2010：48；Sze 等，2012：1129）。同时，老年人的认知共情水平开始呈现下降趋势。Bailey 等的研究（2008：499）进一步证实，无论是自我报告的还是基于任务的实验表现，老年人的认知共情都要弱于青年人。因此，人的认知共情大致呈现出如下发展模式：从出生开始萌芽，在学步阶段有一个明显发展，在青少年阶段达到成熟，而之后则出现下降的趋势。认知共情的发展轨迹呈现出倒"U"形，并表现出明显的阶段性（黄翯青、苏彦捷，2012：434）。

由此，研究者可以认为情绪共情和认知共情二者之间的关系并不是静态和孤立的,在发展的过程中二者彼此独立但互相补充,从而确保个体对社会生活具有最大的适应性(Decety,2010:257;黄翯青、苏彦捷,2010:13)。毫无疑问,一个人如果只会对他人的情绪产生自动化的情绪共享,却无法调控自身的情绪和理解他人的情绪的话,这样的共情必然是无效的且对自己是有损的。同样地,一个人如果凡事皆从理性的角度去思考和理解他人的情绪,自己却丝毫不为所动,那么这样的共情也必然是无效的。此外,情绪共情和认知共情随年龄的阶段性发展特点也促使研究者进一步思考与其发展有关的影响因素。

第二节 共情毕生发展的元分析研究

共情的毕生发展研究既有助于研究者更加全面和宏观地了解共情,也有助于在教育实践中更好地应用。从行为表现上来看,情绪共情近似于镜像反应,即看见别人痛苦,"我"也会痛苦。虽然情绪共情有助于个体的早期生存和发展,但是也为个体的情绪和心理健康发展带来了一些隐患(Andreychik,Migliaccio,2015:274)。换句话说,情绪共情较强的个体可能时常经受着较高的情绪压力。有研究者发现,与健康的成年个体相比,患有抑郁症的个体,情绪共情得分更高(Thoma 等,2011:373)。黄翯青和苏彦捷(2010:13)所提出的情绪共情和认知共情两维度四象限的划分进一步刻画了共情失衡带来的后果,而无论是在典型发展还是非典型发展群体身上都存在这种影响。有研究者就曾提出孤独症的共情失衡假设(Smith,2009:489),该假设关注孤独症个体在共情的情绪成分和认知成分上的不同表现,并认为孤独症个体共情的认知成分虽然受到了损害,但是共情的情绪成分反而会增强,他们有时会对他人的情绪表现出过度的情绪反应(孟景、沈林,2017:59)。在疼痛共情研究中更是如此(Fan 等,2011:903),较强的情绪共情会带来较大的情绪压力，较强的认知共情能够调控情绪反应。

随着研究者们对社会认知领域这一热点的关注（颜志强、苏彦捷，2017：699），来自不同发展阶段的共情实证研究数据已经得到了补充。然而，受限于资源和精力，已有实证研究大多仅仅关注于某个特定的发展阶段，尚未能刻画出个体共情两维度的毕生发展轨迹。元分析方法可能有助于我们回答这个问题。元分析是指研究者在已有研究数据积累的基础上，通过汇聚现有研究中的结果，以期探讨研究结果间的一致或不一致原因的一种研究手段（颜志强、苏彦捷，2018：129）。因此，通过元分析探讨被试共情的发展特点，并以被试的发展阶段为分类变量进行调节效应分析，能够有效地考察不同发展阶段个体认知共情和情绪共情的发展特点，以刻画个体共情毕生发展的曲线。

一 文献检索和筛选

参考已有的元分析研究（颜志强、苏彦捷，2018：129），通过检索中英文文献数据库获取相应的文献数据。在中文文献的选取方面，以文献收录较为全面、权威性较强的数据库作为代表，选用了中国知网、万方数据库、维普数据库、优秀硕士博士论文数据库。在英文文献的选取方面，以社会科学领域尤其是心理学相关的数据库作为代表，选取了 Web of Science、PsycArticles、Psychology and Behavior Science Collection 数据库。通过之前的文献综述，检索的中文主题词确定为"认知共情"或"情绪共情"或"情感共情"。检索的英文主题词确定为"affect * empathy"或"emotion * empathy"或"cogniti * empathy"（*是通配符，从而得以匹配同一单词的不同形式，例如 emotion 和 emotional）。检索了 2000—2018 年发表的文献。文献筛选流程见图 3-2。

文献筛选标准：（1）该篇论文必须是测量了认知共情和情绪共情的实证研究，研究的数据应该是完整的，样本的大小应该是明确的；（2）该篇论文所涉及的被试应该为典型发展群体，排除被试群

```
┌─────────────────────────────────────┐
│ 采用主题词检索了中国知网、万方、维普等中文数据库和 │
│ Web of Science、PsycArticles、Psychology and Behavior │
│ Science Collection 等英文数据库的相关文献，数据检索日期 │
│ 为2018年12月4日，获取文章数，k=2827 │
└─────────────────────────────────────┘
                    ↓         ┌──────────────────────┐
                    ├────────→│ 删除重复性研究、未以典型发展 │
                    │         │ 群体为研究对象的研究、无法获 │
                    │         │ 取全文的研究 │
                    ↓         └──────────────────────┘
┌──────────────────┐
│ 阅读题目和摘要，k=1923 │
└──────────────────┘
                    ↓         ┌──────────────────────┐
                    ├────────→│ 保留报告共情两维度结果的实证研究， │
                    │         │ 删除综述、元分析等研究 │
                    ↓         └──────────────────────┘
┌──────────────────┐
│ 精细化分析的研究，k=686 │
└──────────────────┘
                    ↓         ┌──────────────────┐
                    ├────────→│ 删除无法计算效应值的研究 │
                    │         └──────────────────┘
                    │         ┌──────────────────┐
                    ├────────→│ 增加其他来源获得的检索结果 │
                    ↓         └──────────────────┘
┌────────────────────┐
│ 进入元分析的研究，k=136 │
└────────────────────┘
```

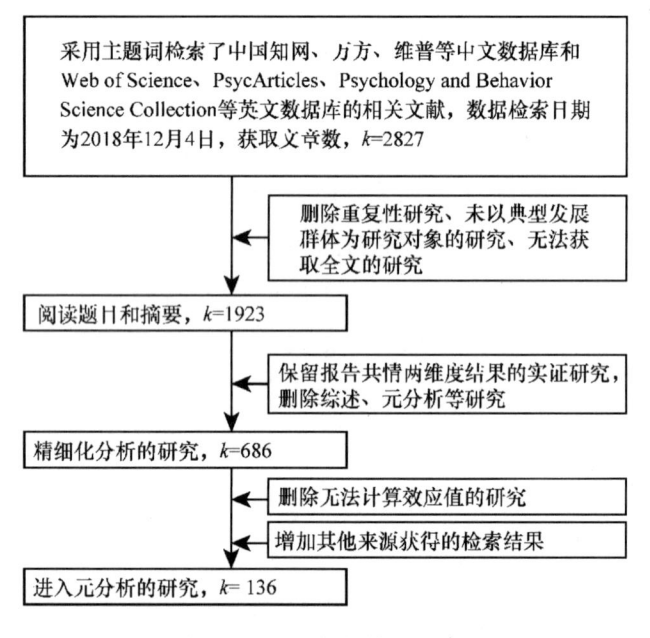

图 3-2 元分析文献筛选流程

体为精神病人等其他非典型发展群体的研究；（3）该篇论文应该指明测量工具，并且所报告的测量工具应该有据可查；（4）如果在核验论文的过程中发现论文的数据存在重复发表的情况，那么只取其一；（5）该篇论文被试的抽样方法应该为随机取样法；（6）该篇论文的写作语言应该为汉语或英语；（7）该篇论文详细报告了 r 值或可以转化为 r 值的 F 值、t 值或 x^2 值，排除其他运用结构方程模型、回归分析及其他统计方法获得的数据。经过文献筛选，最终得到符合要求的文献 136 篇，可供提取的独立效应量数为 178 个。其中，中文文献数为 57 篇，英文文献数为 79 篇。元分析所涉及的论文均在参考文献部分用 * 标记。

二 文献编码与数据分析

研究者根据所要探讨的问题对文献数据进行编码（见表 3-1）：（1）该篇论文的第一作者名和发表年份；（2）该篇论文的刊物类

型;(3)该篇论文进行研究时所选取的样本量大小;(4)该篇论文中报告的用于测量共情的工具;(5)该篇论文中被试的年龄;(6)该篇论文中被试所属的发展阶段:学前期(3—6岁),儿童中期(6—12岁),青春期(12—20岁),成年早期(20—40岁),成年中期(40—65岁),成年晚期(大于65岁);(7)该篇论文中认知共情与情绪共情得分的比值(仅编码采用IRI或IRI-C为测量工具的研究);(8)该篇论文中认知共情与情绪共情差异的效应量。

文献数据结果的编码将由两位编码者分别完成,编码完成后计算编码者一致性。在本研究中,编码者一致性系数为0.88,该结果表明文献编码还是比较一致的。针对不一致的地方,两位编码者进行了讨论,并且再次进行了核对。最终,两位编码者统一了编码结果。参考前人的研究(Myszkowski等,2018:24),本研究采用R语言(Version 3.4.4)的meta包和metafor包进行元分析,以Hedges' g 作为元分析的效应量计算值。

表3-1 元分析研究编码结果(学前期部分示例,$n=17$)

研究(仅一作)	刊物	样本量	测量工具	年龄	发展阶段	比值	Hedges' g
Belacchi,2012	J	63	IRI	4.85	学前期	0.833	-0.910
Belacchi,2012	J	69	IRI	5.89	学前期	0.862	-0.625
Belacchi,2012	J	56	IRI	3.82	学前期	0.821	-1.042
O'Kearney,2017	J	33	GEM	5.9	学前期	\	0.919
Pasalich,2014	J	134	GEM	5.6	学前期	\	-0.044
Tully,2017	J	82	ESP	4.96	学前期	\	-1.251
Yan,2017	J	47	ECSS	5.93	学前期	\	-0.828
Yan,2017	J	42	ECSS	5.77	学前期	\	-0.796
黄鬻青,2013	T	62	ESP	2.42	学前期	\	-0.168
田园,2017	T	114	GEM	5.47	学前期	\	-0.285
田园,2017	T	114	IRI	5.47	学前期	0.837	-0.943
魏琪,2017	U	459	GEM	5	学前期	\	-0.091
吴南,2013	T	23	ECSS	3.51	学前期	\	0.023
吴南,2013	T	41	ECSS	4.43	学前期	\	0.216

续表

研究（仅一作）	刊物	样本量	测量工具	年龄	发展阶段	比值	Hedges' g
吴南，2013	T	23	ECSS	5.42	学前期	\	0.637
吴伟泱，2018	T	132	ESP	2.55	学前期	\	−0.464
谢东杰，2018	J	118	GEM	5.35	学前期	\	0.351

注：J 为杂志（Journal），T 为学位论文（Thesis），U 为未发表论文（Unpublished）。IRI（Interpersonal Reactivity Index，人际反应指针）为儿童版问卷，认知和情绪共情各 4 个条目，由教师填写。GEM（Griffith Empathy Measure, Griffith, 共情量表）为教师和父母版问卷，由教师或父母填写。ECSS（Empathy Continuum Scoring System，共情连续计分系统）。ESP（Emotion Simulation Procedure，情绪模拟程序）。同一研究多次出现在表格中是因为存在不同被试群体抑或同一群体不同测量方式。

三 研究结果

（一）共情两维度发展的特点

为了评估个体共情两维度随着发展而变化的趋势，研究者抽取通过文献检索所获取的数据中以人际反应指针（IRI, Davis, 1983：113）为测量工具的研究数据结果，进行了描述性的数据拟合。

之所以选用人际反应指针这一测量工具的结果作为参考，是因为在现有的共情测量中，IRI 的应用范围最广、引用频率最高（颜志强、苏彦捷，2017：699），适合不同的发展群体。目前，IRI 存在多个适用于不同发展对象的版本：一是由张凤凤等（2010：155）所编制和修订的成人版本，该量表在一般人群和临床群体中进行了大样本施测，表现出良好的信效度。二是范明惠和胡瑜（2017：879）采用 IRI 对青少年共情能力的现状进行了分析，结果表明信效度良好。三是 Belacchi 和 Farina（2012：150）所改编的学前期教师评定版本。为了平衡由于版本不同所带来的测量条目选取差异以及李克特评定方式的不同，研究者采用被试通过 IRI 所测得的认知共情和情绪共情得分间的比值作为评估结果，进而对不同发展阶段个体的共情变化趋势进行了数据拟合（见图 3-3，r^2 为 0.1775）。以 1 为分界线可以明显发现，个体的共情发展趋势呈倒"U"形，即在个体发展的早期，其共情反应更多依赖情绪共情，在个体发展的中期开始转向依赖认知共情，在个体发展的晚期又转向依赖情绪共情。

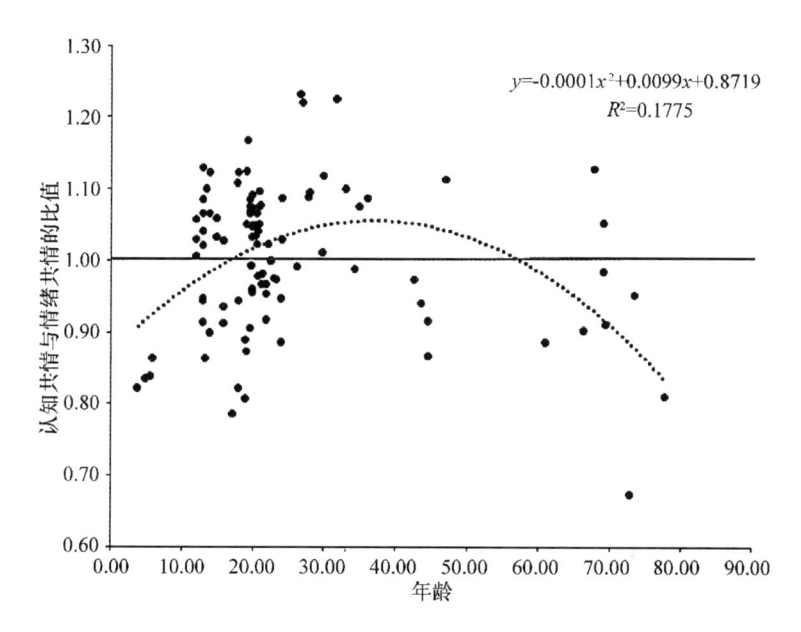

$y=-0.0001x^2+0.0099x+0.8719$
$R^2=0.1775$

图 3-3　人际反应指针认知共情和情绪共情比值随年龄变化趋势

通过以 IRI 测量的共情结果为代表进行发展特点的刻画，可以发现个体共情的发展是会随年龄而变化的。个体共情两维度毕生发展的描述性结果与已有的理论研究预期相一致，黄翯青和苏彦捷（2012：434）在其论文中提出情绪共情应该是从婴儿期直到成年期呈现下降趋势，到老年阶段有所上升，而认知共情则是从出生直到成年期呈现上升趋势，在老年阶段逐渐下降。为了进一步系统地刻画该发展模型，研究者拟采用个体认知共情与情绪共情的差值作为效应量指标，借助元分析的方式初步探索个体认知共情和情绪共情的发展差异随个体发展阶段而变化的模式。

(二) 元分析初探

1. 发表偏差检验

借鉴前人的研究 (丁凤琴、陆朝晖，2016：1159)，本研究选取了漏斗图 (Funnel Plot)、Egger's 截距检验和 Trim – and – fill 剪贴法检验来衡量本研究所选取的文献数据是否存在明显的发表偏差 (见图 3 – 4)。

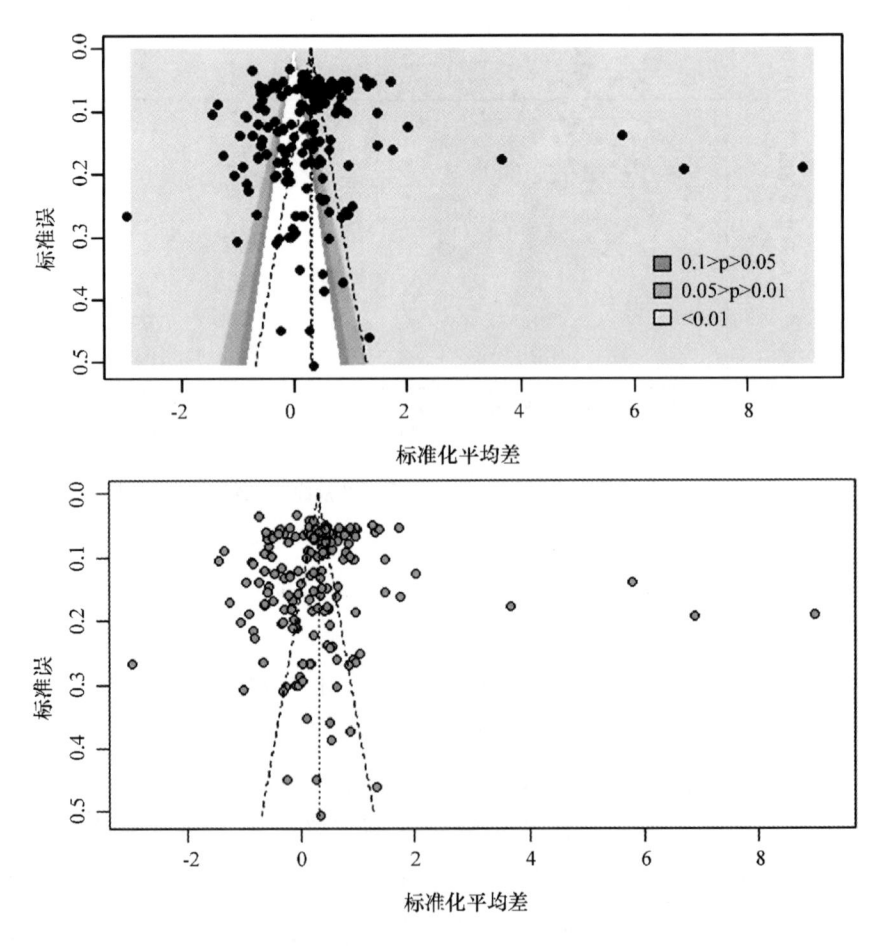

图 3 – 4　共情维度分数差异的漏斗图 (上) 和剪贴法漏斗图 (下)

从漏斗图来看，研究所选取的文献数据基本上都集中于三角形的顶端，并且较为均匀地分布在中线的两侧。Egger's 截距检验的结果表明，差异不显著 [$t(176) = 0.27$，$p = 0.79$]。Trim-and-fill 剪贴法检验的结果表明，0 篇研究被纳入。综合漏斗图、Egger's 截距检验和剪贴法来看，文献选取不存在发表偏差，结果可靠。

2. 异质性检验

对所选取的文献数据进行异质性分析，结果发现所选取的文献数据之间不同质（$Q_b = 13133.32$，$p < 0.001$，$df = 177$）。其中，I-squared 值为 98.70，说明由效应值的真实差异造成的变异量占总变异的 98.70%。Tau-squared 值为 0.561，说明研究间的变异有 56.10% 可用于计算权重。在这种情况下，采用随机效应模型进行元分析更为合适。

3. 主效应检验

元分析共包含 136 个研究、178 个独立样本，合计 50606 名被试，采用随机效应模型分析的结果显示，认知共情与情绪共情差值的效应量 Hedges' g 为 0.310 [95% CI = (0.197, 0.423)，$Z = 5.39$，$p < 0.001$]。置信区间不包括零，效应量为 0 的零假设被拒绝，个体的认知共情量表得分高于情绪共情量表得分。

4. 调节效应检验

为了考察不同发展阶段中个体的认知共情与情绪共情的特点，研究者以被试的发展阶段为调节变量进行了调节效应分析（见表 3-2）。结果显示，发展阶段的调节效应显著（$Q_b = 73.99$，$p < 0.001$）。发展阶段的趋势模拟图见图 3-5，曲线拟合 r^2 为 0.765。

从发展阶段来看，学前期的情绪共情强于认知共情（$Z = -2.64$，$p = 0.008$），儿童中期（$Z = 4.86$，$p < 0.001$）、青春期（$Z = 6.02$，$p < 0.001$）和成年早期（$Z = 3.62$，$p < 0.001$）认知共情强于情绪共情，成年中期（$Z = -2.54$，$p = 0.011$）和成年晚期（$Z = -2.21$，$p = 0.027$）情绪共情强于认知共情。

此外，研究者额外考察了共情的测量工具对个体认知共情与情绪共情差异效应的影响。结果显示（见表 3-2），测量工具的调节

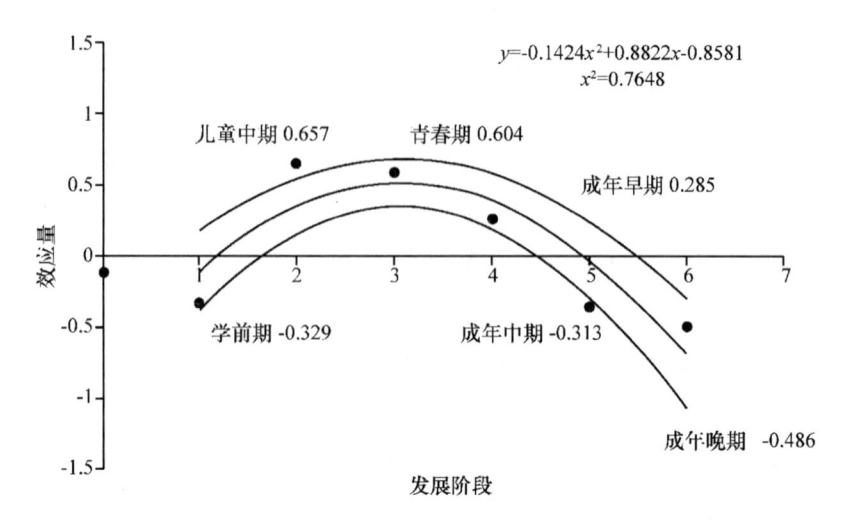

$$y = -0.1424x^2 + 0.8822x - 0.8581$$
$$x^2 = 0.7648$$

儿童中期 0.657　　青春期 0.604　　成年早期 0.285
学前期 -0.329　　成年中期 -0.313　　成年晚期 -0.486

图 3-5　情绪共情与认知共情差异效应的发展变化趋势

效应显著（$Q_b = 1280.50$，$p < 0.001$）。从测量工具来看，采用青少年共情和同情测量问卷（Adolescent Measure of Empathy and Sympathy, AMES）（$Z = 3.71$，$p < 0.001$）、基本共情量表（Basic Empathy Scale, BES）（$Z = 8.08$，$p < 0.001$）、基本共情量表成人版（Basic Empathy Scale in Adults, BES-A）（$Z = 35.50$，$p < 0.001$）、共情问卷（Empathy Questionnaire, Park, 1977）（$Z = 8.94$，$p < 0.001$）、感觉和思维问卷（Feeling & Thinking Instrument, F&T）（$Z = 9.13$，$p < 0.001$）、"我"在不同情况下的感受测验（How I Feel in Different Situations, HIFDS）（$Z = 4.77$，$p < 0.001$）、人际反应指针中文版（Interpersonal Reactivity Index-Chinese, IRI-C）（$Z = 4.37$，$p < 0.001$）、认知和情绪共情问卷（Questionnaire of Cognitive and Affective Empathy, QCAE）（$Z = 4.97$，$p < 0.001$）、观察编码（$Z = -2.11$，$p = 0.035$）等方法测得的结果有显著性差异。采用共情连续计分系统测验（Empathy Continuum Scoring System, EC-SS）（$Z = -0.59$，$p = 0.557$）、情商问卷（Empathy Quotient, EQ）（$Z = -1.45$，$p = 0.147$）、格里菲斯共情问卷（Griffith Empathy

Measure, GEM）（$Z=1.77$，$p=0.076$）和人际反应指针（Interpersonal Reactivity Index, IRI）（$Z=-1.84$，$p=0.066$）等方法测得的结果则没有显著性差异。

表 3-2　　　　情绪共情和认知共情发展差异的调节效应

调节变量	类别	研究数	Hedges' g	95% CI	Q_b (df)
发展阶段	学前期	17	-0.329	-0.573, -0.085	73.99*** (5)
	儿童中期	12	0.657	0.392, 0.922	
	青春期	71	0.604	0.408, 0.801	
	成年早期	60	0.285	0.131, 0.440	
	成年中期	8	-0.313	-0.554, -0.071	
	成年晚期	10	-0.486	-0.916, -0.056	
测量工具	AMES	3	0.857	0.404, 1.310	1280.50*** (12)
	BES	38	1.177	0.891, 1.463	
	BES-A	1	6.879	6.499, 7.259	
	ECSS	5	-0.169	-0.731, 0.394	
	EQ	11	-0.199	-0.468, 0.070	
	EQ-Park	1	0.877	0.685, 1.070	
	F&T	1	0.950	0.746, 1.153	
	GEM	7	0.428	-0.045, 0.901	
	HIFDS	1	0.549	0.427, 0.670	
	IRI	68	-0.145	-0.300, 0.009	
	IRI-C	33	0.228	0.125, 0.330	
	QCAE	6	0.572	0.347, 0.798	
	编码	3	-0.627	-1.209, -0.044	

注：*** $p<0.001$。

5. 不同发展阶段下认知共情与情绪共情的差异

为了进一步评估共情不同维度的发展差异（基本数据见表3-3），本研究利用不同发展阶段被试认知共情和情绪共情差异的Z分数进行了不同发展阶段下认知共情和情绪共情差异强度的检验（Cohen, 2007：585），计算公式如下（见公式1），计算结果见表3-4。

$$Z = \frac{Z_{r_1} - Z_{r_2}}{\sqrt{\dfrac{1}{N_1 - 3} + \dfrac{1}{N_2 - 3}}} \quad （公式1）$$

在本公式中，Z_{r_1} 为样本 1 的 Z 分数，Z_{r_2} 为样本 2 的 Z 分数，N_1 为样本 1 的被试数，N_2 为样本 2 的被试数。

表 3 - 3 不同发展阶段下认知共情与情绪共情差异的 Z 分数和被试数

	学前期	儿童中期	青春期	成年早期	成年中期	成年晚期
Z	-2.64	4.86	6.02	3.62	-2.54	-2.21
N	1612	2434	28231	16817	575	937

表 3 - 4 不同发展阶段下认知共情与情绪共情差异的相关强度比较（Z）

发展阶段	1	2	3	4	5	6
1 学前期		-233.37***	-337.88***	-239.89***	-2.05*	-10.45***
2 儿童中期			-54.88***	57.15***	159.24***	183.65***
3 青春期				246.36***	202.68***	247.46***
4 成年早期					144.88***	173.42***
5 成年中期						-6.22***
6 成年晚期						

注：* $p < 0.05$，** $p < 0.01$，*** $p < 0.001$。

相关强度比较的结果发现，情绪共情强于认知共情的学前期、成年中期和成年晚期之间存在显著性差异，学前期儿童情绪共情与认知共情的差值要显著大于成年中期和成年晚期。同样地，认知共情强于情绪共情的儿童中期、青春期和成年早期之间也存在显著性差异，青春期个体认知共情与情绪共情的差值要显著大于儿童中期和成年早期。

四 结果分析

元分析的研究结果表明，从整体的视角来看，个体的共情是以认知共情为主的，但是仍存在发展性特点；从发展的角度来看，个体的共情在学前期以前以情绪共情为主，儿童中期至成年早期以认知共情为主，而成年中期至成年晚期以情绪共情为主，该结果验证并拓展了已有的共情毕生发展的理论模型（黄翯青、苏彦捷，2012：434）。

根据 de Waal 和 Preston（2017：498）的定义，情绪共情是指由匹配或同感的方式直接受他人情绪的影响而对他人情绪产生的知觉，而认知共情则是指通过自上而下的加工方式想象他人的感受。进一步地，来自神经影像学的研究发现（Decety，2010：257），情绪共情主要依赖镜像神经元系统的自发性反应，可由知觉运动模型（Preston，de Waal，2002：1）进行解释，该反应仅涉及皮层下的脑岛、前扣带回和眶额叶皮层等；认知共情则依赖与高级认知加工有关的内侧前额叶皮层和腹内侧前额叶皮层等脑区（潘彦谷等，2012：2011），可由共情的双加工理论模型进行解释（Decety，Meyer，2008：1053）。这表明，个体的共情发展与脑区的发育和成熟密切相关，通过回顾前人的研究，杨业等（2017：3729）发现，额下回、前扣带回是情绪共情涉及的特异性脑区，而认知共情涉及的特异性脑区是腹内侧前额叶。由此，基于镜像神经元系统和皮层下脑区的情绪共情几乎与生俱来，反应过程趋于自动化，而认知共情则是基于知识和经验进行推理和理解，加工过程更加复杂，更多地依赖前额叶等脑区的成熟。所以在共情的毕生发展过程中，由于学前期的前额叶发育尚未成熟，而成年中期和成年晚期的个体前额叶开始老化，因此都表现为以情绪共情为主。

此外，来自表观遗传学方面的证据也表明，与认知共情相比，情绪共情具有更强的遗传基础。一项来自双生子的研究发现，通过采用人际关系指针量表测量所得到的被试的认知共情和情绪共情得分以及通过眼中读心任务测量所得到的被试的认知共情得分都与遗传有关，情绪共情的遗传解释力大概在52%—57%，而认知共情的遗传解释力则在27%—28%左右（Melchers 等，2016：720）。遗传解释力是指亲代将其遗传特性传递给子代的能力，遗传解释力越高说明遗传的影响越大。这也进一步提示研究者，情绪共情具有更强的生物遗传基础（Decety, Svetlova, 2012：1），它应该是跨物种存在的，至少广泛存在于哺乳类动物之中（de Waal, Preston, 2017：498），而认知共情则可能是人类所特有的（Heyes, 2018：499），具有较强的可塑性。遗传研究的结果也进一步解释了元分析所发现的学前期和成年中期、成年晚期的共情表现主要受情绪共情影响的结果。不过，需要注意的是，表观遗传学研究仅表明情绪共情有更强的遗传基础，以及认知共情更少受遗传影响，遗传基础是如何影响个体在共情毕生发展过程中的表达还有待深入探讨和研究。

从发展的角度来看，元分析所发现的青春期个体处于认知共情与情绪共情差异最大的顶点这一结果与已有研究相一致（颜志强、苏彦捷，2018：129）。在个体的发展过程中，学前期是个体认知能力迅速发展的关键时期，例如执行功能和心理理论（莫书亮、苏彦捷，2009：15；王静梅等，2019：1）。这一时期，学前期儿童开始逐渐能够借助自身的认知能力去关注、理解他人的观点和情绪。因此，在儿童中期处于以认知共情为主的阶段。进入青春期后，由于生理上的快速发展和激素水平的变化，个体内部的下丘脑—垂体—性腺系统的激活促使与共情有关激素的分泌（苏彦捷等，2017：749），促使共情双维度的发展差异在青春期达到了顶点。当然，社会环境、文化以及教育等外界因素也会对个体的共情发展产生影响，有研究发现，国家的经济发展水平和共情教育可以预测大学生的共情水平（颜志强等，2017：578）。随着个体的身体机能衰退和认知老化，成年中期至成年晚期又表现出以情绪共情为主，与青年人相比，老年人的情绪共情更强，认知共情更弱（Richter, Kunzmann, 2011：60）。这个结果其实也再次证明了，认知共情依赖于个体的认知发展，是主动的、需要付出努力的，而情绪共情则是自动的、不需要付出努力的。随着年龄发展与认知老化，人们的控制能力和认知能力都在下降，所以共情反应更多依赖情绪共情。

虽然与认知共情相比，情绪共情对于个体亲社会行为的产生起着至关重要的作用（Edele 等，2013：96），但是涉及想要成功地追踪他人的情绪这类高级的认知加工时可能仍主要依赖认知共情（Mackes 等，2018：677）。以现实生活为例，如果一个人只依赖情绪共情，那么其即使能够对他人的情绪感同身受，但是仍无法确切地理解为什么他人会产生这样的情绪。因此，只有合适的情绪共情与合适的认知共情才有助于个体的社会适应（黄翯青、苏彦捷，2010：13）。这也进一步要求研究者和教育实践工作者关注学前期、成年中期和成年晚期这些以情绪共情为主的发展阶段的个体，并深入展开相关的研究以考察共情发展特点对个体社会生活和适应的影响。同时，不同的测量工具因其维度和适用对象不同，测量的条目和表述略微有些差异，研究者们也需要根据研究目的和研究对象所处的发展阶段选取合适的测量工具。

第三节　儿童共情处于共情发展的转折点

共情在生命早期以传染性哭泣的形式出现（Geangu 等，2010：279；Rieffe 等，2010：362）。传染性哭泣是指新生儿在听到其他婴儿哭闹时引起的自身反应性哭泣（Field 等，2007：431），这是能观察到的最早的情绪共情行为。12 个月大时的学步期是认知共情发展的转折期（黄翯青、苏彦捷，2012：434），儿童开始逐渐出现认知共情的具体表现，例如 12 个月的婴儿能有意识地模仿自己的母亲，做出有意识的亲社会行为等（Noten 等，2019：35）。认知共情的发展与儿童日益增长的社会和认知技能有关，如情绪识别、观点采择、自我意识和心理化，这些技能可以提供对他人感受和需求的认识，且能意识到自我与他人的不同（Taylor 等，2013：822）。

12—24 个月是共情发展最关键的时期，个体形成一种相对稳定的共情功能模式。根据 Hoffman 的观点，在这一阶段，婴儿开始关注他人，意识到情绪是别人的而不是自己的，并开始出现简单的亲社会反应。3 岁之后幼儿不再盲目模仿他人情绪行为（Hoffman, 1977：169），能够根据已有知识经验初步推断他人的心理状态（Eivers 等，2011：499）。传染性哭泣也在婴儿期之后呈下降趋势，但这种传染性哭泣和无意识模仿行为没有完全消失，一直到成年期都有被观测到。

值得注意的是，共情的个体差异起源于学前期。由于儿童的生物学倾向和环境的复杂交织，儿童的共情表现开始出现差异。在这个阶段，与共情相关的能力得到快速发展，例如执行功能和心理理论（苏彦捷、于晶，2015：51；颜志强等，2017：699）。共情能力在生命的最初几年经历了重要变化，这对于共情的变化和稳定的研究是很重要的。儿童早期的共情水平会影响到儿童的受欢迎程度、友谊互惠性和社会交往关系（McHarg 等，2019：23）。即使在人生整个发展过程中，社会功能的许多方面可能发生重大变化，但可以说，共情倾向的基础是在婴儿期建立的，个体差异也根源于其在儿童期的发展（Stern, Cassidy, 2017：1）。

第四节　本章小结

共情是一个复杂的概念，其包含的内容十分丰富。通过回顾已有的研究可以发现，不同的研究者对于共情有着不同的认识，无论是知觉运动模型、俄罗斯套娃模型、双加工理论模型还是双系统模型，研究者都是基于不同的研究视角提出的。不过，大多数研究者倾向于认为共情包含两个成分，即情绪共情和认知共情，人们既可以自动化地对他人的情绪产生共鸣，也可以主动地进行观点采择和有目的的帮助行为。

另外，通过借助元分析的方法，在第二节中我们探索了情绪共情和认知共情的毕生发展特点，元分析所拟合出的认知共情和情绪共情的毕生发展曲线与已有的理论模型基本一致，从发展的早期到发展的晚期这一过程中，情绪共情一直处于较为稳定的发展状态，认知共情则呈现出倒"U"形曲线的发展轨迹，并在青春期达到顶峰。需要注意的是，共情是可改变的、可培养的。社会和谐的重心在于心理和谐，心理和谐的关键则在于相互理解。共情对于人际交往具有积极的促进作用，可以将其称为社交黏合剂。所以，关注共情的发展及其变化十分重要。

第三节重点探讨了儿童共情的发展特点。与其他发展阶段不同，儿童共情具有其自身的特殊性。首先，儿童共情是以情绪共情为主的共情，区别于成人以认知共情为主的共情。其次，共情的个体差异起源于学前期，在学前期及之前个体的共情并不存在明显的差异。儿童共情的独特性也促使我们对其进行关注和展开深入探索。

第四章

共情的研究方法

在共情研究中因概念和研究对象的不同，研究方法也存在一定的差异。本章将通过梳理和总结已有研究中所呈现出来的常用的共情研究方法和范式，对其进行整理和分析，并且重点探讨儿童共情如何测量以及测量需要注意哪些方面，以期为今后的研究提供相应的研究建议。

第一节 采用问卷法测量共情

问卷法是研究者使用既定的、经过检验的测量条目对所研究的问题进行度量，从而搜集到可靠、有效数据的一种方法。在现有的心理学研究中，问卷法因其成本低、效率高而受到许多研究者的关注。需要注意的是，问卷或量表的编制有赖于研究者对概念的界定。由于共情的维度问题并没有得到统一，因此共情的测量工具在概念上会存在一些差别。本节将从单维度测量和多维度测量两方面来介绍并梳理已有的共情测量量表。

一 单维度测量工具

在共情的早期研究中，研究者们对于共情概念的理解趋向于单一化、极端化，普遍将共情视作一个整体性的概念，认为共情要么是一种情绪反应，要么是一种情绪认知，或偏情绪，或偏认知。因此，单维度测量的问卷又分为测量情绪共情和测量认知共情这两类，接下来我们将逐一介绍。

(一) 测量情绪共情

最早的共情标准化测量工具源自 Mehrabian 和 Epstein (1972: 525) 所编制的梅拉比安情绪共情量表 (Questionnaire of Measure Emotional Empathy, QMEE)，也有研究者 (Mehrabian, 1997: 433) 引用为情绪共情倾向量表 (The Emotional Empathic Tendency Scale, EETS)。该量表旨在评估一个人间接地体验他人情绪的倾向。在该量表中，共情被定义为感知到他人情绪体验的替代性情绪反应，即情绪共情水平越高的个体受他人情绪影响所产生的情绪反应就越大、越强。该量表分为情绪感染敏感性、对陌生人情绪的理解、极端情绪反应、积极情绪感动的倾向、消极情绪感动的倾向、同情倾向、自愿接触不幸他人的倾向等7个维度，共包括33个条目，其中有16个积极措辞项目和17个消极措辞项目。例如："看见人群中孤独的陌生人让我感到难过"等。韩丽颖 (2005: 11) 对梅拉比安情绪共情量表进行了修订，得到了中文版梅拉比安特质共情量表 (Measure Empatlmy Scale, MES)。MES 包括28个条目 (如："看到人群中孤独的陌生人，我感到心情沉重"，"当看到一只小动物遭受痛苦，我会很难过"，"当朋友向我倾诉烦恼时，我会试图转移话题谈些其他的事")，量表采用9点计分 (1 = 绝对反对，9 = 绝对赞成)。修订后的 MES 量表重测信度为0.60，每个题目与总量表的一致性信度都在0.70以上，具有较好的信度。中文版梅拉比安特质共情量表被广泛应用于测量我国大学生的共情发展水平。此外，通过对西班牙学者修订后得到的西班牙语版本的梅拉比安情绪共情量表的信度进行测量，结果发现度量的内部一致性是可以接受的，内部一致性信度为0.70 (Perez - Albeniz, Paul, 2003: 769)。然而，检验结果也发现，该量表虽然具有较好的信度，符合心理测量学的相关标准，但是其结构效度却受到了质疑（张凤凤等，2010：155）。

在梅拉比安情绪共情量表的基础上，Mehrabian（1997：433）进一步修正了其不足，并编制了由 30 个条目组成的平衡的情绪共情量表（Balanced Emotional Empathy Scale，BEES），用于更准确地测量情绪共情。BEES 的条目举例如下："不愉快的电影结局在之后的几小时都一直困扰我。"与梅拉比安情绪共情量表不同，平衡的情绪共情量表关注对他人情绪的替代性体验而非一般性的情绪唤醒，这与共情的定义更加吻合。在这个问卷中得分较高的人会对他人的情感体验产生更强烈的反应以及不太可能参与攻击行为，特别是当受害者的痛苦暗示是直接的，当他们注意到另一个人的痛苦时，他们更有可能采取帮助他人的行为。

之后，为了进行发展性研究，Bryant（1982：413）对标 Mehrabian 和 Epstein 编制与使用的成人的共情量表，编制了儿童及青少年共情量表（Index of Empathy for Children and Adolescents，IECA）。IECA 通过由儿童和青少年进行自我报告的方式测量他们的共情水平，但是 IECA 改编自梅拉比安情绪共情量表，其主要测量的还是个体的情绪共情水平。例如，"看到一个找不到人一起玩耍的女孩让我很难过"就是典型的仿照梅拉比安情绪共情量表的条目进行编制的。

后来，Batson 等（1987：19）编制了共情反应量表（Empathy Concern Scale，ECS）。与其他测量工具不同，共情反应量表需要根据具体的情境来进行使用，该量表包括 6 个条目，即同情的、怜悯的、心软的、体贴的、温暖的、受感动的 6 个情感词汇。在填写的过程中，被试需要通过"1"（代表完全不符合）至"5"（代表完全符合）点打分，来表明被试在看到主人公经历的情境故事后的情感体验程度，评估该形容词与自己当前情绪的相符程度。一般而言，共情反应量表测量的是被试的共情的情感成分。在以往的研究中该量表的内部一致性系数为 0.77。

（二）测量认知共情

与情绪共情相比，认知共情的测量更加丰富多样。经典的认知共情测量量表包括霍根共情量表（Hogan Empathy Scale，HES），该量表将共情定义为在没有实际体验他人感受的情况下，对他人情绪、感受和体验的想象和理解，强调的是情绪体验以外的内容，把共情看作理解社会现象的核心（Hogan，1969：307）。霍根共情量表一共包括 64 个条目，所有题项均为是非题，因此在一定程度上难以辨别被试真实的思想活动。在后来的研究中，研究者们将霍根共情量表划分为社会自信、温和、敏感性和不一致性 4 个维度（Johnson 等，1983：1299）。目前，已有研究使用 HES 作为共情认知方面的衡量标准（Marshall，Maric，1996：101；Wise，Cramer，1988：179），作为社会敏感性的衡量标准（Kurdek，1981：263），以及作为利他倾向的衡量标准（Salais，Fischer，1995：185）。此量表的内部一致性信度在 0.60—0.71。在使用过程中，HES 的跨文化适宜性受到了一些挑战，如对于西班牙版本，HES 的内部一致性信度较弱，仅为 0.61。总的来说，HES 的维度分类以及跨文化一致性较低，同时其较低的内部一致性信度也让人们对研究的可重复性产生了质疑。

此外，杰弗逊医生共情量表（Jefferson Scale of Physician Empathy，JSPE）也被普遍应用于测量个体的认知共情（Hojat 等，2001：349）。该量表将共情定义为理解、担忧病人的痛苦、悲伤，与所谓的情绪体验有一定的区分，因此，JSPE 最开始的编制目的主要是用于测量医生、其他医务人员和医学生的共情，即该量表最初用于测量医护人员的共情，而非一般人群。杰弗逊医生共情量表由 20 个条目组成，可分为观点采择、共情关注、以患者为中心 3 个维度，并采用李克特 7 点评分。目前，该量表已被翻译成德语、希腊语、匈牙利语、日语等多国语言版本，并在全世界范围内得到了广泛的应用，具有较好的内部一致性信度和结构效度。关于医生共情能力的测量，除了采用自评量表的方法，目前研究者也多采用他评量表的方法测量，如由 Mercer 等（2004：699）编制的诊疗关系共情量表（Consultation and Relational Empathy，CRE）。诊疗关系共情量表基于患者视角，评估患者感知到的医生对自己共情的水平，如"医生完全了解我关心的问题""医生让我畅所欲言"。此量表包含 10 个条目，采用李克特 5 点计分，得分越高表示患者感知到的医生共情能力越强。中国香港学者 Fung 对该量表进行了翻译和修订，得到的中文版的内部一致性系数为 0.96，具有较高的信度和效度（Fung 等，2009：398）。

二 多维度测量工具

随着共情研究的深入，研究者们发现共情的单维度取向并不能充分地解释共情，单一维度的测量无法全面地反映个体的共情水平，越来越多的研究者倾向于认为共情是一个伞概念，至少同时具有情绪共情与认知共情两个维度，甚至更多的维度。因此，为了能够更加深入细致的测量共情，许多研究者开始着力于开发和编制多维度的共情测量工具。

Davis（1983：113）所编制的人际反应指针（Interpersonal Reactivity Index，IRI）是目前测量个体共情能力时使用最为广泛的，其论文引用率也是目前所有已正式发表的共情量表论文中最高的（颜志强、苏彦捷，2017：699）。同时，该量表被广泛应用于测试不同人群，并被证实具有较好的信度和效度（Montag 等，2007：85）。IRI 共计 28 个条目，包括 4 个维度，即个人悲伤、共情关注、幻想和观点采择。IRI 采用 5 点计分，从 "0" 到 "4" 分别表示 "非常不恰当" 到 "非常恰当"。其中观点采择维度测量认知成分，考察个体理解并想象他人在真实生活中的心理或观点的倾向性；共情关注维度测量情感成分，考察个体对他人情感关心、温暖和同情的程度；幻想维度是指运用想象去体验创造性作品中的人物思维情感与行为，用于考察被试对虚构作品中人物情感和行为的卷入程度；个人悲伤维度用于评估共情的自我倾向的成分，是对他人所处困境或压力情境产生的自我中心式反应（Davis，1983：113；张凤凤等，2010：155）。IRI 的这四个因子不仅测量了共情产生的结果也测量了其产生的过程。虽然 Davis 本人并没有将其进行高阶维度的划分，但是后来的研究者在使用人际反应指针时都倾向于将个人悲伤和共情关注划分为情绪共情，将幻想和观点采择划分为认知共情。由于其跨文化的适用性和较好的信效度，许多国内学者尝试将人际反应指针进行翻译和修订。目前国内共有三个 IRI 的修订及翻译版本。其一是中国台湾学者修订和翻译的版本（Interpersonal Reactivity Index – C, IRI – C），詹志禹采用该量表在华人群体中做了测试，并将原量表的28 个项目修订为 22 个项目（如"对那些比我不幸的人，我经常有心软和关怀的感觉"，"对我来说，全心地投入一本好书或一部好电影中，是很少有的事"，"当我阅读一篇吸引人的故事或小说时，我想象着：如果故事中的事件发生在我身上，我会感觉怎么样"），从而形成了中文版人际反应指针量表（詹志禹，1987：125）。但是，其信效度以及适用性尚未得到检验。为此，张凤凤等（2010：408）在一般人群和临床群体中对 IRI – C 进行了大样本施测，结果表明，该量表具有较好的内部一致性信度、重测效度、跨时间稳定性、跨样本一致性以及区分度。其二是戎幸等（2010：158）鉴于共情研究在国内日益升温，而国内仍缺乏合适的研究共情的测量工具的情况，在得到原作者授权后，他们对 IRI 量表进行了修订，得到了 C – IRI，该量表的内部一致性和重测信度均良好。其三是由中国香港学者 Siu 和 Shek（2005：118）修订的 C – IRI，他们考虑到 IRI 条目可能存在文化变异，因此对 IRI 进行了本土化的修订，修订后的量表信度良好。虽然后两个版本都表现出一定的信效度，但是研究者们主要使用的还是由詹志禹翻译以及张凤凤等修订完善的 IRI – C，该量表共包括 22 个条目。

与人际反应指针不同，最初开发共情商数（The Empathy Quotient）问卷的目的是用于评估异常群体（Baron – Cohen, Wheelwright, 2004：163），例如孤独症患者的共情缺损水平。Baron – Cohen 和 Wheelwright 将共情定义为将心理状态归因于他人或动物，并且对他人或动物的心理状态做出恰当的情绪反应的动力或能力。EQ 与其他量表不同，它是出于诊断目的，在测量阿斯伯格综合征、高功能孤独症人群及健康人群的共情能力时均具有较好的信度和效度

(Lawrence等，2004：911；杨娜等，2013：760）。该量表共包括60道题，其中40道测量个体的共情能力，20道为填充题目，其一致性系数为0.92。条目举例如下，如"我可以很容易地分辨出别人是否对我说的话感兴趣或感到厌烦"，"其他人经常说我迟钝，虽然我不知道为什么"。此量表采用4点计分，4个选项分别为"非常不符合""有些不符合""有些符合""非常符合"，20项在"非常不符合""有些不符合"上计0分，"有些符合"上计1分，在"非常符合"上计2分；20项在"非常不符合"上计2分，在"有些不符合"上计1分，在"有些符合""非常符合"上计0分；剩余20项为填充项目，防止被试长期将注意力集中在共情内容上，对后续作答题产生疲劳效应（陈优巧等，2018：582）。国内的一些研究者对共情商数问卷进行了修订，他们的研究结果表明该问卷的内部一致性系数为0.81，重测信度为0.84，适合作为评估中国人群共情水平的测量工具（杨娜等，2013：760）。

Jolliffe和Farrington（2006：589）所编制的基本共情量表（Basic Empathy Scale，BES）也是常用的多维度共情测量工具。根据IRI的编制原则以及Davis的论述，共情关注主要测量的是他人定向的同情和对他人不幸的关心（Davis，1983：113）。由此，可以发现Davis的共情内涵中已经包括了同情，这可能导致共情与同情的混淆。之后的研究则已经关注到共情测量工具可能混淆了共情和同情的概念，以至于在测量上难以进行区分的问题。基本共情量表开发的目的便在于厘清共情的概念，量表作者提到已有的共情测量工具在测量共情时可能混淆了共情和同情的概念，这导致在测量上难以对二者进行区分。所以，在该量表中共情被明确定义为理解和分享他人的情绪状态或情境，通过情绪的一致性和对他人的情绪的理解性来分别测量情绪共情和认知共情，在具体条目中避免引入"同情"这一混淆概念，避免了以往量表编制过程中常见的目标群体和实际测量群体不一致的问题。BES采用5点计分，包含20个条目，其中有9个条目测量认知共情（如"一般在人们诉说自己的心情之前，我便能觉察到他们的情绪""我能很快意识到朋友生气了"),11个条目测量情绪共情(如"和情绪忧伤的朋友相处后,自己也经常感到忧伤""他人的情绪根本不会对我造成任何干扰")。基本共情量表的优势在于它已在许多国家和地区的青少年群体中做了检验或修订,结构效度和聚合效度都很好,并且弥补了其他共情量表的部分缺陷,在力图避免社会赞许性的基础上,更为单一地测量共情。基本共情量表在国内大学生群体、青少年群体中的测量信效度良好,适用于测量中国人群的共情水平(黄续等,2014:30;李晨枫等,2011:163)。

此外,Reniers等(2011:84)所编制的认知和情绪共情问卷(Questionnaire of Cognitive and Affective Empathy, QCAE)也在国内具有一定的认可度。该问卷编制的目的在于区分共情与同情,并强调情绪共情中自我和他人的区分。该问卷的开发基于共情多维度的观点,并重点将共情与同情这一概念进行了区分。此外,该问卷还同时区分了认知共情与心理理论,以及强调情绪共情中自我和他人的区分。在此基础上,从其他已有的共情量表或问卷中抽取信效度较好的条目。经过筛选,最终留下了31个条目,其中6个条目来自IRI量表,8个条目来自IVE(the Empathy subscale of the Impulsiveness – Venturesomeness – Empathy Inventory)量表中的共情子量表,15个条目来自EQ量表,2个条目来自HES量表。因此,QCAE兼顾了这四个量表的优点,近年来开始逐渐被共情研究者所关注并使用。QCAE共分为五个维度:观点采择(Perspective Taking, 10个条目)、在线模拟(Online Simulation, 9个条目)、情绪传染(Emotion Contagion, 4个条目)、近端响应(Proximal Responsivity, 4个条目)和远端响应(Peripheral Responsivity, 4个条目)。在这五个维度中,观点采择和在线模拟两个维度测量的是认知共情,情绪传染、近端响应和远端响应三个维度测量的是情绪共情。QCAE采用李克特4点计分(1表示"非常不同意",2表示"不同意",3表示"同意",4表示"非常同意")。该量表也在国内获得了一定的认可,王协顺和苏彦捷(2019:536)对认知和情绪共情量表进行了修订。结果表明，与原量表的五维度不同，三维度的结果更适合中国人群，这三个维度分别是观点采择（如"我能很容易地判断出别人是对我所说的话感兴趣，还是觉得无聊"）、在线模拟（如"在批评别人之前，我会试着去想，如果被批评的是我，我会是什么感受"）和情绪传染（如"当有朋友看起来心烦意乱，我也会受到很大影响"），其内部一致性分别为 0.79、0.71 和 0.76，因此，认知与情绪共情问卷也被认为适用于中国人群共情能力的评估。

第二节 借助行为实验法测量共情

问卷测量有其优势，但也有其无法回避的局限性。首先，所面向的人群有限。由于问卷测量需要实验参与者识字并具有一定的阅读能力，所以文盲和学前期儿童基本不能完成。其次，问卷的测量过于直接，可能受到社会称许性的影响，例如如果询问实验参与者"你是否自恋"，可能很难获得直接而又肯定的回答。

相对应地，实验法能够很好地解决问卷测量所存在的不足。行为实验法是指研究者根据研究目的设置一定的情境让被试进行反应，根据被试的行为反应对被试的心理特点进行评估。在共情研究中，许多研究者采用实验法进行共情测量和评估，接下来，我们将介绍目前主要采用的几种实验测量方法，包括疼痛评价任务、眼中读心任务和多维度共情测量任务。

一 疼痛评价任务

疼痛评价任务（Pain Evaluation Task）是用于诱发疼痛共情的一种较为常用的实验范式。该任务主要考察个体在观察到他人处于疼痛情境下时对他人疼痛的共情反应。一般实验流程是，研究者向实验参与者呈现疼痛和非疼痛的图片刺激，这些图片可以分为两组：手部疼痛和手部非疼痛图片、脚部疼痛和脚部非疼痛图片。在实验过程中，实验参与者需要对所观看到的图片进行疼痛程度评估，从"完全不疼"到"非常疼"，一般采用5点或9点评分。该任务由Jackson等（2005：771）所开发，主要用于测量实验参与者的疼痛共情水平。

疼痛评价任务在国内得到了广泛应用并产生多种变式。陈杰等（2018：629）通过设置不同的启动条件，使用面部疼痛图片刺激，要求被试直接判断疼痛图片中的个体是否感受到疼痛，将疼痛评价任务改进成了疼痛决策任务，考察疼痛共情。李雄等（2018：294）则采用该范式面向自闭症群体进行了疼痛共情测量，以疼痛图片与非疼痛图片作为实验刺激，要求被试使用9点李克特量表图片进行疼痛评估。已有的疼痛评价研究结果一致表明，该任务能够有效测量个体的共情水平，尤其是疼痛共情水平。

此外，疼痛评价范式具有毕生发展的适应性。Levy等（2018：1）使用脑磁图技术考察了人类个体疼痛共情的发展进程及对应的神经回路的发展，分别招募290名儿童、青少年和成人，要求被试在实验过程中观看他人接受疼痛或非疼痛刺激的图片，并对他人传达的疼痛程度进行5点评分，结果表明，即使在儿童期，人类也可以感知到他人的疼痛情绪，对他人产生疼痛共情。

二 眼中读心任务

眼中读心任务（Reading the Mind in the Eyes Task，RMET）被广泛应用于测量个体的认知共情水平或心理理论，主要内容是通过眼睛部位的图片信息推断他人情感状态（Warrier等，2017：1402）。该任务由Baron-Cohen等（1997：813）所开发，该任务主要反映的是实验参与者的情绪识别和情绪知觉能力。

眼中读心任务的一般实验流程如下。首先，研究者给实验参与者呈现只有人眼部的图片，并配有4个描述其情绪状态的选项。然后，让实验参与者根据眼部图片来判断图片中人物的情绪并进行选择。同样地，该任务也适用于测量儿童的共情水平。有研究者采用眼中读心任务进行了儿童共情的测量（Chapman 等，2006：135）。具体流程如下：呈现 28 张眼部区域的图片，每一张图片都描绘了一种心理状态，包括微妙的情绪，且每张图片都配有四个词，每个词都描述了一种情绪（如："感到抱歉的""困扰的""感兴趣的"和"开玩笑的"）。然后在电脑上呈现图片。被试的孩子们坐在离屏幕 1 米远的地方，调整椅子的高度可使他们的眼睛与显示器的中心水平对齐。对于每一张图片，他们被告知先看眼睛的图片，然后读屏幕上的四个单词。然后，他们必须选择"最能描述图片中人的想法或感觉"的单词。如果听不懂其中任何一个单词，他们都可以寻求帮助。每个孩子还可以选择自己朗读这些单词，或者让实验者大声朗读这些单词。他们通过按下电脑键盘上方与他们选择的单词对应的数字来回答，回答问题没有时间限制。在做出选择后，一个中心十字符号将在屏幕上出现 500 毫秒，接着下一个图像出现。该实验任务在后来得到了进一步的发展。在对孤独症患者的共情研究中，通过观看一张只有眼部的图片，要他们根据图片中人物的眼神来判断其情绪和心理状态，这也是一种有效可靠的共情测量方法（Baron-Cohen 等，2001：241）。一般认为，根据眼睛区域推测他人的心理状态和情感的正确率越高，则表示该个体的共情水平更高，尤其是在较为困难的任务中。

三 多维度共情测量任务

多维度共情测量任务（Multifaceted Empathy Test）用于测量个体的认知共情和情绪共情这两个维度。该任务由 Dziobek 等（2008：464）所开发，其最初的目的就是回避问卷测量所带来的自我报告偏差问题。

多维度共情测量任务是一种独特的行为实验任务，可以同时测量实验参与者的认知共情和情绪共情。该任务的一般实验流程如下：研究者会给实验参与者呈现一系列图片，要求被试进行评分。通过要求实验参与者推测所呈现的图片中的他人的内部心理状态来评估其认知共情；通过要求实验参与者评定他们看到图片后的情绪反应来评估其情绪共情。朱玉等（2018：1100）将多维度共情测量任务进行了本土化编制。他们参照Dziobek等的研究方案，并且结合了多位研究者的研究流程和实验材料，根据中国国情进行了编制。研究结果表明，认知共情和情绪共情的一致性系数分别为0.71和0.95，重测信度分别为0.85和0.80，与经典测量工具人际反应指针具有中等程度的相关，说明信效度良好，适用于测量和评估我国人群的共情水平。

第三节 使用电生理方法测量共情

随着科学技术的发展，研究者们越来越多地采用客观而可靠的技术手段来测量和评估个体的共情水平，其中以电生理方法尤为突出。已有的文献计量学结果也表明，采用电生理方法进行共情研究的论文与日俱增（颜志强、苏彦捷，2017：699）。具体而言，其包括肌肉电位反应、脑电和核磁共振成像等方法。

一 肌肉电位反应（EMG）

肌肉电位反应（Electromyogram，EMG）技术的应用可能来源于最初Titchener对共情的传播，他已经发现了肌肉模拟现象，所以他认为共情包含的不是对他人活动的直接知觉，而是想象地重建他人的感觉体验，这对于后人深入研究共情提供了启发并奠定了一定的基础（具体论述见Teo，2014）。进一步地，根据de Waal的共情知觉运动模型和俄罗斯套娃模型可以发现，自动化的镜像模拟是共情的底层，也是演化的基础。我们会在看到他人的共情表现时进行镜像模仿，从而帮助我们对他人的情绪产生共鸣并达到理解他人情绪的目的。因此，测量共情发生时的肌肉电位反应具有一定的理论基础。

在情绪共鸣和理解这一方面，面部表情占了很大的比重。已有研究表明，在观看他人的情绪面孔时，个体自身的面孔肌肉也会因镜像模拟而产生运动，在这个运动的过程中就会出现电位变化。因此，情绪表情的自动模仿可通过测量肌电的变化率来获得，具体而言，就是面部肌电。据此，面部肌电可能主要反映了个体的情绪共情能力。肌电是反应肌肉变化的灵敏指标，可反映个体对表情的自动模仿能力（朱晓倩等，2021：619）。一般而言，在共情测量和评估中，研究者会倾向于选取皱眉肌（corrugator）和颧大肌（zygomaticus）、提肌、额肌中部等肌肉作为肌肉电位变化的参考点。其中，对高兴情绪的共情对应引起颧大肌肌电变化，对悲伤情绪的共情对应提肌肌电的变化，对恐惧情绪的共情则可能会引起额肌中部肌电的变化，对生气情绪的共情则对应皱眉肌肌电水平的变化（Ekman, Friesen, 1978：150）。除面部表情模仿，个体对他人面部表情的反应灵敏度和面部反应的电位强度也能有效反映其情绪共情能力。自发性的面部表情模仿在个体发展的早期就出现了，随着年龄增长逐渐稳定。研究者通过向 9—10 个月的婴儿呈现动态的面部表情，并编码婴儿的面部肌肉后发现，婴儿会做出和观察到的情绪相一致的面部反应（Hashiya 等，2018：48）。通过监测 3 岁儿童观看情绪面孔图片的肌肉电位反应，研究者们得到了更加确定的结果（Geangu 等，2016：1）。他们发现，当儿童观看高兴的面孔表情时会激活颧大肌并去激活额内侧肌，观看愤怒的面孔表情则相反。

二 脑电（EEG）

脑电（Electroencephalogram, EEG）是一种使用电生理指标记录大脑活动的方法，可以帮助我们探究某一心理活动发生时个体的脑反应过程，也是已有研究最常用于评估个体共情反应和水平的电生理信号之一。尤其是在考察疼痛共情时，脑电信号是一种较为理想的客观评估疼痛的生理指标，它同时具备高时间分辨率和较低的数据采集成本优势。

许多研究发现，实验参与者在观看疼痛和非疼痛图片刺激时，其脑电信号反应存在明显的差异。细致来看，脑电反应的差异主要体现在早期和晚期两个波段。在共情的脑电研究中，常用的指标为N1、N2和P3。ERP（Event - related Potential，ERP）波形通常用正峰和负峰来描述，并用P1、P2和N1、N2等这样的符号来表示波形的极性与所在时间段或达到峰值的位置，例如，N1表示波形中的第一个负峰，P2表示第二个正峰。早期自动化加工反应主要以事件相关电位的N1/N2成分为判断依据，晚期有意识的认知加工成分则以主流的ERP成分P3作为判断依据（Fan，Han，2008：160）。这一动态的共情评估方法使得研究者对于共情反应加工过程的理解更进了一步。

在儿童共情研究中可发现，其共情反应以早期自动化加工为主。Nystrom（2008：334）采用脑电研究验证了6个月的婴儿存在镜像神经元系统的激活，为儿童的共情研究奠定了基础。除此之外，EEG技术也可以稳定地预测个体的共情水平。已有研究发现，EEG中的mu节律抑制会明显地出现在实验参与者观看疼痛刺激时，mu节律抑制的出现可能源于感觉运动皮层等与共情加工密切相关脑区的激活，这与肌肉电位反应的监测原理相似（Yang等，2009：176）。

三　核磁共振成像（fMRI）

核磁共振成像（Functional Magnetic Resonance Imaging，fMRI）是目前最为常用的脑成像技术之一，主要用于对比不同条件下各个脑区的激活差异，由此推断个体在进行某一心理过程时的脑活动情况。该技术主要通过记录血氧含量的变化来推测脑激活的程度，它的空间分辨率可达1—4毫米，并且能够帮助我们探测大脑皮层之下的某些脑区的活动，如扣带回、杏仁核等。然而，由于血氧信号的变化存在一定的延迟，该技术的时间分辨率较低（大于2秒）。一些研究者通过总结已有的应用脑成像技术研究共情的文献，发现共情存在一个核心网络，其关键脑区包括扣带回、脑岛和辅助运动区（Fan 等，2011：903）。

已有的研究发现，以下这些脑区与共情有着密切的联系。研究发现（Singer 等，2004：1157），个体的前扣带回（Anterior cingulate cortex）、脑岛（Insula）、杏仁核和辅助运动区在看到他人遭受疼痛刺激的时候会有较强的激活，这说明个体在看到他人疼痛时自己仿佛也经历了类似的疼痛并产生相应的情绪反应。Singer 等（2004：1157）最早采用脑成像技术研究了个体在观察同伴被电击时的疼痛共情反应，后来我国研究者 Han 等（2008：85）也曾采用播放录像的方式比较了个体在观察到他人疼痛或非疼痛情况下的反应。Decety（2011：92）在回顾共情的脑成像研究时发现，脑岛、前扣带回、眶额叶皮层（Orbitofrontal cortex）和腹内侧前额叶皮层（ventromedial prefrontal cortex，VMPFC）是与共情密切相关的脑区。

脑成像技术同样也适用于发展性研究。Decety 等（2010：305）应用 fMRI 技术探讨了共情相关脑区激活的发展性变化及其特点，通过分析 7—40 岁被试的疼痛共情反应，结果发现杏仁核、辅助运动区和脑岛的激活随年龄的增长而减弱。同时，与认知评价有关的背外侧前额叶和腹内侧前额叶则随年龄的增长逐渐激活、增强。此外，部分临床研究也使用 fMRI 技术作为诊断标准，例如孤独症患者存在明显的共情缺失，对于社会性刺激的脑活跃水平显著低于正常群体（Fan 等，2014：1203）。

与其他电生理测量相比，核磁共振成像这一测量方法非常适合于进行病理性的结构判断以及溯源，找到共情的关键脑区以及脑功能协作网络，有利于提供更加客观而直接的研究证据。例如，躯体感觉皮层的损伤会造成情绪共情而非认知共情的缺陷。与之相反，VMPFC 的损伤会导致认知共情而非情绪共情的异常，这给情绪共情和认知共情脑区的分离进一步提供了证据。然而，由于核磁共振成像的空间分辨率较低，它难以帮助我们准确地记录共情反应的时间进程，脑电技术则在很大程度上弥补了这一不足。

第四节 儿童共情测量的特异性与研究范式

在个体不同的发展阶段，其共情的表现也有所差异，这对于共情的测量来说是一个难题。一方面，共情的操作和测量的任务是复杂的，多维度的概念和发展的变化使其难以量化；另一方面，儿童共情的独特性决定了测量工具的针对性。所以，本节将对已有儿童共情研究进行回顾，并比较各种测量工具和范式，包括图画/视频故事任务、情境模拟任务、疼痛评价任务和他人报告问卷。

一 图画/视频故事任务

由于不宜采用自我报告的问卷测量儿童的共情能力，较为经典的儿童共情行为研究方法是图画故事法。早期，故事是通过叙述呈现的。Poresky（1990：931）开发了一种简短的共情测量任务，通过向儿童讲述故事，来判断儿童对不同情绪情境的理解和情绪反应。与文本相比，可视化的图片更能够呈现出故事情境。后来，研究者们倾向于通过呈现图片进行共情测量。一种是呈现模糊情绪图片，例如儿童版眼中读心任务（The Reading the Mind in the Eye Task - Child version，RMETC），在这个任务中，儿童需要根据眼睛图片来判断他人的情绪（Chapman 等，2006：135）。另一种则是呈现情绪故事，Feshbach 和 Roe 设计了一套共情情感测验（Feshbach Affective Situations Test for Empathy，FASTE），通过向儿童呈现一些不同情绪状态的图片故事，让儿童回答相应的问题来评估儿童的共情水平（Feshbach，Roe，1968：133）。除了呈现情绪状态图片，Borke（1971：263）尝试通过给儿童呈现故事情境的图片来测量儿童的共情水平。在实验过程中，儿童会被要求观看一些故事情境和空白人脸的图片，儿童需要选择最符合故事中主人公当前情绪的人脸图片。以 Miller 和 Eisenberg（1988：324）的共情概念为基础，Reid 等

(2013：231）开发出了儿童共情发展量表（Kid's Empathic Development Scale，KEDS），在进行该任务时，儿童会被要求观看一系列无脸的图片，儿童需要判断在图片场景中不同处境的主人公感受并为空白面孔填入表情。选择完之后，需要回答三个问题，分别测量其情绪、认知和行为共情。具体来说，研究者采用图画故事的方式向儿童呈现不同的情绪场景（如图 4 - 1），然后询问有关主人公情绪和儿童自身情绪的问题（Strayer, 1993：188），如"听完故事后你的心情是什么样的？"用于测量情绪共情，"你为什么会有这样的心情？"用于测量认知共情。

图 4 - 1　图画故事任务（示例图）

考虑到与静态的图片相比，动态的视频呈现更能反映个体情绪的变化。之后，研究者们将图片刺激改为更加生动的视频刺激。Strayer 采用情绪视频作为诱导材料，并在儿童观看完视频后进行提问，研究者会对儿童的回答进行编码，对其共情进行评分。Strayer（1993：188）提出了共情连续计分体（Empathy Continuum Scoring System）的概念来对儿童的共情评分，首先通过比较儿童和主人公的情绪匹配程度来编码儿童的情绪共情（0—3 分），然后通过对儿童对主人公情绪的归因来编码其认知共情（0—7 分），之后依据连续体评分表将两者合并，得到儿童的共情连续体得分。该方法主要是向儿童展示包含五种表现主人公不同情绪的视频片段（高兴、生气、伤心、害怕、痛苦），通过对儿童进行提问并编码其回答进行考察。这些视频片段的长度为 30—60 秒。在被试儿童看完每个视频片段之后，依次回答以下四个问题：（1）视频片段中主人公的情绪类型；（2）主人公情绪产生的原因；（3）儿童自己体验到的情绪类型；（4）儿童自身情绪产生的原因。主试对回答进行记录并编码，编码分为认知共情和情绪共情两个维度。之后依据连续体评分表将两者合并，得到儿童的共情连续体得分。Howe 等（2008：305）在 Strayer 的基础上开发了系统的 STEP 实验（The Southampton Test of Empathy for Preschoolers），通过 8 个录像向儿童呈现情绪场景，测量儿童理解和分享主人公情绪的能力。

二 情境模拟任务

除了观看图片或视频，研究者还可以通过真实情景来诱发个体的共情反应，即情绪模拟任务。图画/视频故事任务一方面是适用儿童年龄受限，需要被试能够看懂图画或视频，另一方面是实验生态效度受限，被试所做出的共情反应是在实验情境下做出的而非真实情境。相对而言，情绪模拟任务适用范围广泛，可以对一岁及以上儿童进行共情测量，这种方式能够在某种程度上观察到个体更为真实的共情反应。

在儿童研究中，研究者也会通过模拟悲伤情景的方式来观察儿童的共情反应。Zahn‑Waxler 等（1992：1038）设计了痛苦模拟范式，该范式是由实验者和母亲分别根据指定脚本模拟痛苦情绪，例如被门夹住手指，膝盖撞到椅子。实验过程及儿童的反应由摄像机全程记录，并将儿童的反应编码以反映个体的认知共情、情绪共情和行为共情。在 Zahn‑Waxler 等运用情绪模拟范式以来，该范式被广泛运用到儿童共情研究领域。该范式在国内的研究中也得到了应用，Huang 等（2017：1）便分别模拟了三个真实的意外场景（妈妈喝水呛到、主试被锤子砸到手、突然大哭的布娃娃），然后通过录像编码儿童的共情反应。结果发现儿童的共情反应可分为三个维度：同情（如共情关注、帮助行为等）、个人悲伤（如否认和拒绝、愤怒等）和朝向（如回避、模仿等）。

常用的情景模拟范式包括以下五种：其一，撞伤膝盖情景—长时间，用于测量情绪共情、认知共情和行为共情（Ball 等，2017：597）；其二，碰到膝盖情景—短时间，用于测量情绪共情、认知共情以及行为共情（Dunfield, Kuhlmeier, 2013：1766）；其三，婴儿哭泣情景，用于测量情绪共情、认知共情以及行为共情（Lin, Grisham, 2017：46）；其四，痛苦模拟情景（Huang 等，2017：1），用于测量情绪共情、认知共情以及行为共情；其五，意外礼物情景，用于测量积极共情（Sallquist 等，2009：223）。

三 疼痛评价任务

疼痛评价任务，已被广泛应用于疼痛共情领域的研究，并得到了广泛的认可。与关注一般共情发展不同，该任务主要考察个体在观察到他人处于疼痛情境下时对他人疼痛的共情反应。该实验任务要求被试观看与他人有关的疼痛刺激材料（例如：别人的手被铁锤子砸到了），之后进行疼痛评价，被试的疼痛评价反映了其疼痛共情水平（Jackson 等，2006：5；Jackson 等，2005：771）。应用于儿童共情研究中的情况也是类似的，Deyo 等（2004：16）通过给儿童呈现一系列的疼痛或非疼痛图片刺激，要求儿童判断从不疼，到非常疼，0—4 点计分。Deyo 和她的同事（2004：16）发现 3—12 岁的儿童能够根据他人的面部表情对其疼痛程度进行评价。后来，Yan 等（2017：1）的研究也得到了同样的结果。

值得一提的是，颜志强和苏彦捷采用文献计量学的方法对共情研究的相关方法进行了分析（颜志强、苏彦捷，2017：699）。随着神经科学相关技术被大量应用到共情研究中，许多研究者也开始运用神经科学方法进行尝试。近年来，研究者们开始采用一些新技术（如眼动仪、生理仪）来更全面地测量个体的共情反应。通过记录个体在观看情绪刺激时的眼动情况（如注视点、注视时长、眼跳），我们可以进一步了解个体在加工情绪刺激时的注意情况，进而更详细地分析共情的产生过程。例如，Yan 等（2021：2204）记录了儿童在观看疼痛刺激图片时的眼动情况（如图 4-2），发现儿童对伤口的注视能够中介儿童的抑制控制能力对疼痛共情的作用，即儿童的抑制控制能力通过影响个体的注意分配来影响疼痛共情。Cheng 等（2014：160）对比了 3—9 岁儿童和成人的脑电差异，结果发现与成人相比，儿童的 N2 波更强，P3 波更弱，这意味着儿童的共情反应更多是以早期自动化加工为主。fMRI 研究发现，儿童产生共情时激活的脑区与成人略有不同。Decety 等（2008：2607）以 7—12 岁儿童为研究对象，考察了儿童的疼痛共情反应，结果发现脑岛、躯体感觉皮层、扣带回和辅助运动区显著激活。

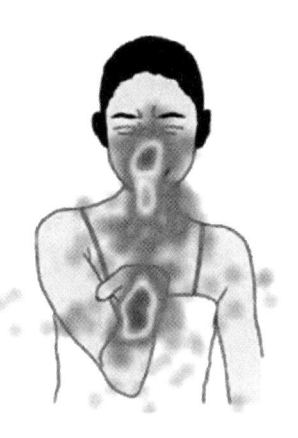

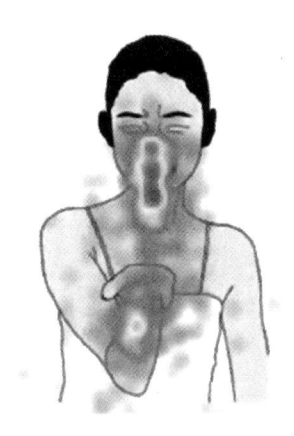

图 4-2　疼痛共情的注视兴趣区（图片引用自 Yan 等，2021）

四　他人报告问卷

儿童共情的测量除了可以通过情境和实验评估的方式，也可以通过他人报告问卷的方式。儿童期是共情能力发展的关键时期，共情及其各个成分在这一时期的变化较大。直接使用或改编后使用的问卷设计模式，虽然简单高效，但是存在一定的局限性。学龄前儿童存在明显的认知能力不足与语言表达局限，没有考虑到儿童共情发展特点而简单套用成人共情测量的模板将使儿童共情研究陷入误区（朱晓倩等，2021：619）。虽然已有研究表明，共情故事任务法这类情境模拟测试在年幼儿童的共情测量中更具有生态效度（Roth-

Hanania 等，2011：447；Strayer，1993：188），但是其测量所花费的时间较长，数据处理相对复杂，难以在不同研究间进行直接的比较。因此，使用针对儿童的发展特点而开发的，由父母或其他重要他人报告的儿童共情问卷也是一个不错的选择。问卷法作为心理学研究中的重要研究方法，不仅在成人共情研究中具有重要意义，在儿童共情研究中也被广泛应用。儿童问卷研究存在儿童认知发展和语言发展局限性问题，儿童无法自主地进行自我报告。为解决此问题，各个成人问卷均发展出了儿童版本的测量形式，使用较为广泛的 IRI 和 EQ 均有相应的儿童版本。

由于人际反应指针使用的广泛性，有研究者尝试对 IRI 进行了改编，使其能够用于测量儿童的共情水平。IRI 的儿童改编版本包括自我报告的感受和思维量表（Feeling and Thinking Scale，FTS）和由教师填写的共情反应量表（Empathic Responsiveness Scale，ERS）（Garton，Gringart，2005：17；Belacchi，Farina，2012：150）。Belacchi 和 Farina（2012：150）对测量成人共情十分常用的人际反应指针量进行了改编，他们保留了共情关注和观点采择两个子量表，并对部分题目进行了删减，最后剩下 8 个条目，得到了最终由教师填写的共情反应量表。

Dadds 等（2008：111）编制了 GEM 共情量表（Griffith Empathy Measure，GEM），以父母报告的方式测量幼儿群体的共情水平，不过 GEM 主要测量的是个体的认知共情和情绪共情。已有的研究发现，在中国样本中，GEM 可能存在三个维度，即前文中所提及的认知共情、情绪共情和行为共情。后来，魏祺和苏彦捷（2019：523）对该量表进行了翻译和修订，得到了教师评价版的 GEM 共情量表，使其适用于测量中国的 3—7 岁儿童。

此外，为了更加系统和全面地测量幼儿的共情水平，Rieffe 等（2010：362）根据 Hoffman（2000：1130）和 de Waal 等（2008：279）的共情理论，专门针对幼年儿童编制出了一份三维度的共情问卷（Empathy Questionnaire，EmQue），包括情绪感染、情感关注和亲社会行为。Overgaauw 等（2014）在后续的研究中指出，情绪感染反映的是情绪共情，情感关注反映的是认知共情，而亲社会行为则反映行为层面的共情。该问卷专门用于测量年幼儿童的共情发展水平，由父母进行评定。问卷共有 20 个条目，采用 3 点评分，要求家长根据问卷条目所描述的情况与儿童真实情况的符合程度进行打分，"0"表示"从不"，"1"表示"有时"，"2"表示"经常"。荷兰样本下的问卷三个维度的内部一致性系数分别为：情绪感染（α = 0.73）、情感关注（α = 0.74）和亲社会行为（α = 0.80）（Rieffe 等，2010：362）。在中国样本中正式施测的问卷改用了 5 点李克特计分（"1"表示"从不"，"2"表示"很少"，"3"表示"有时"，"4"表示"经常"，"5"表示"总是"）。EmQue 后续也得到了许多研究者的关注，相继在意大利和西班牙得到了三维度结果的验证（Grazzani 等，2017：118；Lucas - Molina 等，2018：467）。除此之外，由父母报告的积极特质共情量表（Dispositional Positive Empathy Scale, DPES）可用于测量 3 岁及以上的认知发展水平较高的儿童（Sallquist 等，2009：223）。该量表由母亲观察儿童在共情情境中的反应，并对其积极情绪进行评分，以测量儿童的积极共情水平。

第五节　本章小结

综上所述，随着研究者们对共情认识的不断加深，共情的问卷测量也变得逐渐丰富，与此同时，对问卷的开发又反过来促进了我们对共情的不同结构的认识。由于不同的量表关注的方面不同，我们在进行具体研究时可根据研究的问题选择不同的测量工具，由此更有针对性地反映个体的共情差异。

整体而言，行为研究是较为简单直接地测量个体共情反应的方式。不同于问卷研究，它更聚焦于测量个体在某些特定情境下的共情反应（状态共情），但通过情境的累加也能够反映个体的共情倾向

(特质共情)。然而，由于行为研究多采用个体自我报告的共情或行为表现作为测量指标，可能会使得我们更难觉察到共情的内在结构的变化。

从电生理研究的角度而言，事件相关电位十分适合探究共情的大脑反应过程，且能够用于儿童研究。例如，Cheng 等（2014：160）比较了 3—9 岁儿童和成人在看到他人接受疼痛刺激时的脑反应，发现儿童和成人均具有情绪唤起的早期波（N200），而和认知评价相关的晚期波（LPP）则存在较大的年龄差异，随着年龄的增长逐渐变强。神经科学研究方法的客观性与科学性不可否认，然而，这些研究方法都需要被试的高度配合，这对于儿童实验来说是一种挑战。因此，这些手段可能不适用于年龄较小的儿童。

儿童共情具有独特性，与成人的共情反应存在明显差异。儿童共情的研究方法也应该具有特殊性与针对性，既要考虑儿童发展特点，又要全面考察儿童共情，这对儿童共情的研究带来挑战。本章对儿童共情的研究方法进行了系统的梳理，以期推动儿童共情领域研究的进展。

第 五 章
情境线索对儿童共情的影响

通过对文献的回顾与梳理，可以发现共情是依赖情境（Melloni 等，2014：407；陈武英、刘连启，2016：91）、基于自下而上和自上而下双加工通路的情绪与认知的交互式反应（黄翯青、苏彦捷，2010：13；de Waal，Preston，2017：498）。个体可以借助情境中的线索进行预测、感知并推理他人的情绪、意图和行为，可能是共情演化所留下来的适应性优势。

共情的情境依赖性也提醒研究者情境中的线索会影响到个体的共情。环境中凸显的情境线索无疑是在日常生活中个体对他人进行共情反应时主要的情绪信息来源，无论是流血的伤口还是疼痛的面

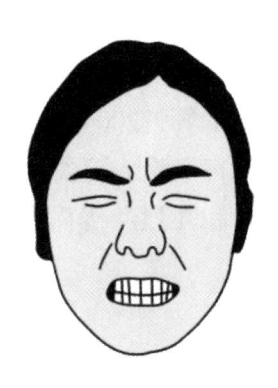

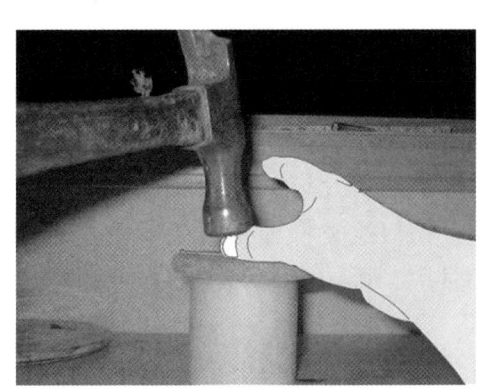

他/她的手被锤子砸到了

图 5-1 情境线索示例图（左图为社会性线索，右图为物理性线索）

孔表情都有助于观察者对他人疼痛的知觉和理解，并产生进一步的帮助行为（示例图见图 5-1）。在现实生活中也确实如此，一方面来自生活的经验会告诉我们被火烧会受伤，被刀切到手指会流血，从而使得我们对此类线索尤其敏感，另一方面我们也可以借助共情来预测他人在同样情境下的情绪体验。

第一节　情境线索的概念及作用

一　情境线索的概念

根据《新华字典》中的释义，线索是指消息、情报。按照其类型又可以将其划分为物理线索（Yan 等，2018：1；何黎胜等，2009：25；谢和平等，2016：540）和社会线索（Yan 等，2017：1；王伟平、苏彦捷，2007：32；颜志强等，2016：573）。物理线索是指外在的环境信息（例如：工具、流血的伤口），而社会线索则是指人际交互过程中所展现和传递的信息（例如：疼痛面孔表情、悲鸣的声音）。

在日常生活中，情境线索主要有两类：一类是物理线索（例如：工具，针。Sun 等，2017：1）；另一类是社会线索（例如：面孔。Grynberg，Maurage，2014：1）。最近的核磁共振成像研究发现，在疼痛评价任务中物理线索和社会线索所激活的脑区存在重叠（Jackson 等，2006：5；Meyer 等，2013：446；Singer 等，2004：1157）。来自影像学的研究进一步发现，与面孔表情和言语报告这类社会线索相比，伤口这类物理线索能够诱发更加稳健和强烈的疼痛共情反应（Vachon-Presseau 等，2011：1525）。

二　情境线索的作用

线索作为额外的信息会参与个体的心理加工过程，对个体的知觉和行为产生影响。为了准确地理解他人的情绪和情感，个体需要充分地利用当前环境中的情境线索（陈武英、刘连启，2016：91）。这个过程可能是主动的，也可能是被动的。因为在现实生活中，社会信息的表达高度依赖情境，而且有些社会要求或社会意义在具体情境中并不会被明确地表达出来，这时往往就需要个体通过整合情境线索来进行内隐地推断。可以说，在缺乏线索的条件下，个体往往很难对他人的行为做出准确的判断（梁静等，2014：995）。有研究发现，成人被试对他人疼痛面孔真假的识别率仅在49%左右（Littlewort等，2009：1797）。即使经过一定程度的训练，其准确度也不超过55%（Bartlett等，2014：738）。这些结果说明了情境线索对于人们判断的重要性。

物理线索通常是客观的，能够直接用于评价和解释疼痛者的疼痛来源。在日常生活中，个体的疼痛通常都来自外部的刺激，例如被门夹到了手、被石头砸到了脚等。观察者在对个体的疼痛程度进行评价时，通常会受到这些因素的影响，比如有的人会觉得被铁锤子砸到了手会疼，而被塑料或气球锤子砸到了手则不疼。目前使用最为广泛的疼痛共情的诱发材料是Jackson等（2005：771）制作的肢体疼痛图片，这些图片展示了个体所处的疼痛情境，而观察者之所以会因此而产生疼痛共情，是因为观察者预料到了图片中的个体将会体验到疼痛或痛苦。一项来自韩国的学前期儿童研究发现，虽然社会线索对其共情反应很重要，但是物理线索仍有着额外的贡献（Han，2011：187）。

来自脑成像研究的证据也提示研究者，物理线索和社会线索会激活观察者不同的脑区。当被试观看的疼痛刺激来自抽象的符号或单独的面孔表情时会激活前脑岛和前扣带回，而前脑岛和前扣带回的活动与个人压力（Singer等，2004：1157）、知觉到的不愉悦感（Kunz等，2012：350）和疼痛程度（Lamm，Majdandžić，2015：15）有着密切的关系，因此被认为是对他人疼痛的编码。同时，如果与疼痛有关的躯体部分是可见的并且处于注意焦点之中，躯体感觉皮层（Somatosensory Cortices）随后也会被激活并参与共情反应

(Christov-Moore, Lacoboni, 2016: 1544)。这些结果提示研究者：物理线索和社会线索对个体疼痛共情的影响可能不尽相同。

在疼痛共情加工的过程中，基于共情演化的特点和人际交往过程中社会线索的视觉凸显性，个体通常对社会线索极其敏感（Pickett 等，2004：1095）。面孔表情作为个体疼痛情绪表达的重要视觉线索（Kappesser, Williams, 2002：197），通常对观察者具有较强的注意吸引力。许多研究都发现，与其他情绪面孔相比，个体存在对他人疼痛面孔的注意偏向（颜志强等，2016：573），并且这种视觉加工可能存在一定的时序性特点，主要表现为早期快速的注意定向和晚期持续的注意维持（Priebe 等，2015：817）。而且，已有的研究发现东亚文化和西方文化下的疼痛面孔表情在面孔编码系统上的分析结果存在跨文化的一致性（Chen 等，2018：E10013）。

此外，不只是疼痛面孔表情，人类独特的语言系统也会对个体间的疼痛交流产生影响（Koelsch 等，2015：1）。Patil 等（2017：1）的研究发现，当主试给予被试对受害者进行共情的指导语这类社会线索时，相比于基线条件，被试会对受害者产生更强的共情反应，而且在对加害者的惩罚上判断更重。Tomova 等（2017：1）在经典的疼痛共情范式的基础上加入了一组条件，实验者告知被试图中的人已经接受了药物麻痹感知不到疼痛，结果发现被试对自我感知到的疼痛评价高于对图片中的人的疼痛评价。De Ruddere 等（2013：221）的研究发现，提供个体医疗系统使用的社会行为这类社会线索会使得被试对病人的疼痛评定降低。他们利用文本对被试进行启动，一组被试阅读正常使用医疗系统的文本，一组被试阅读违规使用医疗系统的文本，结果发现阅读违规使用医疗系统文本的被试对病人的效价评定更低，疼痛评定以及同情也更低，这些结果说明情境会影响共情。由于疼痛者的情绪面孔信息这类社会线索对观察者存在较强的注意捕获（Egorova 等，2017：1243），情境中的物理线索往往难以受到重视。这可能与作为个体共情的生理基础的催产素有着密切的关系，有研究者发现个体的催产素水平会影响其对社会线索的知觉（Averbeck，2010：9033），主要表现为降低个体对负性社会线索的厌恶回避，降低其对面孔的负性情绪评价（Petrovic 等，2008：6607），提高其情绪识别能力（Guastella 等，2010：692）。

三 情境线索对儿童共情的影响

对于儿童而言，物理线索与社会线索的作用可能存在差异。与物理线索相比，社会线索显然更加容易受到儿童的关注。一些研究者从发展的视角探讨了社会线索对个体疼痛共情的影响。Deyo 等（2004：16）发现 3—12 岁的儿童能够根据他人的面孔表情对其疼痛程度进行评价。但是，在疼痛信息传递与交流的过程中，疼痛信号的发送者具有信息优势，而观察者却只能被动接受（Steinkopf，2016：1）。来自行为学的研究也发现，被试确实会通过操作其疼痛面孔表情来向他人传递社会信号。Karmann 等（2014：15）通过热疼痛范式诱发被试的疼痛面孔表情，结果发现被试的面孔表情的情绪强度会根据观察者与其关系的亲密程度而发生变化，关系越亲密就会表现得越痛。

当个体处于他人疼痛的情境之中时，虽然无论是物理线索还是社会线索，都能够诱发观察者的疼痛共情反应，但是相较之下社会线索可能比物理线索所传递的信息要更加间接和复杂。Craig 等（2010：101）在总结前人研究的基础上提到，疼痛者的疼痛面孔表情这类社会线索同时受到自动化的（无意识的、反射性的）和受控制的（有意识的、反思性的）神经调节系统所支配。换句话说，疼痛面孔表情既可能是由客观事件所诱发的，也可能是个体有意识的、有目的的行为。一项来自成人影像学研究的元分析在比较了 22 篇采用肢体疼痛图片作为实验材料和 21 篇采用面孔表情图片作为实验材料的研究结果后发现，肢体疼痛图片显著激活了被试的左侧顶下小叶，而面孔图片显著激活了额中回（董戴凤等，2016：575）。该结果进一步表明，基于肢体疼痛图片的共情反应更加自动化，而对面孔表情的共情反应则需要更多的认知努力。因此，对缺少生活经验且认知能力尚未发展成熟的学前期儿童来说,与可能受到个体有意识、有目的假装的疼痛面孔相比,难以假装的情境性疼痛线索对其影响应该更大。这提示我们情境线索对学前期儿童的疼痛共情有影响,且物理线索的影响强于社会线索的。

由于疼痛伪装非常容易,并且疼痛伪装的识别相对困难,所以观察者往往难以区分出他人疼痛的真假。Steinkopf(2016:1)认为,只有当疼痛的行为表现存在不可伪造或需要付出较大代价的情境性线索时,例如撕开的伤口和明显的擦伤,疼痛的行为表现才是可靠的。也就是说,在缺乏额外的、确定的情境线索的条件下,观察者难以基于单一的信息对他人的疼痛进行准确的评价和判断。所幸的是,在疼痛交流的情境之中,物理线索和社会线索往往是同时存在的。当呈现的物理线索和社会线索一致时,无疑有助于增强被试的疼痛共情,两者不一致时则有可能减弱被试的疼痛共情反应(Yan 等,2018:1)。不过,已有的疼痛共情研究大多单独探讨物理线索(Jackson 等,2005:771)或是社会线索(Deyo 等,2004:16)对个体的影响。虽然这两类情境线索都能够对个体的疼痛共情产生影响,但是其影响的效应大小应该是不同的,个体对其的依赖性也是不同的。比较物理线索和社会线索对个体疼痛共情影响的异同,将有助于今后的教育实践。

前人的研究已经分别考察过个体对情境中物理线索和社会线索的疼痛共情反应,也尝试过探讨真实和虚假疼痛对个体疼痛共情的影响(Sun 等,2017:1)。但是,由于缺乏适当的测量方法和评价工具,有关物理线索和社会线索对学前期儿童这一群体疼痛共情影响的研究较少,不同线索间实验效应的对比更是如此。Grégoire 等(2016:1)首次尝试探讨了物理线索与社会线索对学前期儿童疼痛共情的影响,但是他们仅关注了不同线索条件下被试的反应,并没有比较不同线索类型间影响的异同,而且他们也未关注多情境线索条件下情境线索间的一致性对个体疼痛共情产生的影响。因此,在本章第二至第四节中,将通过几个不同的实验对比,来考察多情境线索条件下，情境线索间的一致性对学前期儿童疼痛共情的影响。

第二节　物理线索对儿童共情的影响

通常，当个体处于他人疼痛的情境之中时，往往需要借助情境线索评估他人的疼痛程度。在这个过程中，与疼痛者展现出的社会线索（如：疼痛面孔表情、悲鸣的声音）相比，物理线索（如：工具、流血的伤口）往往更有助于个体评价他人的疼痛状态及其真假与否。物理线索作为情境中的客观现实，对于观察者而言具有较高的可信度。因此，本节为了探讨物理线索对儿童疼痛共情的影响，将恒定社会线索（疼痛面孔图片），从而比较不同的物理线索条件（一致物理线索、不一致物理线索）对儿童疼痛共情的影响。根据已有的研究和学前期儿童的共情发展阶段特点，研究者预期物理线索能够影响5—6岁儿童的疼痛共情，且所呈现的物理线索与社会线索一致时，共情反应更强。

为了考察儿童的疼痛共情，本节选取了疼痛评价任务。该任务已被广泛应用于疼痛共情领域的研究，并得到了普遍的认可（Jackson等，2006：5；Jackson等，2005：771）。该实验任务要求被试观看与他人有关的疼痛刺激材料（例如：别人的手被铁锤子砸到了），之后进行疼痛评价，被试的疼痛评价反映了其疼痛共情水平。进一步地，为了评价情境线索的一致性对儿童真假性质判断的影响，研究者追加了一个任务，即让被试判断图片中的人是真疼、假疼还是不确定（Sun等，2017：1），这将有助于研究者了解5—6岁儿童疼痛共情与其真假判断之间的关系。换言之，儿童的共情的质和量有所区别。

从实验设计的角度而言，与已有研究相比，该实验在疼痛共情经典研究的基础上进行了两个方面的改进。其一，加入不一致线索条件，该条件的加入可以帮助研究者评估物理线索对儿童疼痛共情影响的可靠性。以往的研究多表明儿童与成人能够区分出疼痛与非疼痛刺激，但是仅有一项来自成人的研究尝试探讨了真假疼痛对其疼痛共情的影响（Sun 等，2017：1）。其二，呈现了最后由线索所导致的疼痛结果，这样可以形成一个完整的事实，即所呈现的物理线索导致了疼痛的产生，避免实验所测量到的是预期性疼痛。Sawamoto 等（2000：7438）的研究发现，被试对疼痛预期会诱发被试对非疼痛刺激的疼痛共情反应，激活其前扣带回和后脑岛（Posterior Insula）。进一步地，Atlas 等（2010：12964）的研究发现，由线索引发的疼痛预期在个体的疼痛共情反应的加工中扮演了重要的角色，前扣带回、前脑岛和丘脑等与疼痛共情有关的脑区会在这个过程中激活。预期疼痛基于对行为结果的预测，可能受被试自身生活经验的影响。这样的实验设计更有助于研究者了解情境线索对儿童疼痛共情的影响。

一 实验设计与实施

通过采用卡通化的肢体疼痛图片作为实验材料，恒定社会线索（疼痛面孔图片），来考察物理线索与社会线索的一致性对5—6岁儿童疼痛共情的影响。

（一）研究对象

使用 G*Power 3 软件（Faul 等，2009：1149），设置统计方式为 F 检验，类型为重复测量方差分析，统计显著性为 $\alpha = 0.05$，统计检验力为80%，效应量为 $f = 0.25$（中等程度效应量），那么为了达到该统计结果所需要的样本量为28。

采用方便取样法，随机选取了23名来自北京市某幼儿园的5—6岁儿童。样本量接近目标样本，应该足以发现群体之间的差异。最终有效数据是23人，其中男孩10名、女孩13名。被试的平均月龄为72.123，月龄的标准差为6.728。被试在完成实验后会获得价值一定金额的玩具。根据任教老师报告，所有儿童均为典型发展儿童。

卡方检验的结果表明性别分布没有显著性差异 $[\chi^2 (1, N = 23) = 0.391, p > 0.05]$。因此，鉴于元分析的结果，发现学前期儿童的共情无论是认知共情还是情绪共情均不存在性别差异（颜志强、苏彦捷，2018：129），之后的数据分析将不再考虑性别因素的影响。

（二）实验任务与材料

实验任务参考 Jackson 等（2005：771）和 Deyo 等（2004：16）的疼痛评价任务进行了改编（实验流程见图 5-2），该任务适用于测试儿童和成人被试对他人的疼痛共情。采用 Python 的 Pygame 程序包进行实验编程，通过在计算机屏幕上呈现图片刺激材料以进行实验。

为了避免面孔图片的性别所带来的影响（Keogh 等，2018：1617），疼痛面孔图片使用了 Yan 等（2017：1）所制作的面孔图片，这些图片材料基于 Simon 等（2008：55）所制作的真人面孔图片，是进行数码绘制后的卡通疼痛面孔图片，没有明显的性别线索。肢体疼痛图片则基于 Jackson 等（2005：771）所使用的图片材料，对其进行了卡通化处理，处理方式同 Gu 和 Han（2007：256），以对应疼痛面孔图片。所有图片的绘制和编辑均基于 Photoshop CS6 完成。已有研究表明，卡通化的图片材料更适用于儿童实验（Kendall 等，2015：1379）。

为了评估实验材料的有效性，招募了 22 名成人被试对 26 张肢体疼痛图片进行了效价、唤醒度和疼痛程度三个维度的评定（龚栩等，2011：40），结果见表 5-1。配对样本 t 检验的结果表明，卡通化图片的效价、唤醒度以及疼痛程度具有良好的区分度。通过计算两类图片的疼痛程度指标上的差值，研究者筛选出了 16 张用于正式实验的图片。

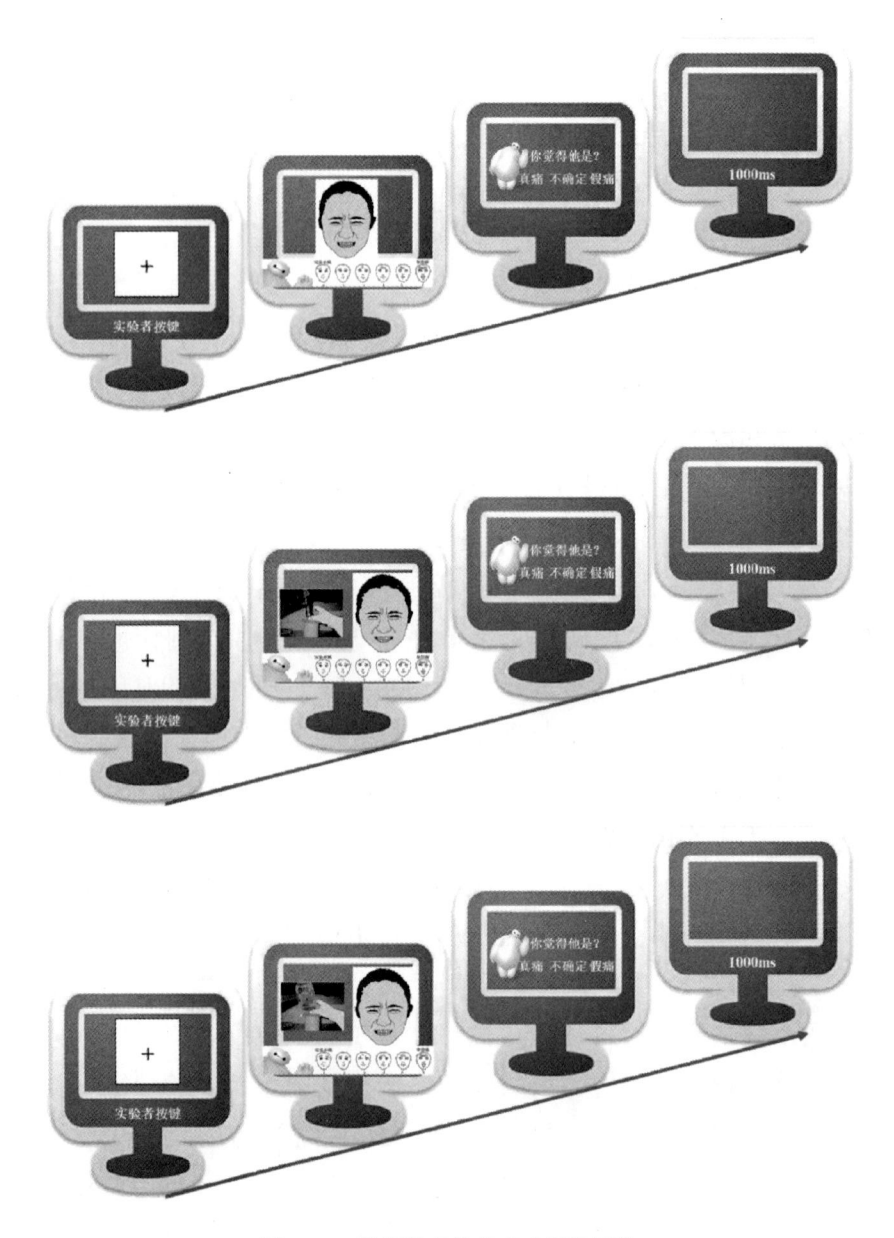

图 5-2　物理线索条件疼痛评价任务

说明：上图，社会线索；中图，一致物理线索；下图：不一致物理线索。

表 5-1　　　　　　　　肢体疼痛图片评定结果

评定指标	一致线索	不一致线索	统计结果		
	M (SD)	M (SD)	t (21)	p	Cohen's d
效价	1.482 (0.924)	2.891 (1.572)	-4.220	<0.001	-0.900
唤醒度	7.433 (1.265)	4.923 (1.394)	7.207	<0.001	1.537
疼痛程度	7.986 (1.003)	4.395 (1.568)	9.658	<0.001	2.059

（三）研究程序

实验任务在计算机上进行呈现，被试的反应均通过按键完成。疼痛评价任务共有三个条件。第一个条件为社会线索，计算机屏幕上会直接呈现疼痛面孔图片和疼痛评价面孔量表（Hicks 等，2001：173）[见图 5-3，其疼痛程度从 0（完全不疼）到 10（非常疼），

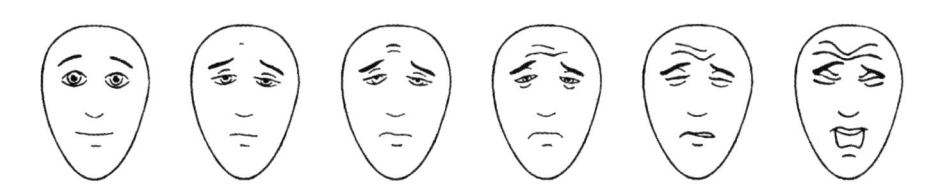

图 5-3　疼痛评价面孔量表（引自 Hicks 等，2001）

计分方式为 0、2、4、6、8、10]，接着让被试选择对应的疼痛面孔进行疼痛评价，最后呈现疼痛真假判断问题，让被试判断该疼痛面孔的疼痛是真的、假的还是不确定。第二个条件为不一致物理线索条件，计算机屏幕上会首先呈现气球锤子砸到手的图片、疼痛面孔图片和疼痛评价面孔量表。在图片呈现的同时，主试会先给予被试指导语："他/她的手被锤子砸到了，他/她现在是这个表情"。之后让被试选择疼痛面孔进行疼痛评价，最后呈现真假疼痛判断问题，让被试判断该疼痛面孔的疼痛是真的、假的还是不确定。第三个条件为一致物理线索条件，计算机屏幕上会首先呈现铁锤子砸到手的图片、疼痛面孔图片和疼痛评价面孔量表。在图片呈现的同时，主试会给予被试指导语："他/她的手被锤子砸到了，他/她现在是这个

表情"。之后让被试选择疼痛面孔进行疼痛评价,最后呈现疼痛真假判断问题,让被试判断该疼痛面孔的疼痛是真的、假的还是不确定。每个条件8个试次,3个条件共计24个试次。由于实验并不要求儿童尽快做出反应,因此儿童的反应时间未被纳入研究结果,仅记录儿童的疼痛评价结果。各实验条件的呈现顺序在不同被试之间进行平衡。

(四) 数据分析

采用 SPSS 21.0 对数据进行管理和分析。此外,考虑到现有心理学研究中对零假设显著性检验(Null Hypothesis Significance Testing)的过度依赖可能引发研究的可重复性问题(胡传鹏等,2018:951;骆大森,2017:577),我们在报告传统统计分析结果的基础上还使用了 JASP 0.8.6.0 软件报告贝叶斯统计(Bayesian Statistics)假设检验的结果——贝叶斯因子(Bayes factor, Wagenmakers et al., 2018:35),试图从统计的角度增强研究结果的稳健性(聂丹丹等,2016:618)。与零假设显著性检验相比,贝叶斯因子可以反映当前数据对零假设和备择假设支持的程度,并试图回答当前数据更可能在哪个理论模型下出现,可以据此描绘出随着被试量增加统计检验强度的动态变化趋势。

二 实验结果及分析

(一) 疼痛评价

疼痛评价的单因素重复测量方差分析的结果显示(描述性统计见表5-2),线索条件的主效应显著 $[F(2, 44) = 43.576, p < 0.001, \eta_p^2 = 0.665]$,事后成对比较发现(Bonferroni Test, 下同)所呈现的物理线索与社会线索一致时的疼痛评价高于单独呈现社会线索,不一致时的疼痛评价低于单独呈现社会线索(见图5-4)。

表5-2 物理线索条件下的疼痛评价和真假判断 ($N=23$, M/SD)

结果指标	选项	社会线索	一致物理线索	不一致物理线索
疼痛评价	—	7.696 (1.572)	8.859 (0.852)	4.000 (3.074)

续表

结果指标	选项	社会线索	一致物理线索	不一致物理线索
真假判断	真	0.598（0.317）	0.810（0.235）	0.212（0.352）
	不确定	0.201（0.289）	0.147（0.234）	0.103（0.231）
	假	0.201（0.238）	0.043（0.081）	0.685（0.391）

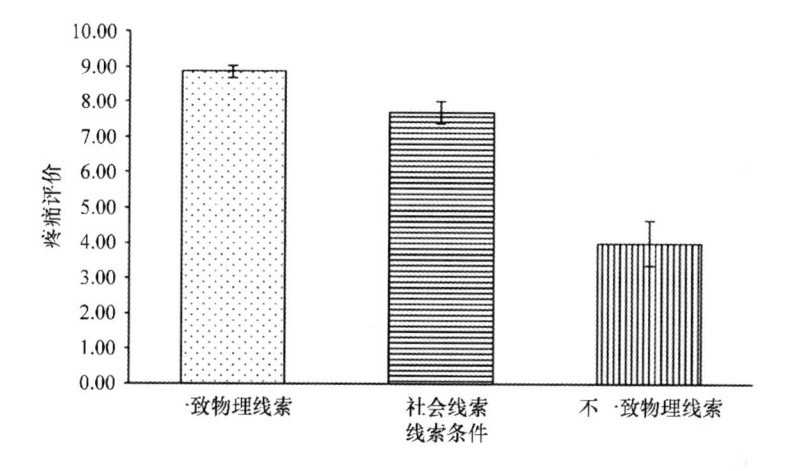

图 5-4　不同线索条件下的疼痛评价（error bar 为标准误，下同）

疼痛评价的贝叶斯单因素重复测量方差分析结果显示（见表 5-3），备择假设的贝叶斯因子 $BF_{10} > 100$。根据前人提出的贝叶斯因子分类标准（胡传鹏等，2018：951；Wagenmakers 等，2018：

表 5-3　物理线索条件下疼痛评价的贝叶斯单因素方差分析结果

模型	P（M）	P（M｜data）	BF_M	BF_{10}	error%
零假设	0.500	9.594e-11	9.594e-11	1.000	
备择假设	0.500	1.000	1.042e+10	1.042e+10	0.584

注：P（M）为均匀分布的先验模型概率（Prior Model Probabilities），P（M｜data）为经由数据更新后的后验模型概率（Posterior Model Probabilities），BF_M 为从先验模型到后验模型比值的变化，BF_{10} 为备择假设模型与零假设模型后验模型概率的比值（贝叶斯因子），error% 为贝叶斯因子的变异大小，e 为科学计数法，下同。

35），这是极强的证据支持了备择假设，即在不同线索条件下学前期儿童的疼痛评价存在显著性差异。为了评估不同线索条件间的差异，进一步采用了贝叶斯配对样本 t 检验（见表5-4）。结果表明研究

表5-4 物理线索条件下疼痛评价的贝叶斯配对样本 t 检验结果

配对样本 t 检验		BF_{10}	error%
社会线索	一致物理线索	37.845	1.716e-4
社会线索	不一致物理线索	3877.986	2.725e-9
不一致物理线索	一致物理线索	110640.035	3.836e-9

者有很强的证据支持不同线索条件间疼痛评价两两存在显著性差异。并且贝叶斯统计的序列分析显示（Wagenmakers 等，2018：35），在社会线索和一致物理线索条件间的比较中，当 n ≥ 10 时贝叶斯因子值不断上升，最后达到峰值（见图5-5）；在社会线索和不一致物理线索条件间的比较中，当 n ≥ 3 时，贝叶斯因子值不断上升，最

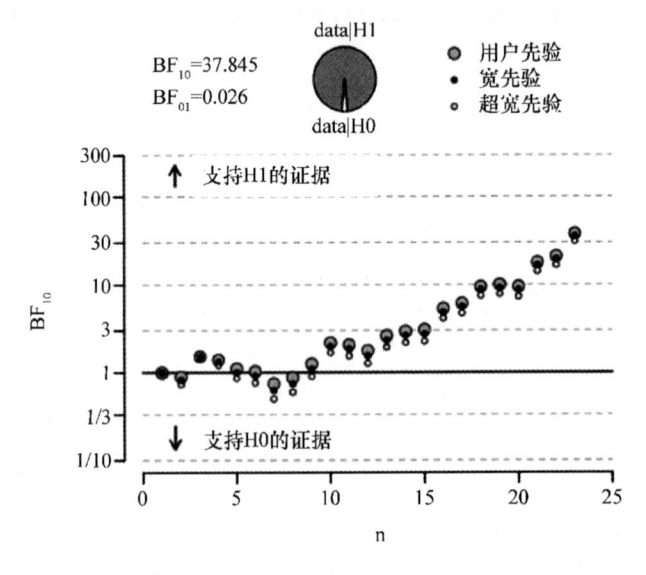

图5-5 社会线索与一致物理线索条件贝叶斯因子随被试量增加的变化趋势

后达到峰值（见图 5-6）。该结果提示研究者，本实验所选取的被试量足够得到不同线索条件下疼痛评价存在显著性差异的充分证据。

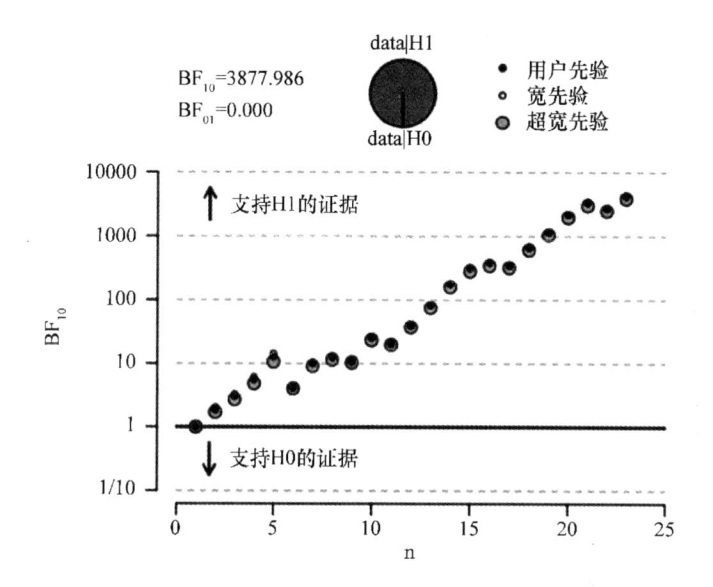

图 5-6　社会线索与不一致物理线索条件贝叶斯因子随被试量增加的变化趋势

（二）真假判断

真假疼痛判断比率的 3（线索条件：一致物理线索、不一致物理线索和社会线索）×3（真假判断：真、假和不确定）双因素重复测量方差分析结果显示，线索条件与真假判断的交互效应显著 $[F(4,88)=35.194, p<0.001, \eta_p^2=0.615$，见图 5-7 上]。简单效应分析表明，在社会线索条件下判断为真（$M=0.598$，$SE=0.066$）的比例高于不确定（$M=0.201$，$SE=0.060$）和假（$M=0.201$，$SE=0.050$）；在一致物理线索条件下判断为真（$M=0.810$，$SE=0.049$）的比例高于不确定（$M=0.147$，$SE=0.049$）和假（$M=0.043$，$SE=0.017$），判断为不确定的比例高于假，两两差异显著；在不一致物理线索条件下判断为假（$M=0.685$，$SE=0.082$）的比例高于真（$M=0.212$，$SE=0.073$）和不确定（$M=0.103$，

$SE=0.048$),判断为真的比例高于不确定。真假判断的主效应显著 $[F(2, 44)=12.627, p<0.001, \eta_p^2=0.365]$,事后成对比较发现,被试判断为真($M=0.540, SE=0.047$)的比例高于判断为假($M=0.310, SE=0.039$)和不确定($M=0.150, SE=0.048$)。

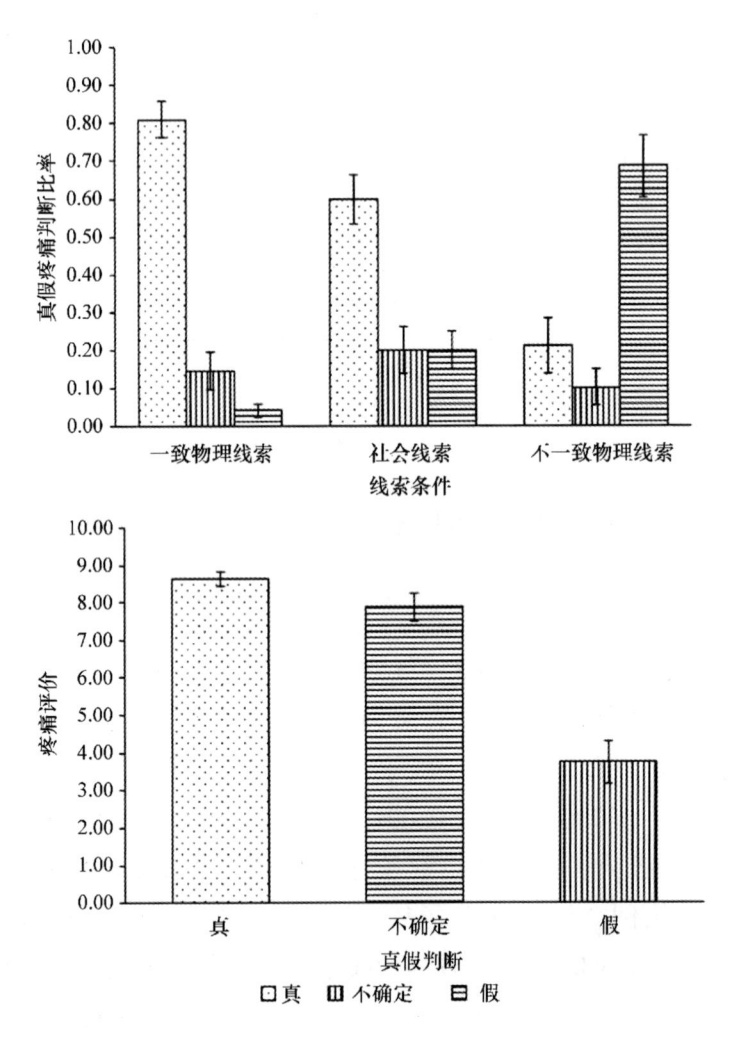

图 5-7 物理线索条件下真假判断（上）和真假判断下的疼痛评价（下）

(三) 疼痛信念

进一步地,为了考察学前期儿童对他人真假疼痛的信念与其对他人疼痛评价之间的关系,研究者抽取了实验中儿童在不同物理线索条件下分别做出真疼、假疼和不确定判断下的疼痛评价,并进行单因素重复测量方差分析(见图5-7下)。结果显示儿童信念的主效应显著 $[F(2, 44) = 53.636, p < 0.001, \eta_p^2 = 0.709]$,事后成对比较发现,儿童判断他人疼痛为不确定($M = 7.881$, $SE = 0.370$)和真($M = 8.629$, $SE = 0.194$)的情况下的疼痛评价均显著高于判断他人为假($M = 3.743$, $SE = 0.572$)。

三 研究总结与讨论

在本节中,我们采用疼痛评价任务,以肢体疼痛图片作为物理线索,以疼痛面孔图片作为社会线索,探讨了多情境线索条件下物理线索一致性对5—6岁儿童疼痛共情的影响。结果发现,物理线索一致性可以影响5—6岁儿童的疼痛共情,所呈现的物理线索与社会线索一致时显著增强了5—6岁儿童的疼痛共情和判断疼痛为真的比例,不一致时则显著降低。

实验的结果既与前人的研究有一致的地方,也有补充的地方。首先,与前人研究结果一致的地方在于,当所呈现的物理线索与社会线索一致时能够增强5—6岁儿童的疼痛共情,反之则减弱,即5—6岁儿童能够和成人一样利用物理线索灵活地进行共情反应(Jackson 等,2005:771;Grynberg, Pollatos, 2015:54)。物理线索诱发观察者的疼痛共情很大程度上依赖情绪共情,即由镜像神经元系统(胡晓晴等,2009:118;Gallese 等,2004:396;Oberman 等,2007:62)所主导的镜像加工,这是个体理解他人情绪和行为的神经基础。研究发现,在观看他人疼痛刺激的材料时可能诱发观察者的情绪和躯体反应(Osborn, Derbyshire, 2010:268)。通过 MEG 技术,研究者们发现物理线索确实会诱发观察者的初级感觉运动皮层的活动(Cheng 等,2008:1833)。这些结果表明,物理线索可能不仅仅诱发了观察者的情绪反应，同时还诱发了其与物理线索相对应的躯体反应。其次，本研究额外发现，虽然学前期儿童倾向于判断他人的疼痛为真，并且其疼痛判断与其对疼痛真假的信念密切相关，但是其判断他人疼痛为真的比例会受到物理线索的影响，即一致物理线索条件下判断为真的比例最高，不一致线索条件下判断为假的比例最高。该结果进一步说明，学前期儿童能够通过物理线索来判断他人疼痛的真假，并且其疼痛评价与疼痛的真假判断存在一致性。疼痛真假信念的统计结果也发现，只要儿童不认为这是假的，其疼痛评价就会比较高。已有的研究确实表明，个体的疼痛信念会影响其疼痛知觉（Williams，Thorn，1989：351；Jensen 等，2003：453）。

总的来说，实验的结果表明：处于以情绪共情为主的共情发展阶段的 5—6 岁儿童的疼痛共情会受到物理线索一致性的影响。需要注意的是，现有研究发现，不仅物理线索对个体的疼痛共情有影响，社会线索也同样对个体的疼痛共情有着重要的影响，例如疼痛面孔表情（Grynberg，Maurage，2014：1；Yamada，Decety，2009：71）。

与物理线索的简单直接相比，社会线索往往更加复杂间接。他人的疼痛面孔表情虽然意味着他人处于疼痛状态需要观察者的帮助（Weisz，Zaki，2018：67），但是这个信号是可以由他人进行控制的，其真实性值得怀疑，观察者在这一过程中处于非常不利的被动地位。不过，不容忽视的是，在人际交往的过程中，社会线索确实更为凸显。例如，有研究发现面孔表情是个体产生疼痛共情最为重要的视觉线索之一（Igier 等，2014：570）。此外，在现实生活中，疼痛面孔表情这类社会线索更加常见。因此，在第三节中我们将试图探讨社会线索对儿童疼痛共情的影响，并通过比较实验间的结果，来考察物理线索和社会线索对儿童疼痛共情影响的异同。

第三节　社会线索对儿童共情的影响

作为社会性的动物，在人际交往的过程中，个体会自主或不自主地关注他人所传递的社会线索（Nummenmaa，Calder，2009：135）。当个体处于他人疼痛的情境之中时，他人的疼痛面孔表情对观察者来说就会成为凸显的社会线索。但是，面孔表情意义的复杂性和间接性也意味着对于观察者而言，其作为线索的效应可能很有限（Hadjistavropoulos 等，2011：910）。已有研究表明，个体在 4 岁的时候就已经学会了许多的欺骗技术（Davis，1995：660），疼痛假装便是其一。但是，不论是共情发展较为成熟的成人还是处于以情绪共情为主的共情发展阶段的学前期儿童，疼痛面孔表情这类社会线索都能够产生较强的注意捕获（颜志强等，2016：573；Yan 等，2017：1）。根据已有的研究和学前期儿童的共情发展阶段特点，研究者预期社会线索能够影响 5—6 岁儿童的疼痛共情，且所呈现的社会线索与物理线索一致时，共情反应更强。

因此，为了探讨社会线索对儿童疼痛共情的影响，并与第二节的结果进行对比，本节采取了和第二节相同的实验范式。在本节的实验中将恒定物理线索（肢体疼痛图片），比较不同的社会线索条件。并且，为了考察不同线索类型的影响，采用了与第二节实验中相同的任务。本节的实验材料选取 Yan 等（2017：1）所制作的卡通化的疼痛面孔图片（一致线索条件）和中性面孔图片（不一致线索条件）作为社会线索，这些图片是参考真人图片（Simon 等，2008：55）进行绘制的，对实验细节进行了严格的控制。

一　实验设计与实施

通过采用卡通化的疼痛面孔图片作为实验材料，恒定物理线索（肢体疼痛图片），考察社会线索与物理线索的一致性对 5—6 岁儿童疼痛共情的影响。通过与第二节中的实验结果进行比较，考察线索类型对儿童疼痛共情的影响。

（一）研究对象

使用 G*Power 3 软件计算（Faul 等，2009：1149）。为了达到该统计结果所需要的样本量（28）。采用方便取样法，随机选取了 23 名来自北京市某幼儿园的 5—6 岁儿童。目前的样本量接近目标样本，足以发现群体之间的差异。最终有效数据是 23 人，其中男孩 13 名、女孩 10 名。被试的平均月龄为 72.416，月龄的标准差为 6.866。被试在完成实验后会获得价值一定金额的玩具。根据任教老师报告，所有儿童均为典型发展儿童。

（二）任务与材料

实验任务参考 Jackson 等（2005：771）和 Deyo 等（2004：16）的疼痛评价任务进行了改编（实验流程见图 5-2），该任务适用于测试儿童和成人被试对他人的疼痛共情。采用 Python 的 Pygame 程序包进行实验编程，通过在计算机屏幕上呈现图片刺激材料进行实验。

为了避免面孔图片的性别所带来的影响（Keogh 等，2018：1617），疼痛面孔图片使用了 Yan 等（2017：1）所制作的面孔图片，这些图片材料基于 Simon 等（2008：55）所制作的真人面孔图片，是进行数码绘制后的卡通疼痛面孔图片，没有明显的性别线索。肢体疼痛图片则基于 Jackson 等（2005：771）所使用的图片材料，对其进行了卡通化处理，处理方式同 Gu 和 Han（2007：256），以对应疼痛面孔图片。所有图片的绘制和编辑均基于 Photoshop CS6 完成。已有研究表明，卡通化的图片材料更适用于儿童实验（Kendall 等，2015：1379）。

（三）研究程序

实验任务均在计算机上呈现，被试的反应均通过按键完成。实验共有三个条件：第一个条件为物理线索，计算机屏幕上会直接呈

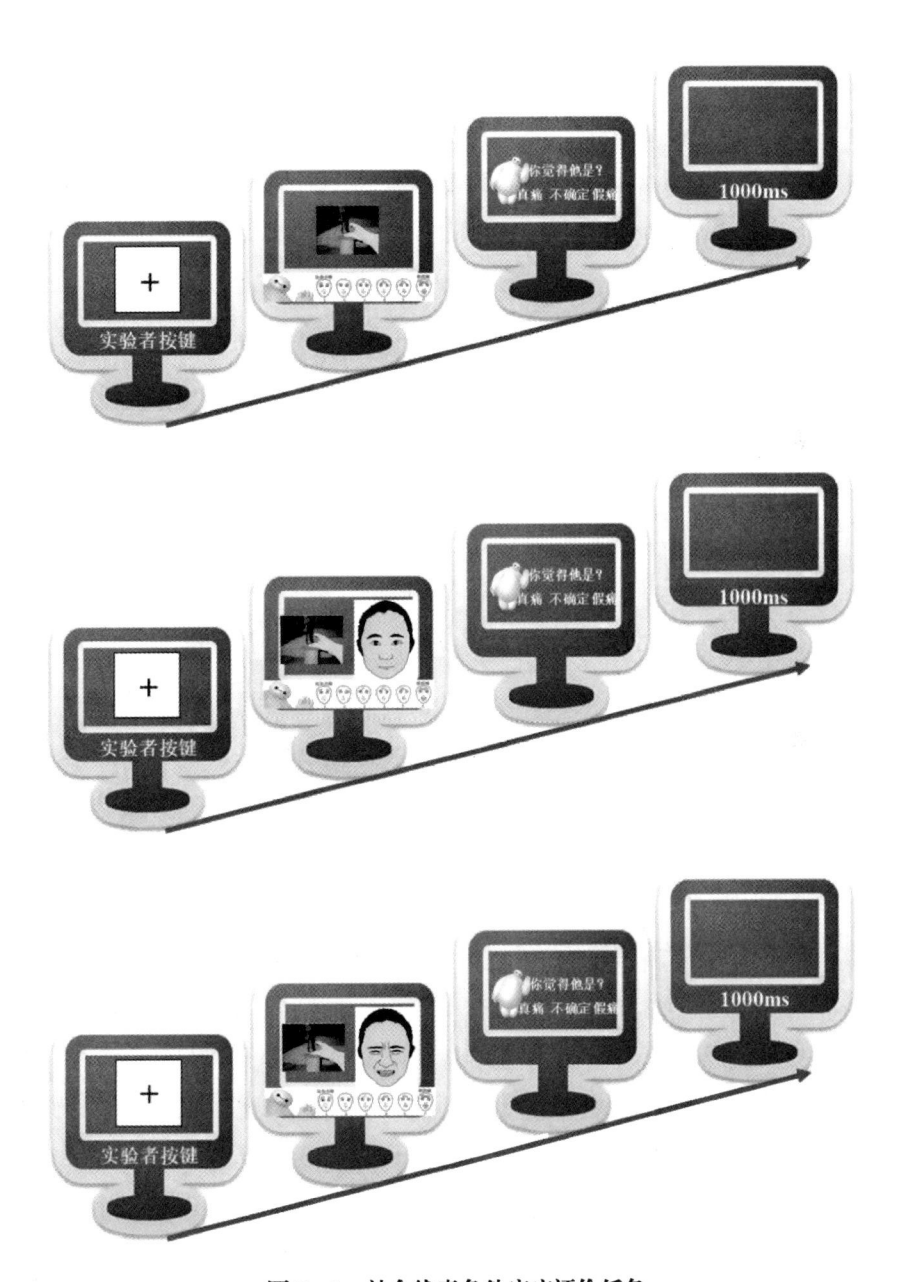

图 5-8 社会线索条件疼痛评价任务

说明：上图，物理线索；中图，不一致社会线索；下图，一致社会线索。

现肢体疼痛图片和疼痛评价面孔量表,让被试选择疼痛面孔进行疼痛评价,最后呈现疼痛真假判断问题,让被试判断该疼痛面孔的疼痛是真的、假的还是不确定;第二个条件为不一致社会线索条件,计算机屏幕上会首先呈现铁锤子砸到手的图片、中性面孔图片和疼痛评价面孔量表。在图片呈现的同时,主试会先给予被试指导语:"他/她的手被锤子砸到了,他/她现在是这个表情",之后让被试选择疼痛面孔进行疼痛评价,最后呈现真假疼痛判断问题,让被试判断该疼痛面孔的疼痛是真的、假的还是不确定;第三个条件为一致社会线索条件,计算机屏幕上会首先呈现铁锤子砸到手的图片、疼痛面孔图片和疼痛评价面孔量表。在图片呈现的同时,主试会给予被试指导语:"他/她的手被锤子砸到了,他/她现在是这个表情",之后让被试选择疼痛面孔进行疼痛评价,最后呈现疼痛真假判断问题,让被试判断该疼痛面孔的疼痛是真的、假的还是不确定。由于本实验不要求儿童尽快反应,因此反应时间未被纳入研究结果,仅记录被试的疼痛评价。各实验条件的呈现顺序在不同被试之间进行平衡。

(四) 数据分析

基本同第二节。

为了进一步评估物理线索与社会线索对5—6岁儿童疼痛共情影响的效应,研究者提取了第二节和第三节的数据进行实验间的数据比较(LoBue,2014:701)。此外,为了进行线索类型间的比较,数据将分开进行分析。首先,对比第二节和第三节中社会线索和物理线索对5—6岁儿童疼痛共情的影响;其次,考察情境线索的一致性对其疼痛共情的影响,为了使数据具有可比性,研究者将对物理线索条件下的一致物理线索、不一致物理线索与社会线索的疼痛评价差值和社会线索条件下的一致社会线索、不一致社会线索与物理线索的疼痛评价差值进行比较。

二 实验结果及分析

(一) 疼痛评价

疼痛评价的单因素重复测量方差分析的结果显示（描述性统计见表5-5），线索条件的主效应显著 [$F(2, 44) = 66.685$, $p < 0.001$, $\eta_p^2 = 0.752$]。事后成对比较发现，所呈现的社会线索与物理线索一致时的疼痛评价与单独呈现物理线索没有差异，不一致时的疼痛评价低于单独呈现物理线索，见图5-9。

表5-5　社会线索条件下的疼痛评价和真假判断（$N=23$，M/SD）

结果指标	选项	物理线索	一致社会线索	不一致社会线索
疼痛评价	—	8.674（0.903）	8.489（1.013）	3.250（2.774）
真假判断	真	0.837（0.190）	0.750（0.253）	0.299（0.398）
	不确定	0.076（0.150）	0.152（0.238）	0.207（0.349）
	假	0.087（0.127）	0.098（0.141）	0.495（0.429）

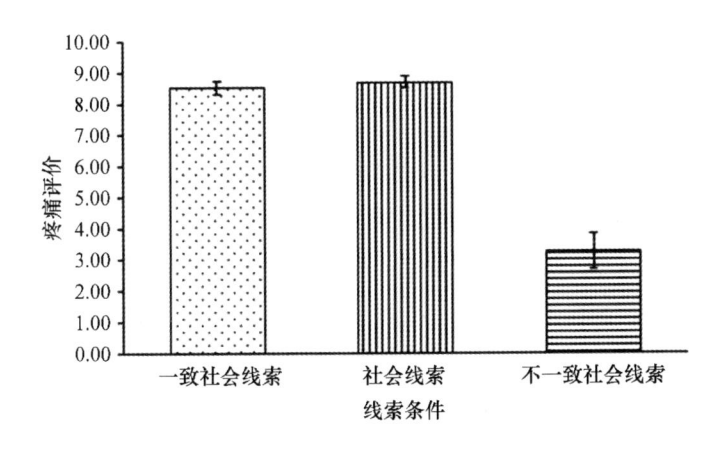

图5-9　社会线索条件下的疼痛评价

疼痛评价的贝叶斯单因素重复测量方差分析结果显示（见

表 5-6），备择假设的贝叶斯因子 $BF_{10} > 100$。根据前人提出的贝叶斯因子分类标准（胡传鹏等，2018：951；Wagenmakers 等，2018：35），

表 5-6　　社会线索条件下疼痛评价的贝叶斯单因素方差分析结果

模型	P（M）	P（M｜data）	BF_M	BF_{10}	error%
零假设	0.500	1.078e-15	1.078e-15	1.000	
备择假设	0.500	1.000	9.273e+14	9.273e+14	0.862

这是极强的证据支持了备择假设，即在不同线索条件下 5—6 岁儿童的疼痛评价存在显著性差异。为了评估不同线索条件间的差异，进一步采用了贝叶斯配对样本 t 检验（见表 5-7）。结果表明，研究者有很强的证据支持不同线索条件间疼痛评价存在显著性差异。并且

表 5-7　　社会线索条件下疼痛评价的贝叶斯配对样本 t 检验结果

配对样本 t 检验		BF_{10}	error%
物理线索	一致社会线索	0.273	0.035
物理线索	不一致社会线索	423237.083	7.822e-10
不一致社会线索	一致社会线索	1.075e+6	2.302e-10

贝叶斯统计的序列分析显示（Wagenmakers 等，2018：35），在物理线索和一致社会线索条件间的比较中，当 n ≥ 6 时贝叶斯因子值不断下降，最后达到峰值（见图 5-10）；在物理线索和不一致社会线索条件间的比较中，当 n ≥ 6 时，贝叶斯因子值不断上升，最后达到峰值（见图 5-11）。该结果表明，本实验所选取的被试量足够得到不同线索条件下疼痛评价存在显著性差异的充分证据。

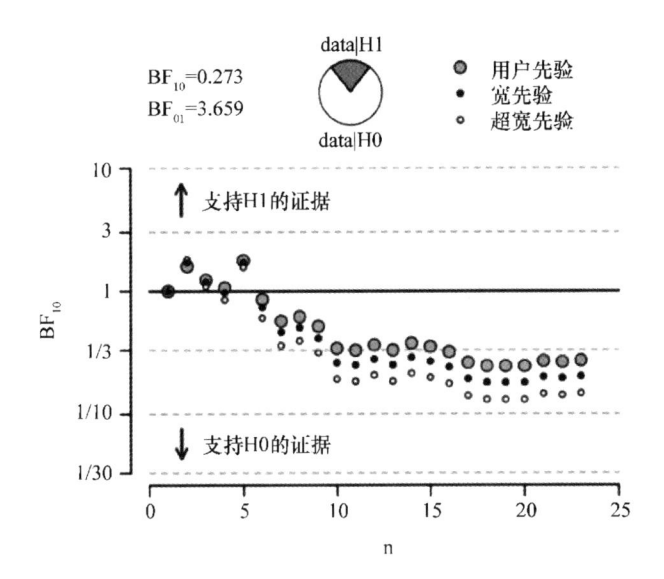

图 5-10　物理线索与一致社会线索条件贝叶斯因子随被试量增加的变化趋势

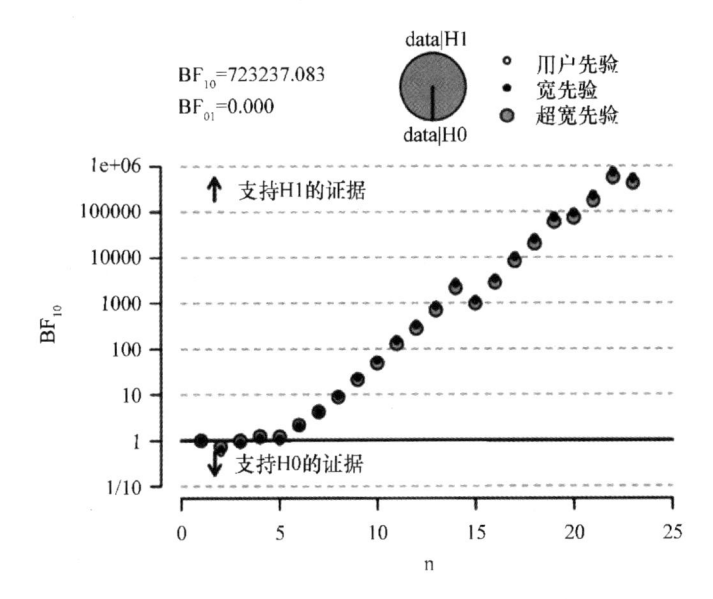

图 5-11　物理线索与不一致社会线索条件贝叶斯因子随被试量增加的变化趋势

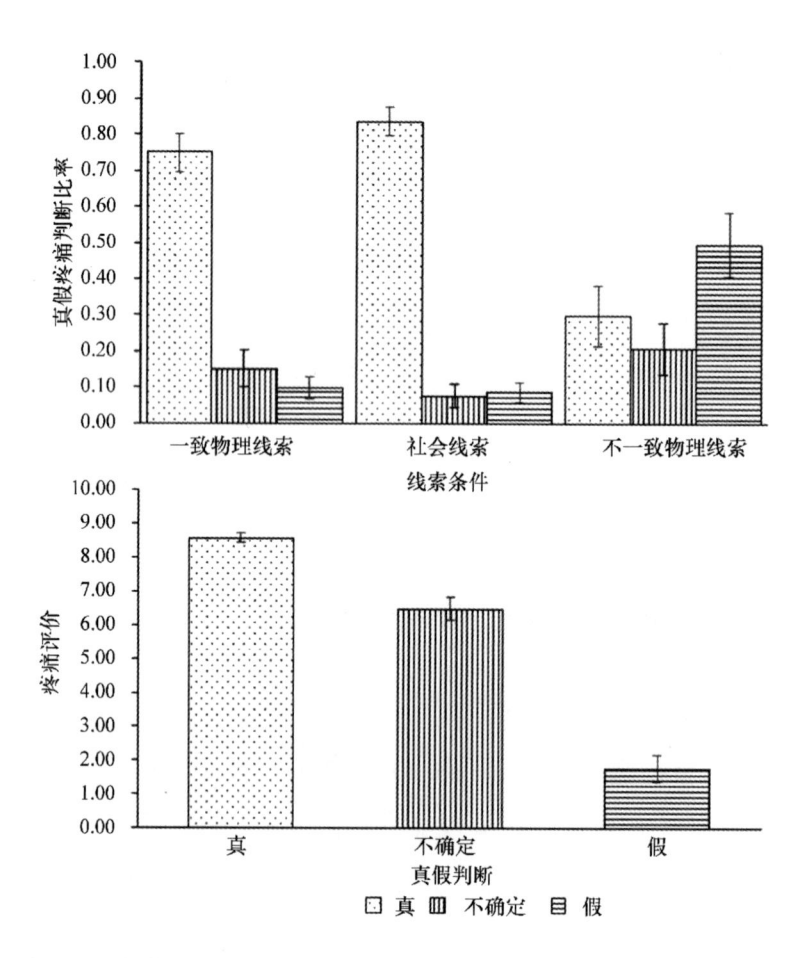

图 5-12　社会线索条件下的真假判断（上）和真假判断下的疼痛评价（下）

（二）真假判断

真假疼痛判断比率的 3（线索条件：一致社会线索、不一致社会线索和物理线索）×3（真假判断：真、假和不确定）双因素重复测量方差分析的结果显示（描述性统计见表 5-5），线索条件与真假判断的交互效应显著 [$F(4, 88) = 27.446$, $p < 0.001$, $\eta_p^2 = 0.555$, 见图 5-12 上]。简单效应分析表明，在物理线索条件下判断为真（$M = 0.837$, $SE = 0.040$）的比例高于不确定（$M = 0.076$, $SE = 0.031$）和假（$M = 0.087$, $SE = 0.027$）；在一致社会线索条件

下判断为真（$M = 0.750$，$SE = 0.053$）的比例高于不确定（$M = 0.152$，$SE = 0.050$）和假（$M = 0.098$，$SE = 0.029$）；在不一致社会线索条件下判断为假（$M = 0.495$，$SE = 0.089$）的比例高于真（$M = 0.299$，$SE = 0.083$）和不确定（$M = 0.207$，$SE = 0.073$）。真假判断的主效应显著 [$F(2, 44) = 20.934$，$p < 0.001$，$\eta_p^2 = 0.488$]。事后成对比较发现，被试判断为真（$M = 0.629$，$SE = 0.049$）的比例高于判断为假（$M = 0.226$，$SE = 0.041$）和不确定（$M = 0.145$，$SE = 0.048$）。

(三) 疼痛信念

进一步地，为了考察学前期儿童对他人真假疼痛的信念与其对他人疼痛评价之间的关系，研究者抽取了实验中儿童在不同社会线索条件下分别做出真、假和不确定判断下的疼痛评价，并进行单因素重复测量方差分析（见图5-12下）。结果显示儿童信念的主效应显著 [$F(2, 44) = 148.764$，$p < 0.001$，$\eta_p^2 = 0.871$]，事后成对比较发现，儿童判断他人疼痛为真（$M = 8.584$，$SE = 0.148$）的情况下的疼痛评价显著高于判断他人为不确定（$M = 6.494$，$SE = 0.330$）和假（$M = 1.765$，$SE = 0.394$），判断为不确定显著高于假。

(四) 实验间比较：线索类型对疼痛共情的影响

1. 物理线索和社会线索

不同线索类型下疼痛评价的独立样本 t 检验的结果显示，线索类型的主效应显著 [$t(44) = -2.588$，$p = 0.013$，Cohen's $d = 0.763$，95%CI = (-1.359，-0.160)]。物理线索条件下的疼痛评价显著高于社会线索条件，即被试对肢体疼痛图片（$M = 8.674$，$SE = 0.188$）的疼痛评价显著高于疼痛面孔图片（$M = 7.696$，$SE = 0.328$）。

不同线索类型下疼痛评价的贝叶斯独立样本 t 检验的分析结果显示，备择假设的贝叶斯因子 $BF_{10} > 3$。根据前人提出的贝叶斯因子分类标准（胡传鹏等，2018：951；Wagenmakers 等，2018：35），这是中等强度地支持了备择假设，即在不同线索条件下5—6岁儿童的疼痛评价存在显著性差异。并且贝叶斯统计的序列分析显示（Wagenmakers 等，2018：35），在物理线索和社会线索条件间的比较中，当 n ≥ 40 时贝叶斯因子值不断上升，最后达到峰值（见图 5-13）。

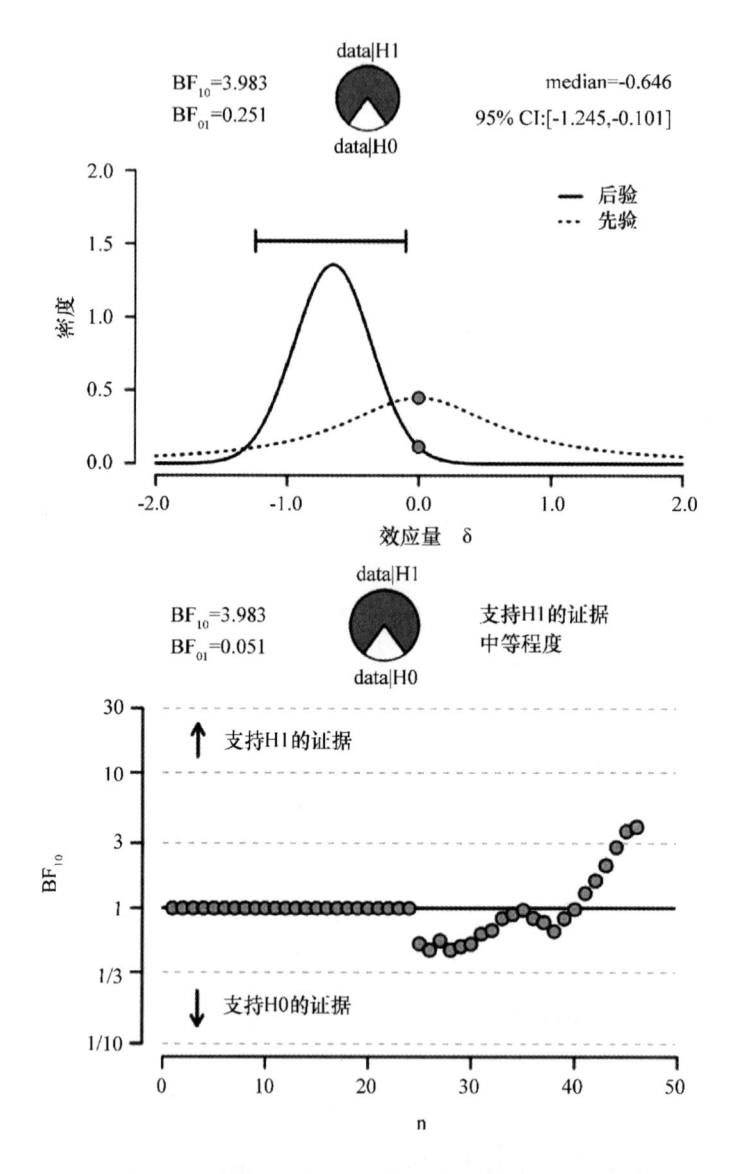

图 5-13 物理线索—社会线索贝叶斯独立样本 t 检验的概率模型示意图（上）和贝叶斯因子随被试量增加的变化趋势（下）

该结果表明，本实验所选取的被试量足够得到不同线索条件下疼痛评价存在显著性差异的充分证据。

真假判断的2（线索类型：物理线索，社会线索）×3（真假判断：不确定、真和假）的方差分析结果显示，线索类型和真假判断的交互效应显著 [$F(2, 88) = 6.259$, $p = 0.003$, $\eta_p^2 = 0.125$，见图 5-14]。简单效应分析的结果显示，在社会线索条件下判断为真（$M = 0.598$, $SE = 0.055$）的比例低于物理线索条件（$M = 0.837$, $SE = 0.055$），判断为假（$M = 0.201$, $SE = 0.040$）的比例高于物理线索条件（$M = 0.087$, $SE = 0.040$），即肢体疼痛图片判断为真的比例高于疼痛面孔图片，判断为假的比例低于疼痛面孔图片。真假判断的主效应显著 [$F(2, 88) = 64.541$, $p < 0.001$, $\eta_p^2 = 0.595$]。事后成对比较发现，被试判断为真的比例（$M = 0.717$, $SE = 0.039$）显著高于不确定（$M = 0.139$, $SE = 0.034$）和假（$M = 0.144$, $SE = 0.028$）。其他效应不显著（$p > 0.050$）。

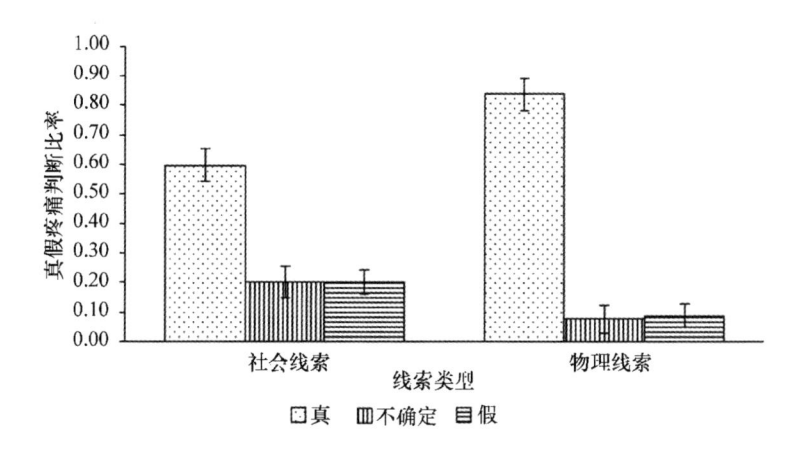

图 5-14 不同线索类型下的真假判断

2. 一致线索与不一致线索

疼痛评价的2（线索类型：物理线索，社会线索）×2（线索条件：一致线索，不一致线索）的方差分析结果显示，线索类型和线索条件的交互效应不显著 [$F(1, 44) = 0.189$, $p = 0.666$, $\eta_p^2 = 0.004$,见图 5-15]。线索条件的主效应显著 [$F(1, 44) = 133.264$, $p < 0.001$, $\eta_p^2 = 0.752$]。事后成对比较发现,在一致线索条件下 ($M = 0.489$, $SE = 0.223$) 的疼痛评价显著高于不一致线索条件 ($M = -4.560$, $SE = 0.464$)。线索类型的主效应显著 [$F(1, 44) = 7.995$, $p = 0.007$, $\eta_p^2 < 0.154$]。事后成对比较发现,在物理线索条件下 ($M = -1.266$, $SE = 0.385$) 的疼痛评价显著高于社会线索 ($M = -2.804$, $SE = 0.385$)。

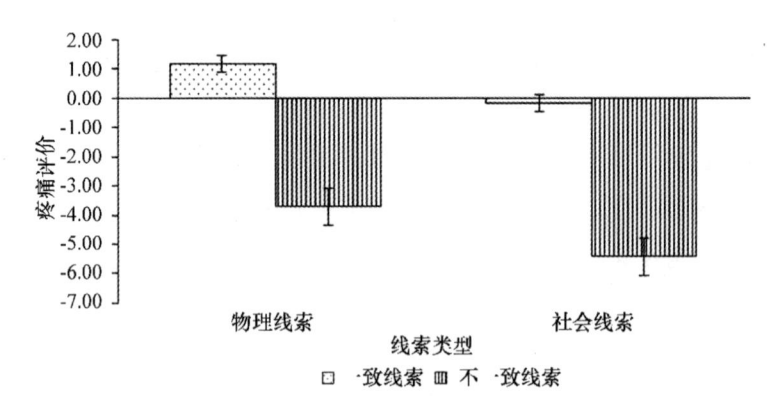

图 5-15 不同线索类型和线索条件下的疼痛评价

疼痛评价的 2(线索类型:物理线索,社会线索)×2(线索条件:一致线索条件,不一致线索条件)的贝叶斯双因素重复测量方差分析结果显示(见表 5-8),线索条件的贝叶斯因子 $BF_{10} > 100$。根据前人提出的贝叶斯因子分类标准(胡传鹏等,2018:951;Wagenmakers 等,2018:35),这是极强程度地支持了备择假设,即在不同线索条件下 5—6 岁儿童的疼痛评价存在显著性差异。线索类型间的差异是比较微弱的。

表 5-8　线索间疼痛评价的贝叶斯双因素重复测量方差分析结果

模型	P(M)	P(M|data)	BF_M	BF_{10}	error%
零假设	0.200	4.384e-17	1.754e-16	1.000	—
线索条件	0.200	0.126	0.577	2.874e+15	0.656
线索类型	0.200	5.017e-17	2.007e-16	1.144	1.355
线索条件+线索类型	0.200	0.660	7.750	1.504e+16	1.407
线索条件+线索类型+线索条件*线索类型	0.200	0.214	1.092	4.891e+15	2.507

真假疼痛判断比率的 2（线索类型：物理线索，社会线索）×2（线索条件：一致线索条件和不一致线索条件）×3（真假判断：不确定、真和假）的三因素重复测量方差分析的结果显示，线索类型、线索条件和真假判断的三项交互作用显著 [$F(2, 88) = 3.529$, $p = 0.034$, $\eta_p^2 = 0.074$，见图 5-16]。线索类型和真假判断的交互作用显著 [$F(2, 88) = 6.207$, $p = 0.003$, $\eta_p^2 = 0.124$]。简单效应分析的结果显示，与物理线索相比，社会线索条件下判断为不确定的比例更高；与社会线索相比，物理线索条件下判断为真的比例更高。线索条件和真假判断的交互作用显著 [$F(2, 88) = 84.549$, $p < 0.001$, $\eta_p^2 = 0.658$]。简单效应分析的结果显示，与一

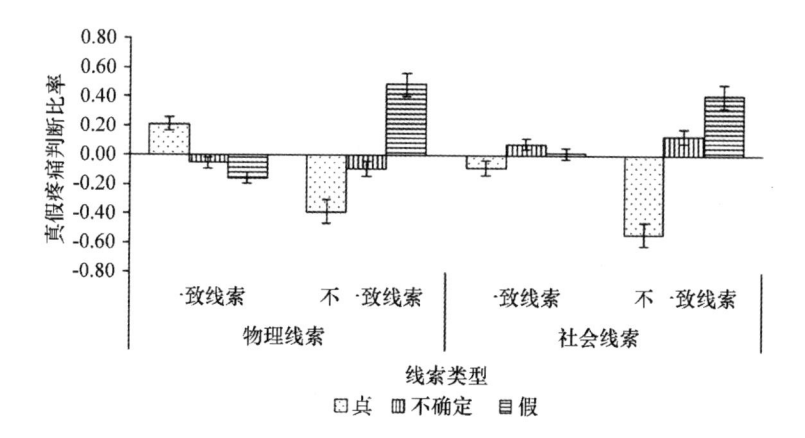

图 5-16　**不同线索类型和线索条件下的真假判断**

致线索条件相比,不一致线索条件下判断为假的比例更高;与不一致线索条件相比,一致线索条件下判断为真的比例更高。真假判断的主效应显著 $[F(2,88)=21.785, p<0.001, \eta_p^2=0.331]$。事后成对比较发现,被试判断为假的比例高于不确定和真,判断为不确定的比例高于真。

三 研究总结与讨论

本节的行为实验中采用了疼痛评价任务,通过恒定物理线索(肢体疼痛图片),以考察社会线索与结果的一致性对5—6岁儿童疼痛共情的影响。结果表明,所呈现的社会线索与物理线索一致时与单独呈现物理线索对5—6岁儿童疼痛共情的影响没有差异,所呈现的社会线索与物理线索不一致时则显著降低了疼痛共情。

本节与第二节的结果相同,都发现了情境线索的主效应,即一致线索的疼痛共情反应强于不一致线索。面孔表情的行为生态学观点(Behavioral Ecology View of Facial Displays)认为,个体的面孔表情是社交工具,是进行人际间社交时所释放的一种信号(Crivelli, Fridlund, 2018:388)。相似地,疼痛面孔表情作为疼痛交流过程中凸显的社会线索对他人的行为有着重要的影响。有研究者指出,疼痛面孔表情一方面向观察者传递了疼痛威胁信号,另一方面也向观察者传递了求救信号以诱发观察者的共情并产生进一步的救援和帮助行为(Goubert等,2005:285;Williams,2002:197),这也符合共情利他假设。已有研究发现,他人的疼痛面孔表情作为诱发观察者产生疼痛共情反应的社会线索(Budell等,2010:355),能够使其产生注意偏向(颜志强等,2016:573)。

虽然本节的实验中发现与物理线索不一致的社会线索能够显著地降低5—6岁儿童的疼痛共情,但是与第二节的结果不同的是,与物理线索一致的社会线索并没有增强5—6岁儿童的疼痛共情。在以往的研究中,无论是采用肢体疼痛图片和非肢体疼痛图片(Jackson

等，2006：752），还是采用疼痛面孔图片和中性面孔图片（Botvinick 等，2005：312；Deyo 等，2004：16），都发现了显著的实验效应，这与本实验中一致社会线索条件和物理线索条件均与不一致社会线索条件下的疼痛评价存在显著性差异是相吻合的。

实验间比较的结果表明，与疼痛面孔图片相比，肢体疼痛图片作为线索的效应要更强。来自成人电生理研究的结果也表明，与疼痛面孔图片这类社会线索相比，肢体疼痛图片这类物理线索能够诱发更强的疼痛共情反应（Vachon - Presseau 等，2011：1525）。同时，一致线索条件和不一致线索条件这两个结果的对比显示，物理线索条件下的疼痛评价要高于社会线索，在物理线索条件下判断为真的比例更高。这些效应的结果，表明整体上物理线索的效应要强于社会线索。该结果也进一步验证和扩展了疼痛交流的理论模型（Hadjistavropoulos 等，2011：910；Steinkopf，2016：1），即在多情境线索的情况下，与主观的、容易伪装的疼痛面孔这类社会线索相比，5—6 岁儿童的疼痛共情更加依赖于客观的、较难假装的肢体疼痛这类物理线索。

在本实验中，研究者未能发现一致社会线索与基线条件间的差异，这可能是疼痛评价任务中所采用的评价形式影响了其疼痛共情反应。基于前人的研究和学前期儿童的发展特点（Bieri 等，1990：139；Hicks 等，2001：173），本实验选取了面孔量表作为被试进行他人疼痛评价的参照。但是与第二节中的物理线索不同，第三节中的社会线索本身就是疼痛面孔表情，与社会线索极其相似的面孔量表作为评价形式可能干扰了被试的疼痛共情。确实也有研究指出，面孔量表虽然应用广泛，但是其有效性和准确性可能仍值得考虑（Chang 等，2015：189）。因此，为了排除评价形式对实验效应的影响，我们将在第四节中进一步考察评价形式在情境线索对学前期儿童疼痛共情影响中的作用。

第四节　不同类型线索对儿童共情的影响

无论是自评还是他评，如何对疼痛进行较好评价一直是研究者们所关注的一个问题（陈睿等，2015：1256）。涉及儿童的疼痛评价更是对疼痛管理等儿科临床实践有着重要的影响（沈巧等，2018：50；Huguet 等，2010：329）。正如儿童在服用青霉素类药物时需要进行青霉素过敏测试一样，儿童在接受止痛治疗前需要接受疼痛评价。因此，儿科疼痛测量工具的适用性（Maunuksela 等，1987：137；O'Rourke，2004：560）以及测量的方法学问题（Beyer，Knapp，1986：233）备受关注。有研究者对以往的研究进行了综述，他们发现疼痛评价的形式主要包括自评、他评和生理评价这三种，对于可以进行口头报告的儿童一般采用自评的方式，疼痛自评主要包括视觉化模拟量表、数字化评定量表、面孔量表、颜色模拟量表和筹码量表这五类（Tomlinson 等，2010：e1168）。

尽管疼痛评价的形式多种多样（Tomlinson 等，2010：e1168），但是依据被试的发展特点，其每个阶段所适用的评价形式是不一样的。对于学前期儿童而言，虽然他们无法理解医疗有关的概念（Rebok 等，2001：59），但是他们能够使用一些外在的工具客观地进行疼痛评价。除了第二、三节所选取的面孔量表（Hicks 等，2001：173），颜色模拟量表无疑是最为合适的（Mcgrath 等，1996：435）。经典的颜色模拟量表是一个100毫米的彩色三角形，底部宽度为10毫米以下的面积意味着"完全不疼"，而30毫米及其以上的面积意味着"非常疼"，颜色从底部到顶部是从白色渐变成暗红色。不过，为了使其能够与之前的结果进行对比，研究者对经典的颜色模拟量表进行了修改，将其改编成了连续的长条的体温温度计形式的柱状显示图。

在第二、三节的基础上，本节将通过被试内设计进一步探讨评价形式对物理线索和社会线索条件下学前期儿童疼痛共情的影响。相比于物理线索，疼痛面孔表情这类社会线索应该更容易受到面孔量表这一评价形式的影响。有研究采用面孔单元编码系统对疼痛面孔表情进行了编码，结果发现眼睛紧闭、鼻子皱起和嘴巴张开等是其独特的面孔特征（Williams，2002：197；Prkachin，2011：367）。而面孔量表正好突出了这些面孔特征，以第二、三节所选取的Wong-Baker面孔疼痛评价量表为例，该量表共包括6张面孔表情，从微笑到特别疼，以额头的皱纹、眉毛的变化、眼睛的紧闭和嘴巴的张开为凸显的特征进行程度的变化（Hicks等，2001：173）。

因此，为了探讨评价形式对不同情境线索类型（物理线索、社会线索）和条件（一致线索、不一致线索和基线）下5—6岁儿童疼痛共情的影响，在本节的实验中将面孔量表替换为了颜色模拟量表，并且采用了被试内的实验设计。根据已有的研究和学前期儿童的共情发展阶段特点，研究者预期物理、社会线索能够影响5—6岁儿童的疼痛共情，而评价形式不会影响物理线索条件下的疼痛共情，会影响社会线索条件下的疼痛共情。

一 实验设计与实施

一方面替换了疼痛评价形式，另一方面采用了被试内设计考察物理线索和社会线索对5—6岁儿童疼痛共情影响的稳健性。

（一）研究对象

使用G*Power 3软件（Faul等，2009：1149）计算，那么为了达到该统计结果所需要的样本量为28。采用方便取样法，随机选取了22名来自北京市某幼儿园的5—6岁儿童作为被试。样本量接近目标样本量，应该可以发现群体之间的差异。最终有效数据为22人，其中男孩12名、女孩10名。被试的平均月龄为68.258，月龄的标准差为8.239。被试在完成实验后会获得价值一定金额的玩具。根据任教老师报告，所有儿童均为典型发展儿童。

(二) 任务与材料

实验任务参考 Jackson 等（2005：771）和 Deyo 等（2004：16）的疼痛评价任务进行了改编（实验流程见图 5-2），该任务适用于测试儿童和成人被试对他人的疼痛共情。采用 Python 的 Pygame 程序包进行实验编程，通过在计算机屏幕上呈现图片刺激材料以进行实验。

为了避免面孔图片的性别所带来的影响（Keogh 等，2018：1617），疼痛面孔图片使用了 Yan 等（2017：1）所制作的面孔图片，这些图片材料基于 Simon 等（2008：55）所制作的真人面孔图片，是进行数码绘制后的卡通疼痛面孔图片，没有明显的性别线索。肢体疼痛图片则是基于 Jackson 等（2005）所使用的图片材料，对其进行了卡通化处理，处理方式同 Gu 和 Han（2007：256），以对应疼痛面孔图片。所有图片的绘制和编辑均基于 Photoshop CS6 完成。已有研究表明卡通化的图片材料更适用于儿童实验（Kendall 等，2015：1379）。

(三) 研究程序

实验程序基本同第二、三节，共有三种线索条件。考虑到疼痛评价面孔量表这种评价形式可能对实验效应产生的影响，本节采用了改编版的颜色模拟量图（见图 5-17），以体温温度计柱状的高低来评价疼痛程度，其疼痛程度从 0（完全不疼）到 10（非常疼），计分方式为 0、2、4、6、8、10。物理线索的实验流程见图 5-18，社会线索的实验流程见图 5-19。

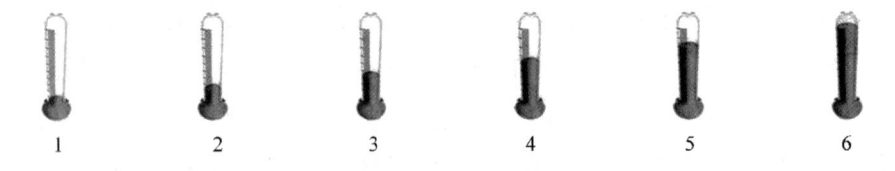

图 5-17 改编版疼痛评价颜色模拟量图

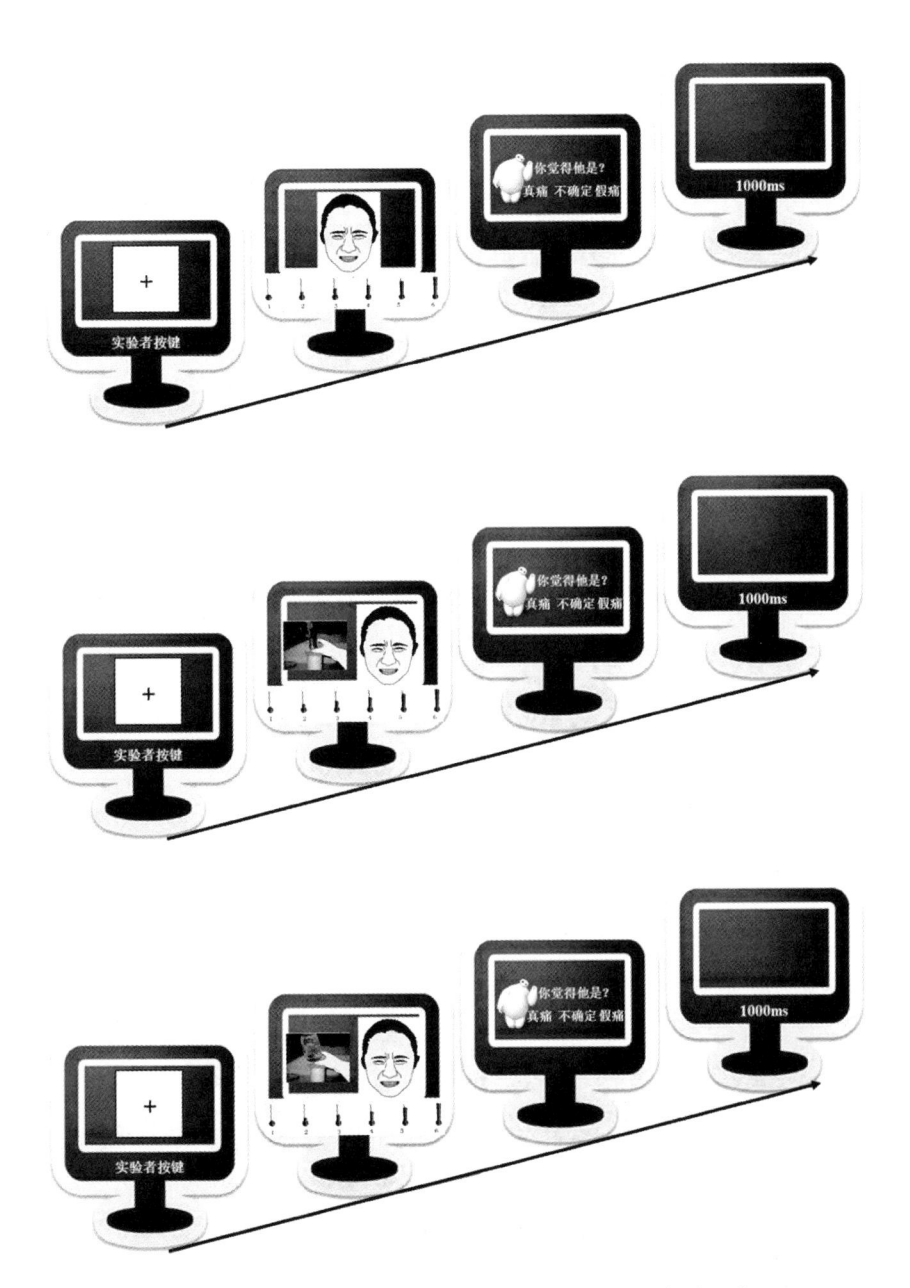

图 5-18 物理线索条件采用颜色模拟量表的疼痛评价任务

说明：上图，社会线索；中图，一致物理线索；下图，不一致物理线索。

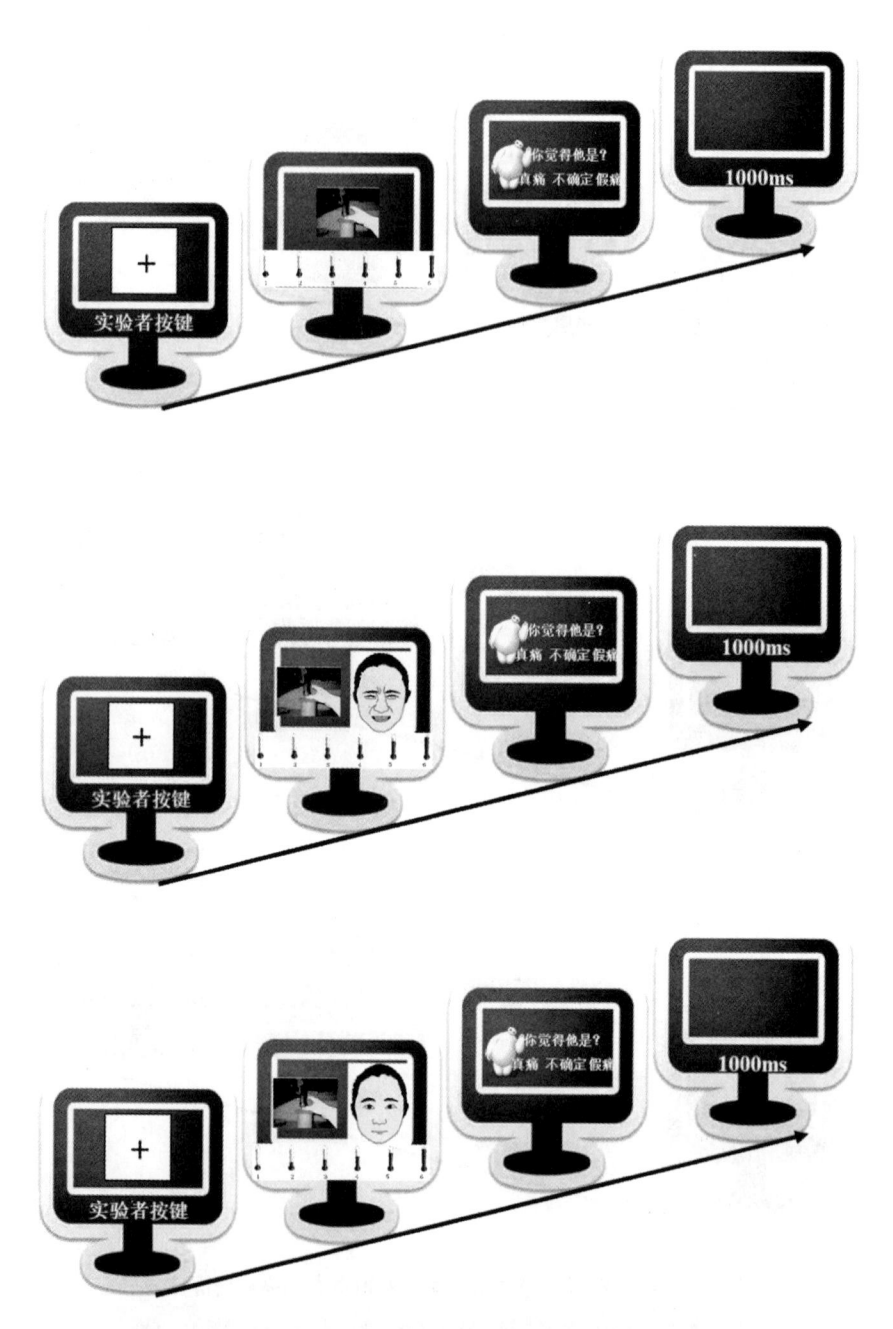

图 5-19　社会线索条件采用颜色模拟量表的疼痛评价任务

说明：上图，物理线索；中图，一致社会线索；下图，不一致社会线索。

(四) 数据分析

基本同第三节。首先单独分析物理线索和社会线索的结果以重复第二、三节的实验结果,之后进行重复测量方差分析比较不同线索类型间的差异。

二 实验结果及分析

(一) 物理线索对疼痛共情的影响

1. 疼痛评价

疼痛评价的单因素重复测量方差分析的结果显示(描述性统计见表5-9),线索条件的主效应显著[$F(2, 42) = 35.254$, $p < 0.001$, $\eta_p^2 = 0.627$]。事后成对比较发现,所呈现的物理线索与社会线索一致时的疼痛评价高于单独呈现社会线索,不一致时则低于单独呈现社会线索(见图5-20)。

表5-9 物理线索条件下的疼痛评价和真假判断 ($N=22$,M/SD)

结果指标	选项	社会线索	一致物理线索	不一致物理线索
疼痛评价	—	7.063 (1.695)	8.222 (1.678)	3.972 (2.456)
真假判断	真	0.611 (0.281)	0.724 (0.293)	0.375 (0.362)
	不确定	0.153 (0.228)	0.170 (0.272)	0.188 (0.275)
	假	0.236 (0.208)	0.105 (0.170)	0.438 (0.375)

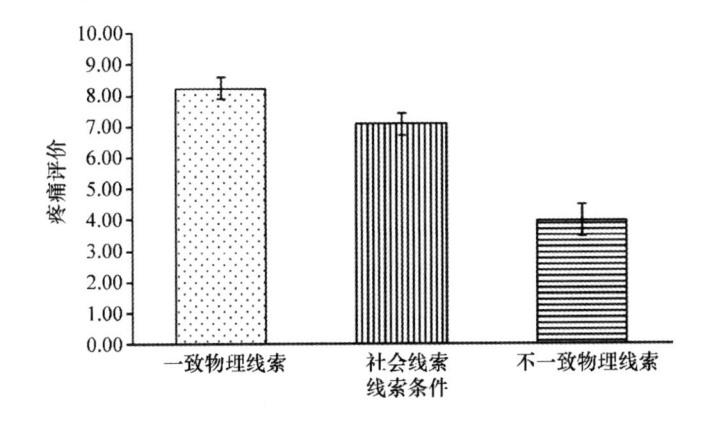

图5-20 物理线索条件下的疼痛评价

疼痛评价的贝叶斯单因素重复测量方差分析结果显示（见表 5-10），备择假设的贝叶斯因子 $BF_{10} > 100$。根据前人提出的贝叶斯因子分类标准（胡传鹏等，2018：951；Wagenmakers 等，2018：35），这是极强的证据支持了备择假设，即在不同线索条件下 5—6 岁儿童的疼痛评价存在显著性差异。为了评估不同线索条件间的差异，进一步采用了贝叶斯配对样本 t 检验（见表 5-11）。结果表明，研究者有很强的证据支持不同线索条件间疼痛评价存在显著性差异。并且贝叶斯统计的序列分析显示（Wagenmakers 等，2018：35），在社会线索和一致物理线索条件间的比较中，当 n ≥ 10 时贝叶斯因子值不断上升，最后达到峰值（见图 5-21）；在社会线索和不一致物理线索条件间的比较中，当 n ≥ 6 时，贝叶斯因子值不断上升，最后达到峰值（见图 5-22）。该结果表明，本实验所选取的被试量足够得到不同线索条件下疼痛评价存在显著性差异的充分证据。

表 5-10　物理线索条件下疼痛评价的贝叶斯单因素方差分析结果

模型	P (M)	P (M∣data)	BF_M	BF_{10}	error%
零假设	0.500	6.341e-9	6.341e-9	1.000	—
备择假设	0.500	1.000	1.577e+8	1.577e+8	1.065

表 5-11　物理线索条件下疼痛评价的贝叶斯配对样本 t 检验结果

配对样本 t 检验		BF_{10}	error%
社会线索	一致物理线索	17.877	4.074e-4
社会线索	不一致物理线索	3877.986	2.725e-9
不一致物理线索	一致物理线索	24771.797	4.723e-7

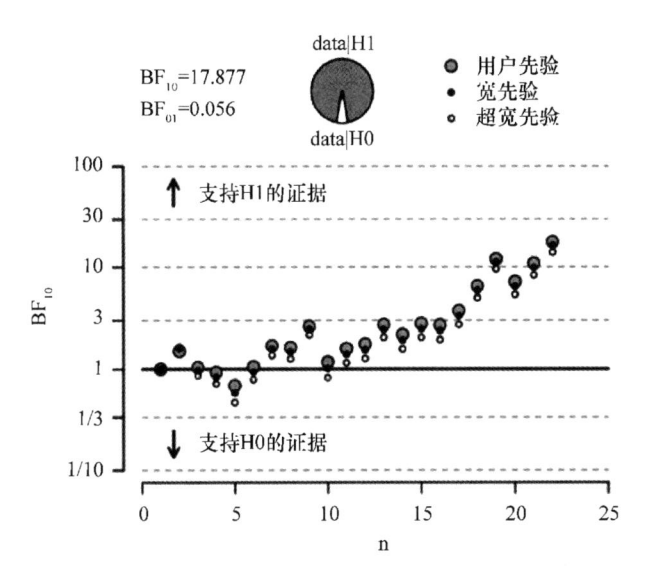

图 5-21 社会线索与一致物理线索条件贝叶斯因子随被试量增加的变化趋势

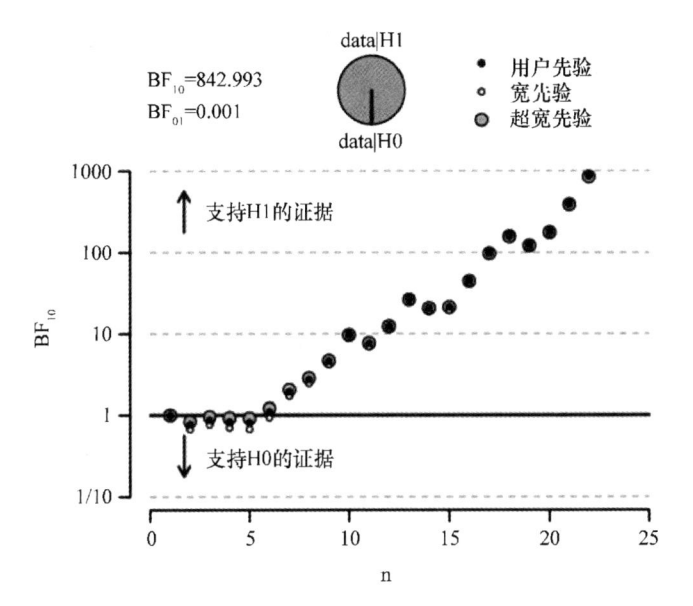

图 5-22 社会线索与不一致物理线索条件贝叶斯因子随被试量增加的变化趋势

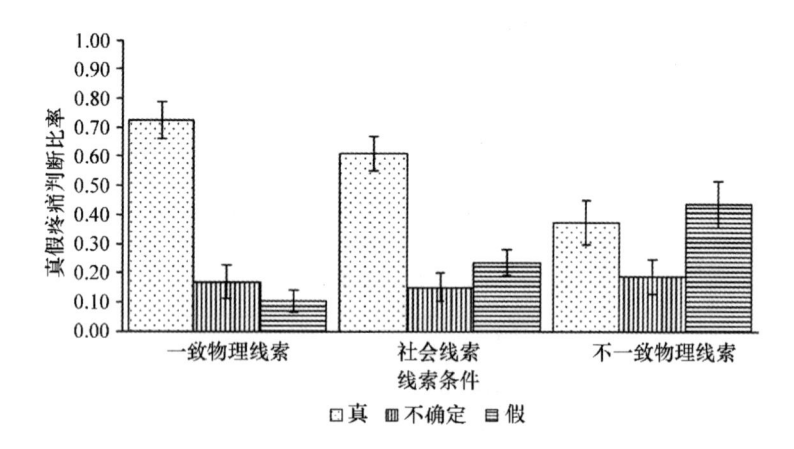

图 5 – 23　物理线索条件下的真假判断

2. 真假判断

真假判断的 3（线索条件：一致线索、不一致线索和社会线索）×3（真假判断：真、假和不确定）双因素重复测量方差分析结果显示，线索条件与真假判断的交互效应显著 [$F(4, 84) = 10.502$, $p < 0.001$, $\eta_p^2 = 0.333$，见图 5 – 23]。简单效应分析表明，在社会线索条件下判断为真的比例高于不确定和假；在一致物理线索条件下判断为真的比例高于不确定和假；在不一致物理线索条件下判断为假的比例高于不确定。真假判断的主效应显著 [$F(2, 42) = 12.687$, $p < 0.001$, $\eta_p^2 = 0.377$]。事后成对比较发现，被试判断为真的比例高于判断为不确定和假。

3. 疼痛信念

进一步地，为了考察 5—6 岁儿童对他人真假疼痛的信念与其对他人疼痛评价之间的关系，研究者抽取了实验中儿童在不同物理线索条件下分别做出真、假和不确定判断下的疼痛评价，并进行单因素重复测量方差分析（见图 5 – 24）。结果显示儿童信念的主效应显著 [$F(2, 42) = 30.879$, $p < 0.001$, $\eta_p^2 = 0.595$]，事后成对比较发现，儿童判断他人疼痛为真的情况下的疼痛评价显著高于判断他

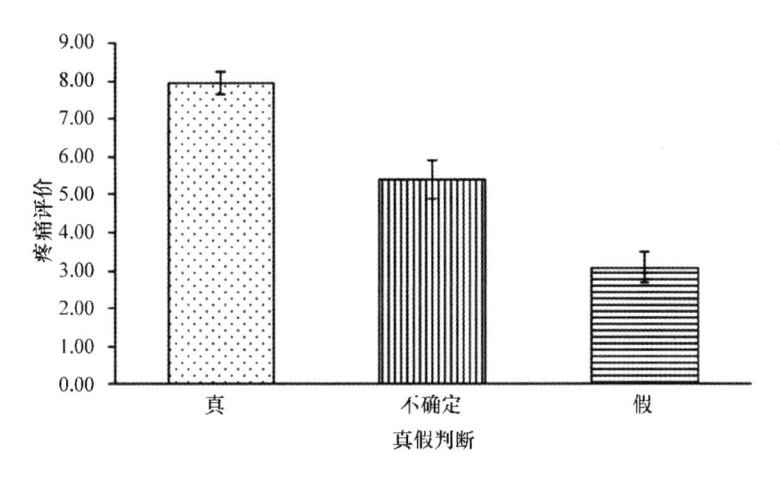

人为不确定和假疼，判断为不确定显著高于判断为假。

图 5-24　物理线索条件真假判断下的疼痛评价

(二) 社会线索对疼痛共情的影响

1. 疼痛评价

疼痛评价的单因素重复测量方差分析结果显示（描述性统计见表 5-12），线索条件的主效应显著 $[F(2, 42) = 7.097, p < 0.01, \eta_p^2 = 0.253]$。事后成对比较发现，所呈现的社会线索与物理线索一致时的疼痛评价与单独呈现物理线索时没有显著性差异，所呈现的社会线索与物理线索不一致时则显著低于单独呈现物理线索（见图 5-25）。

表 5-12　社会线索条件下的疼痛评价和真假判断（$N=22$, M/SD）

结果指标	选项	物理线索	一致社会线索	不一致社会线索
疼痛评价		8.474（1.896）	8.000（1.774）	6.506（2.705）
真假判断	真	0.790（0.260）	0.776（0.285）	0.563（0.340）
	不确定	0.114（0.193）	0.131（0.257）	0.176（0.275）
	假	0.097（0.168）	0.094（0.179）	0.261（0.316）

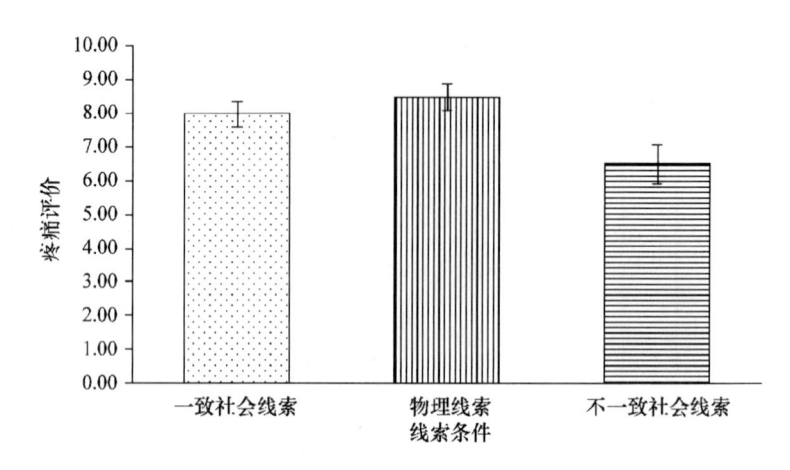

图 5-25 　社会线索条件下的疼痛评价

表 5-13 　社会线索条件下疼痛评价的贝叶斯单因素方差分析结果

模型	P (M)	P (M|data)	BF_M	BF_{10}	error%
零假设	0.500	0.042	0.043	1.000	
备择假设	0.500	0.958	23.030	23.030	1.695

社会线索条件下疼痛评价的贝叶斯单因素重复测量方差分析结果显示（见表 5-13），备择假设的贝叶斯因子 $BF_{10}>10$。根据前人提出的贝叶斯因子分类标准（胡传鹏等，2018：951；Wagenmakers 等，2018：35），这是较强的证据支持了备择假设，即在不同线索条件下 5—6 岁儿童的疼痛评价存在显著性差异。为了评估不同线索条件间的差异，研究者进一步采用了贝叶斯配对样本 t 检验（见表 5-14）。结果表明，研究者有很强的证据支持不同线索条件间疼痛评价

表 5-14 　社会线索条件下疼痛评价的贝叶斯配对样本 t 检验结果

配对样本 t 检验		BF_{10}	error%
物理线索	一致社会线索	0.354	0.029
物理线索	不一致社会线索	7.171	0.001
不一致社会线索	一致社会线索	6.598	0.001

存在显著性差异。并且贝叶斯统计的序列分析显示（Wagenmakers 等，2018：35），在物理线索和一致社会线索条件间的比较中，当 $n \geq 4$ 时贝叶斯因子值不断下降，最后达到峰值（见图 5-26）；在物理线索和不一致社会线索条件间的比较中，当 $n \geq 10$ 时，贝叶斯因子值不断上升，最后达到峰值（见图 5-27）。该结果显示，本实验

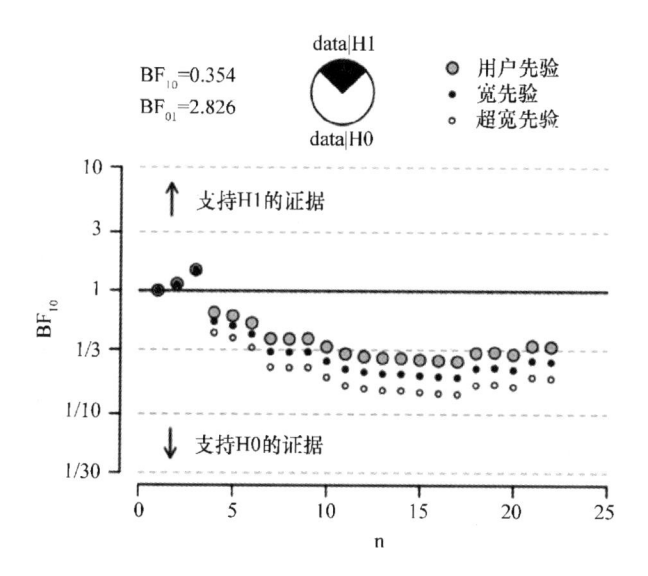

图 5-26 物理线索与一致社会线索条件贝叶斯因子随被试量增加的变化趋势

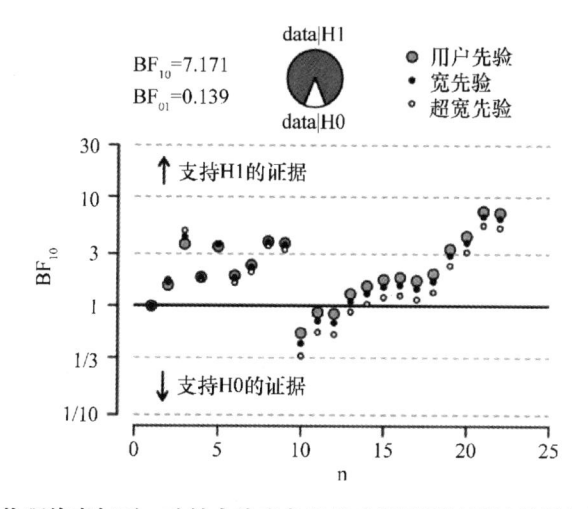

图 5-27 物理线索与不一致社会线索条件贝叶斯因子随被试量增加的变化趋势

所选取的被试量足够得到不同线索条件下疼痛评价存在显著性差异的充分证据。

2. 真假判断

真假判断的 3（线索条件：一致线索、不一致线索和物理线索）×3（真假判断：真、假和不确定）双因素重复测量方差分析结果显示，线索条件与真假判断的交互效应显著 $[F(4, 84) = 5.437, p = 0.001, \eta_p^2 = 0.206$，见图 5-28 上]。简单效应分析表明，在物理线索条件下判断为真的比例高于不确定和假；在一致社会线索条件下判断为真的比例高于不确定和假；在不一致社会线索条件下判断为真的比例高于不确定和假。真假判断的主效应显著 $[F(2, 42) = 36.006, p < 0.001, \eta_p^2 = 0.632]$。事后成对比较发现，被试判断为真的比例高于判断为不确定和假。

3. 疼痛信念

进一步地，为了考察 5—6 岁儿童对他人真假疼痛的信念与其对他人疼痛评价之间的关系，研究者抽取了实验中被试在不同社会线索条件下分别做出真疼、假疼和不确定判断下的疼痛评价，并进行单因素重复测量方差分析（见图 5-28 下）。结果显示儿童信念的主效应显著 $[F(2, 42) = 33.105, p < 0.001, \eta_p^2 = 0.612]$，事后成对比较发现，5—6 岁儿童判断他人疼痛为真的情况下的疼痛评价显著高于判断他人为不确定和假，判断为不确定显著高于判断为假。

（三）线索类型对疼痛共情的影响

疼痛评价 2（线索类型：物理线索，社会线索）×3（线索条件：一致线索，不一致线索，基线）的双因素重复测量方差分析的结果显示，线索类型和线索条件的交互效应显著 $[F(1, 21) = 7.924, p < 0.01, \eta_p^2 = 0.274$，见图 5-29]。简单效应分析的结果显示，物理线索条件下的基线疼痛评价低于社会线索，物理线索条件下的不一致线索的疼痛评价低于社会线索；物理线索条件下一致线索的疼痛评价高于基线，不一致线索低于基线；社会线索条件下

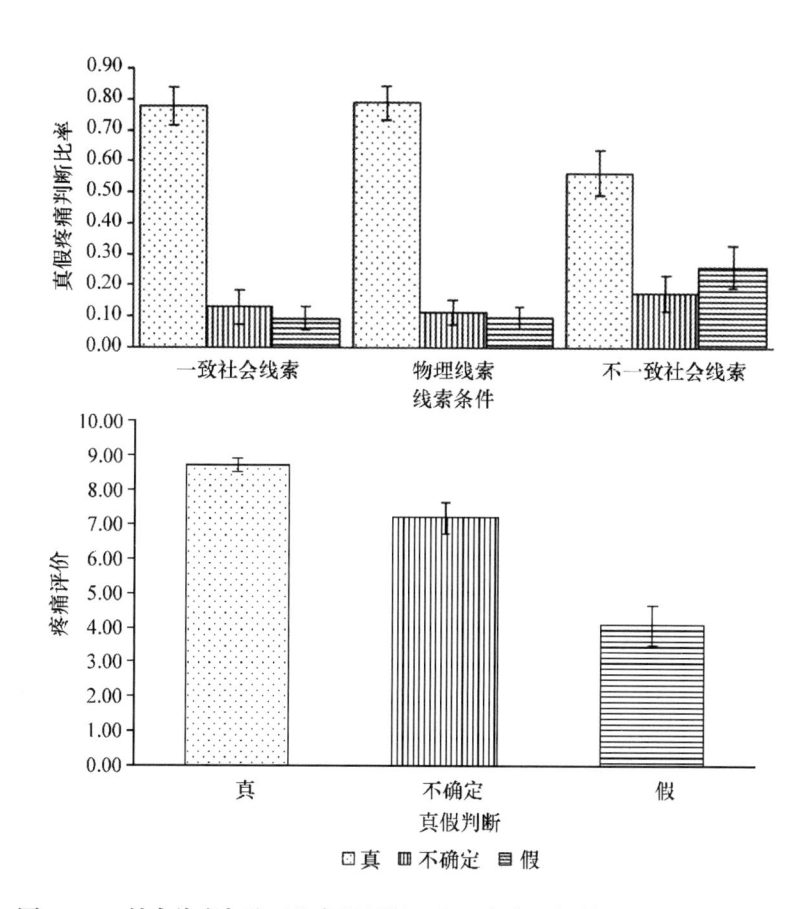

图 5-28 社会线索条件下的真假判断（上）和真假判断下的疼痛评价（下）

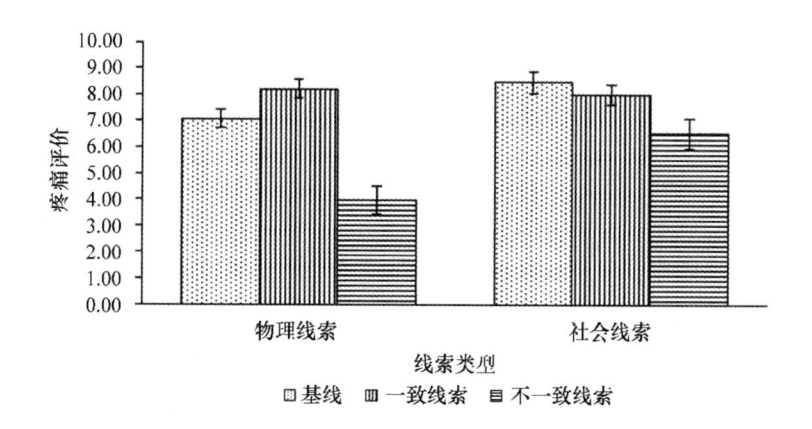

图 5-29 不同线索类型和线索条件下的疼痛评价

一致线索的疼痛评价与基线没有差异,均高于不一致线索。线索类型的主效应显著 [$F(2, 42) = 12.768$, $p < 0.01$, $\eta_p^2 = 0.378$]。事后成对比较发现,社会线索条件下的疼痛评价($M = 7.660$,$SE = 0.337$)要显著高于物理线索($M = 6.419$,$SE = 0.294$)。线索条件的主效应显著 [$F(2, 42) = 29.920$, $p < 0.001$, $\eta_p^2 = 0.588$]。事后成对比较发现,一致线索条件下($M = 8.111$,$SE = 0.333$)的疼痛评价与基线($M = 7.768$,$SE = 0.302$)没有显著差异,但是均显著高于不一致线索条件($M = 5.239$,$SE = 0.415$)。

疼痛评价的2(线索类型:物理线索,社会线索)×3(线索条件:一致线索,不一致线索,基线)的贝叶斯双因素重复测量方差分析结果显示(见表5-15),线索条件的贝叶斯因子 $BF_{10} > 100$。根据前人提出的贝叶斯因子分类标准(胡传鹏等,2018:951;Wagenmakers 等,2018:35),这是极强的证据支持了备择假设,即在不同线索条件下5—6岁儿童的疼痛评价存在显著性差异。线索类型的贝叶斯因子 $BF_{10} > 10$,这是较强的证据支持了备择假设,即不同线索类型下5—6岁儿童的疼痛评价存在显著性差异。

表5-15　　疼痛评价的贝叶斯双因素重复测量方差分析结果

模型	P(M)	P(M|data)	BF_M	BF_{10}	error%
零假设	0.200	9.812e-12	3.925e-11	1.000	—
线索类型	0.200	1.293e-10	5.174e-10	13.182	0.829
线索条件	0.200	5.912e-4	0.002	6.025e+7	0.649
线索类型+线索条件	0.200	0.058	0.245	5.871e+9	6.173
线索类型+线索条件+线索类型*线索条件	0.200	0.942	64.725	9.598e+10	2.012

真假判断的2(线索类型:物理线索,社会线索)×3(线索条件:一致线索,不一致线索,基线)×3(真假判断:不确定,真,假)的三因素重复测量方差分析结果显示,线索类型、线索条件和真假判断的三项交互作用不显著 [$F(2, 84) = 1.650$, $p = 0.169$,

$\eta_p^2=0.073$,见图 5-30]。线索类型和真假判断的交互作用显著 [$F(2,42)=10.538$,$p<0.001$,$\eta_p^2=0.334$],简单效应分析的结果显示,物理线索条件下判断为真的比例低于社会线索,物理线索条件判断为假的比例高于社会线索。线索条件和真假判断的交互作用显著 [$F(4,84)=12.321$,$p<0.001$,$\eta_p^2=0.370$],简单效应分析的结果显示,不一致线索判断为假的比例最高,其次为基线,一致线索判断为假的比例最低。真假判断的主效应显著 [$F(2,42)=25.128$,$p<0.001$,$\eta_p^2=0.545$],事后成对比较发现,被试判断为真($M=0.640$,$SE=0.049$)的比例高于不确定($M=0.155$,$SE=0.044$)和假($M=0.205$,$SE=0.036$)。

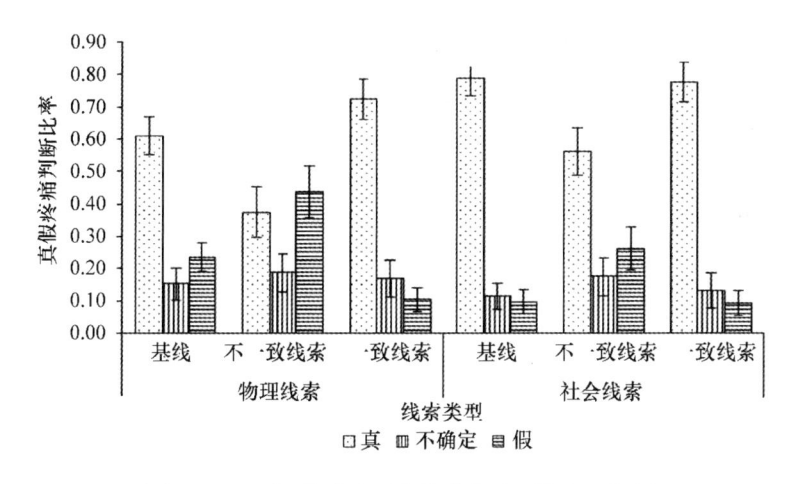

图 5-30 不同线索类型和线索条件下的真假判断

(四) 性别差异的元分析

尽管本章中所有的实验中的性别分布均不存在显著性差异,但是为了验证已有研究中发现的学前期儿童的共情不存在性别差异的结果(陈武英等,2014;颜志强、苏彦捷,2018:129),研究者对第一、二、三节的数据结果进行了元分析,本章的数据编码结果见表 5-16。

表 5-16 情境线索对 5—6 岁儿童疼痛共情影响的性别差异（M, SD）

实验	情境线索	性别	样本量	疼痛评价					
				基线		一致线索		不一致线索	
1	物理线索	男	10	7.775	1.367	8.900	0.747	3.775	3.185
		女	13	7.635	1.767	8.827	0.954	4.173	3.104
2	社会线索	男	13	8.442	0.891	8.673	1.072	3.019	2.672
		女	10	8.975	0.870	8.250	0.928	3.550	3.018
3	物理线索	男	12	6.844	2.134	8.031	1.984	3.906	2.356
		女	10	7.325	1.000	8.450	1.285	4.050	2.697
	社会线索	男	12	8.557	1.512	7.667	2.073	6.219	2.412
		女	10	8.375	2.361	8.400	1.329	6.850	3.118

对第一、二、三节的数据进行异质性分析发现，各个实验数据之间同质（$Q_b = 4.060$, $p = 0.968$, $df = 11$），其中，I-squared 值为 0.00 说明由效应值的真实差异造成的变异量占总变异的 0%（Borenstein 等，2009：74）。Tau-squared 值为 0.00，说明研究间的变异有 0% 可用于计算权重。因此采用固定效应模型（Fixed Effect Model）进行元分析，森林图见图 5-31。

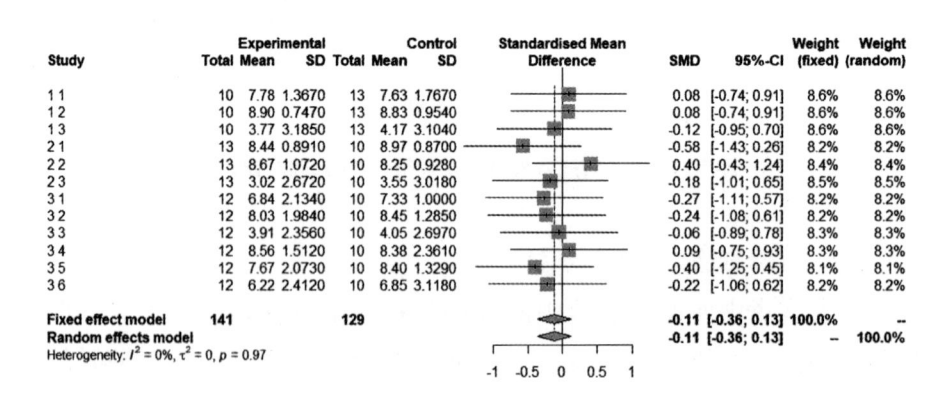

Study	Experimental Total Mean SD	Control Total Mean SD	Standardised Mean Difference	SMD	95%-CI	Weight (fixed)	Weight (random)
11	10 7.78 1.3670	13 7.63 1.7670		0.08	[-0.74; 0.91]	8.6%	8.6%
12	10 8.90 0.7470	13 8.83 0.9540		0.08	[-0.74; 0.91]	8.6%	8.6%
13	10 3.77 3.1850	13 4.17 3.1040		-0.12	[-0.95; 0.70]	8.6%	8.6%
21	13 8.44 0.8910	10 8.97 0.8700		-0.58	[-1.43; 0.26]	8.2%	8.2%
22	13 8.67 1.0720	10 8.25 0.9280		0.40	[-0.43; 1.24]	8.4%	8.4%
23	13 3.02 2.6720	10 3.55 3.0180		-0.18	[-1.01; 0.65]	8.5%	8.5%
31	12 6.84 2.1340	10 7.33 1.0000		-0.27	[-1.11; 0.57]	8.2%	8.2%
32	12 8.03 1.9840	10 8.45 1.2850		-0.24	[-1.08; 0.61]	8.2%	8.2%
33	12 3.91 2.3560	10 4.05 2.6970		-0.06	[-0.89; 0.78]	8.3%	8.3%
34	12 8.56 1.5120	10 8.38 2.3610		0.09	[-0.75; 0.93]	8.3%	8.3%
35	12 7.67 2.0730	10 8.40 1.3290		-0.40	[-1.25; 0.45]	8.1%	8.1%
36	12 6.22 2.4120	10 6.85 3.1180		-0.22	[-1.06; 0.62]	8.2%	8.2%
Fixed effect model	141	129		-0.11	[-0.36; 0.13]	100.0%	--
Random effects model				-0.11	[-0.36; 0.13]	--	100.0%
Heterogeneity: $I^2 = 0\%$, $\tau^2 = 0$, $p = 0.97$							

图 5-31 疼痛共情性别差异的森林图

元分析共包含 12 个样本，合计 270 名被试，采用固定效应模型的结果显示，男性和女性差值的效应量为 -0.114 [95% CI = (-0.356, 0.127), $Z = -0.93$, $p = 0.353$]。置信区间包括0，因此效应量为0的零假设被接受，说明疼痛共情在学前期不存在显著的性别差异。

（五）个体层面数据分析

为了进一步考察不同个体在物理线索和社会线索条件下的疼痛共情，研究者进行了个体层面的数据分析，通过计算每个被试在不同线索类型和不同线索条件下的疼痛差值以进行比较。其中，一致线索条件与基线的差值为负以及不一致线索条件与基线的差值为正都被认为是与理论预期不一致的结果（见表5-17）。

表5-17　　个体疼痛共情反应与理论预期结果的一致性

实验	情境线索	与预期一致的个体数		与预期不一致的个体数	
		n	%	n	%
1 ($n=23$)	物理线索	19	82.61	4	17.39
2 ($n=23$)	社会线索	10	43.48	13	56.52
3 ($n=22$)	物理线索	16	72.73	6	27.27
4 ($n=22$)	社会线索	7	31.82	15	68.18

个体层面的数据结果显示，并非所有个体的疼痛共情反应均与群体结果和理论预期相一致。这提示研究者，情境线索对5—6岁儿童疼痛共情的影响可能存在个体差异。

三　研究总结与讨论

本节实验的结果与第二、第三节实验的结果基本一致，所呈现的物理线索与社会线索一致时，5—6岁儿童的疼痛共情显著增强，判断他人疼痛为真的比例显著提高，所呈现的物理线索与社会线索不一致时则显著降低。而所呈现的社会线索与物理线索一致时，5—6岁儿童的疼痛共情与单独呈现物理线索时没有差异，所呈现的社会线索与物理线索不一致时显著降低了5—6岁儿童的疼痛共情和判断他人疼痛为真的比例。线索类型比较的结果显示,物理线索对5—6岁儿童疼痛共情的影响大于社会线索,评价形式并不会改变情境线索对5—6岁儿童疼痛共情的影响。

本节的实验中发现评价形式不会影响物理线索和社会线索条件下5—6岁儿童的疼痛共情,这提示研究者,评价形式对物理线索和社会线索条件下学前期儿童疼痛共情的实验效应没有影响。在第二节和第三节中所使用的面孔量表是 Wong – Baker 面孔疼痛评价量表（Bieri 等,1990:139；Hicks 等,2001:173）,该量表在临床上应用十分广泛。Garra 等（2013:17）还特意考察了该面孔量表在对他人负性情绪的评价上的区分度,结果表明,在使用该量表进行疼痛评价时,被试不会将其他的负性刺激和疼痛刺激相混淆。为了探讨评价形式对物理线索和社会线索条件下学前期儿童疼痛共情的影响,在本节中使用了改编版的颜色模拟量表,该类量表使用起来更为简单直接。有研究发现,8岁以下的儿童在使用面孔量表和颜色模拟量表进行疼痛评价时没有差异,而且与面孔量表相比,他们可能更加偏好颜色鲜艳的颜色模拟量表（Castarlenas 等,2013:297）。一项综合了127项研究的系统性综述的结果则进一步表明面孔量表、颜色模拟量表等评价工具的效果并没有差异（Tomlinson 等,2010:e1168）。虽然这些工具都具有一定的适用性,但是一项集中于儿童和青少年疼痛自评的系统性综述的结果表明,任何测量工具都有其所适用的年龄段（Stinson 等,2006:143）。只不过,在目前的研究中让儿童进行自我报告时使用最为频繁的还是面孔量表。由于疼痛主要是一种内部的体验,相比复杂抽象的视觉模拟量表和数字化评定量表,简单、具体的图形化面孔量表无疑更加适合。而且,与颜色模拟量表相比,面孔量表这一评价形式对于学前期儿童来说更加符合生活经验。毕竟,在现实生活中,儿童能够经常看到他人的疼痛面孔表情。换句话说,与颜色模拟量表相比,面孔量表对学前期儿童的疼痛共情可以起到更有效的参照作用（Bieri 等,1990:139；Hicks 等,2001:173）。正如前人研究所指出的（Tomlinson 等,

2010：e1168），与颜色模拟量表相比，面孔量表更加形象生动，并且其评价的疼痛程度更加确定（Garra 等，2013：17），而非模糊的数量级反应。

第五节 本章小结

本章通过3个实验探索了情境线索对儿童疼痛共情的影响。前两个实验分别考察了物理线索（肢体疼痛图片）和社会线索（疼痛面孔图片）对5—6岁儿童疼痛共情的影响。进行进一步的实验间比较发现，物理线索对学前期儿童疼痛共情的影响强于社会线索。第四节通过被试内设计考察了面孔量表和颜色模拟量表这两种评价形式对5—6岁儿童在物理线索和社会线索条件下疼痛共情的影响。第四节的实验基本重复了第二节和第三节的结果，并且发现情境线索对学前期儿童的疼痛共情的影响存在跨评价形式的稳定性。

第二节和第三节分别以物理线索和社会线索作为实验材料，考察了多情境线索条件下，5—6岁儿童在不同线索条件下的疼痛共情反应。其中，第二节参照的是Jackson 等（2005：771）实验所修改的肢体图片材料，而第三节则使用的是Yan 等（2017：1）参照Simon 等（2008：55）所制作的面孔图片材料。以往研究发现，学前期儿童能够利用物理线索（Grégoire 等，2016）或社会线索（Deyo 等，2004：16）评估他人的疼痛程度。对于5—6岁儿童来说，对他人的疼痛评价正反映了他们的疼痛共情水平。线索类型间的比较反映出物理线索对学前期儿童进行疼痛共情的重要性。物理线索作为环境中客观存在的信息，其与他人疼痛状态之间的因果关系更加明确。前人的研究表明，虽然疼痛面孔也是包含情绪和感觉的多维度刺激材料（Kunz 等，2012：350），但是与疼痛面孔图片相比，肢体疼痛图片更能够诱发观察者的躯体反应（Bufalari 等，2007：2553）。具体而言，疼痛面孔图片仅仅包含了与情绪相关的信息，即他人处于疼痛状态之下，而肢体疼痛图片不仅包含了与情绪相关的信息，而且包含了与躯体感觉相关的信息。来自成人神经成像的研究表明，肢体疼痛图片所诱发的疼痛共情要强于疼痛面孔表情图片所诱发的疼痛共情（Vachon‑Presseau 等，2012：54）。与肢体疼痛图片相比，他人的疼痛面孔表情对于观察者来说不仅是一种主观性略强的线索，也是一种较为间接的疼痛交流线索（Hadjistavropoulos 等，2011：910）。因此，肢体疼痛图片这类物理线索相较于意义复杂并且间接的疼痛面孔图片这类社会线索更具有可信度。

基于前人研究的结果，本章第二节和第三节采用面孔量表对学前期儿童进行疼痛评价，但是没有考虑到面孔量表中的面孔本身就是实验所涉及的社会线索这一问题。因此，在第四节中，研究者一方面将面孔量表更换为同样适用于学前期儿童的颜色模拟量表（Mcgrath 等，1996：435），另一方面采用了被试内设计进行了更严格的控制和比较。结果表明，评价形式并不会影响情境线索对学前期儿童疼痛共情的影响。一些研究确实也发现，8 岁以下的儿童在使用面孔量表和颜色模拟量表进行疼痛评价时没有差异（Castarlenas 等，2013：297）。一项综合了 127 项研究的系统性综述的结果也表明面孔量表、颜色模拟量表等评价工具的测试效果并没有差异（Tomlinson 等，2010：e1168）。

总的来说，在本章中我们考察了情境线索对 5—6 岁儿童疼痛共情的影响，结果发现情境线索的一致性会影响 5—6 岁儿童的疼痛共情，物理线索的影响强于社会线索的影响，实验结果具有一定的稳健性，不会受到疼痛评价形式的影响。根据 Steinkopf（2016：1）所提出的疼痛交流的演化观点，疼痛者作为疼痛信息传递的主导，具有绝对的信息优势。因此，处于信息交流弱势的观察者应该更加偏重于那些比较稳健的、欺骗性较低的信息。本章的实验结果部分验证了这个观点。确实也有研究发现，对于学前期儿童而言，当社会线索与物理线索相冲突或不一致时，他们可能会更加偏向于相信物理线索（Han，2011：187）。此外，个体在面对他人的疼痛情境时，一方面需要情境线索提供他人疼痛的状态以进行疼痛共情，另一方面也需要情境线索去降低由疼痛共情所带来的威胁和负性情绪，当知觉到的情境线索威胁较低或安全时，观察者才更有可能做出趋近或亲社会行为（Peeters，Vlaeyen，2011：1255）。第四节个体层面数据分析的结果也对此进行了验证，并不是所有5—6岁儿童的结果均与群体结果一致，情境线索对其疼痛共情的影响存在个体差异。

值得注意的是，本章仅仅关注了环境中的情境线索对5—6岁儿童疼痛共情的影响，并没有将其自身的认知能力等个体因素考虑进来。根据Decety和Meyer（2008：1053）所提出的共情的双加工理论模型和Goubert等（2005：285）所提出的疼痛共情双加工理论模型，研究者们认为情境线索借由其凸显的视觉特征诱发观察者自下而上的视觉和共情反应，而个体的一般认知能力（如：执行功能）则借由自上而下的加工影响并调整个体的视觉和共情反应。虽然元分析的结果表明学前期儿童处于以情绪共情为主的共情发展阶段，但是学前期也正是儿童一般认知能力（如：执行功能）飞速发展的时期（王静梅等，2019：1；张文静、徐芬，2005：73；Best，Miller，2010：1641），结合第四节中个体分析所发现的个体差异，有必要进一步考察学前期儿童执行功能与其疼痛共情的关系，以及执行功能在不同类型线索对疼痛共情影响中所发挥的作用，这将能够帮助研究者更好地理解和解释环境因素、个体因素对该年龄阶段个体疼痛共情的影响；同时，采用眼动追踪技术能够帮助研究者在已有疼痛共情理论研究的基础上，补充和完善其动态的视觉加工过程，进一步丰富和更新这一模型。

第 六 章

执行功能对儿童共情的影响

　　与情境线索这类情境性因素相对应的，则是个体的一般认知能力对其共情反应的影响，如执行功能。无论是对情境线索的注意加工、注意分配抑或对自动化情绪反应的调节都与个体的执行功能密切相关。来自多方面的研究表明，个体的执行功能有助于其调节自身的共情反应。Jackson 等（2006：752）采用手部、脚部疼痛和非疼痛的图片作为实验材料，让被试想象自己、他人或机器人在此情景下的疼痛程度，结果发现在被试想象自己、他人的条件下的内侧前额叶的激活水平没有差异，但是都显著高于想象机器人条件下的激活水平。眼中读心任务被认为是用于测量个体的共情能力（Chapman 等，2006：135），而病理学的研究表明，额下回的损伤会影响个体在眼中读心任务中的表现（Perry 等，2017：1086）。一项眼动研究的结果表明，个体的共情水平会影响其视觉注意模式，并且这种共情加工优势可能仅在低认知负荷的条件下才会出现（孙俊才、刘萍，2017：7）。

　　学前期是个体执行功能发展最为关键的时期（Ferrer 等，2010：93），一直受到研究者们的关注。虽然学前期儿童的发展特点决定了研究的难度，但是已有研究者对 2 岁以上的儿童进行了电生理学研究方面的尝试，并发现儿童的脑节律与其认知能力的发展密切相关（Perone 等，2018：1）。学前期儿童处于以情绪共情为主以及执行功能快速发展的阶段，学前期是其开始整合日益成熟的认知能力和情绪能力的关键时期。执行功能作为学前期儿童的认知基础，可能促进其社会认知的获得（Müller 等，2012：331）。而随着个体的发展与成熟，执行功能可能主要影响了其共情的正确表达（Hansen，2011：364）。准确的共情不仅有助于个体自身的情绪健康，从宏观上来看，也有助于社会整体的情绪健康。Decety 和 Fotopoulou（2015：1）提到，准确的共情将有助于缓和人际关系。因此，研究者假设学前期儿童的执行功能与其疼痛共情之间有着密切的联系。

第一节 执行功能的概念及其发展

一 执行功能的概念

执行功能是对有意识和有效控制思维与行为的一系列高级认知能力的统称（Diamond，2013：135；周晓林，2004：641）。早期研究者更多的是将执行功能看作一个单独的成分，认为执行功能是一个单一的、不可分离的功能模块。随着研究的深入，后来又将执行功能细分为初级水平和高级水平这两个水平，以及抑制控制（Inhibitory Control）、灵活转换（Cognitive Flexibility）、工作记忆（Working Memory）、推理（Reasoning）、问题解决（Problem-Solving）和计划（Planning）这六个子成分（Diamond，2013：135）。一般意义上提及的执行功能主要是指初级水平，包括抑制控制、灵活转换和工作记忆这三个子成分（Zelazo，2015：55）。

二 儿童执行功能的发展

个体的执行功能水平与其年龄及发展阶段是密切相关的，可以说执行功能的发展是伴随个体一生的。执行功能的发展主要依赖背外侧前额叶皮层（dorsolateral prefrontal cortex，dlPFC）、腹外侧前额叶皮层（ventrolateral prefrontal cortex，vlPFC）、眶额叶皮层（orbital prefrontal cortex，OFC)、额下回和前扣带回皮层脑区的发展。

　　随着前额叶皮层的发育成熟，在学前期阶段，儿童的执行功能得到了快速的发展（Riggs 等，2013：537；张文静、徐芬，2005：73）。细分来看，执行功能不同子成分的发展其实略有不同（Best, Miller, 2010：1641）。现有研究表明，抑制控制能力发展的最早（Riggs 等，2013：537），3—6 岁是个体抑制控制能力发展最为关键的时期（Gerstadt 等，1994：129），这可能与前额叶在这一时期的快速发育和成熟有关（彭苏浩等，2014：1236）。工作记忆能力的发展从学前期（Simmering，2012：695）至青春期阶段都一直处于比较平稳的上升状态（Gathercole 等，2004：177），这种状态会持续到成年早期阶段（Luciana 等，2005：697），之后工作记忆能力可能随着年龄的增长而逐渐衰退。在 3 岁左右开始，个体的灵活转换就有了较为凸显的发展，并且与抑制控制和工作记忆的发展密切相关（王静梅等，2019：1）。与抑制控制、工作记忆和灵活转换这些初级执行功能相比，个体的高级执行功能不仅从儿童期开始就有了较大的发展，而且在成年期阶段仍会持续发展（Luna 等，2015：151）。发展所带来的变化往往是全方位的，执行功能的各个子成分和社会认知之间的关系也会随着年龄的增长而不断地发展和变化（苏彦捷、于晶，2015：51），在学前期可能抑制控制更重要，青春期和成年期则是工作记忆和灵活转换（王异芳、苏彦捷，2005：130）。

第二节　执行功能在共情反应过程中的作用

　　作为一种重要的认知能力，执行功能可能作为认知基础对其社会认知（如：共情）发展具有重要的影响。接下来，本节将通过回顾来自行为、神经影像和发展等方面的证据来探讨执行功能对个体共情反应的影响。

一 参与共情反应

从共情的概念和理论模型而言，情绪性刺激诱发情绪感染，而认知能力调节情绪反应（Decety，Meyer，2008：1053），从而使得个体能够做出合适的共情反应。简言之，合适的共情反应应该从以情绪感染为导向的方式转向情绪感染与认知调节相互作用的方式。大量的临床研究也发现，虽然对负性情绪的共情会使得共情者产生替代性的情绪体验（Andreychik，2019：147），但是个体能够通过自身的认知能力来控制和调节这些由共情所产生的负性情绪体验，以降低由共情所带来的负面影响（Bilevicius 等，2018：1）。

神经影像学研究的结果表明，被试在完成执行功能与共情的相关任务时其脑区的激活存在重叠。Decety（2011：35）在回顾共情的脑成像研究时发现，脑岛、前扣带回、眶额叶皮层和腹内侧前额叶皮层是与共情密切相关的脑区，而眶额叶皮层和腹内侧前额叶皮层也与执行功能密切相关。一些相关研究发现，认知负荷会影响到个体的共情反应和是否做出帮助行为。程家萍等（2017：622）通过将疼痛图片和非疼痛图片嵌入工作记忆任务之中得以考察认知负荷对成人疼痛共情的影响，结果发现认知负荷可以调节个体的疼痛共情。Meiring 等（2014：426）在让被试观看他人疼痛的视觉刺激之前，先让被试完成了高认知负荷或低认知负荷的实验任务，结果发现，高认知负荷条件下的被试的共情更弱，之后的帮助行为更少。Tobon 等（2015：153）的研究则进一步阐明了二者之间的关系，即个体的执行功能与疼痛共情之间存在着负相关。此外有研究表明，在高强度的情绪情境下共情会抑制甚至损害与认知相关的脑活动（Kanske 等，2016：1383）。这与共情的双加工模型是相一致的，观察者对他人疼痛的共情是由情境中的线索所诱发的，并且受到观察者自身的执行功能的调节，最后表现出来的是一种认知和情绪相交互的、综合性的反应。

二 调控注意过程

执行功能与个体的注意系统密切相关。发展方面的研究表明，2—4岁儿童的执行功能水平能够预测其在任务中的注意表现（Cuevas，Bell，2014：397）。来自临床群体的研究表明，新版《精神障碍诊断与统计手册（第五版）》测评出的注意缺陷多动障碍（Attention Deficit and Hyperactivity Disorder，ADHD）症状水平可以预测个体的执行功能缺损（Silverstein等，2018：1）。当个体处于特定情境之中时，需要面对和处理大量的信息，这就涉及对情境线索的整合（Wyer Jr.，Radvansky，1999：89），只有当个体能够提取并理解情境中所包含的信息时才能做出合适的反应。如果个体的执行功能水平较低，那么受限于执行功能的水平，个体很难灵活、恰当地协调认知资源来分析环境中的信息（Robbins等，1998：474）。Zelazo（2015：55）认为执行功能对个体行为的调控可能是基于控制注意和使用记忆来完成的。换句话说，当个体处于情境之中时，个体可能会首先关注到他人的情绪状态信息（例如：情绪面孔），而随着对情境信息加工时间的变长，个体可能会开始整合额外的情境信息，例如情境中的物理线索。这使得个体能够有机会再次进行注意分配和注意转换以引导之后的行为反应。

在社会生活中，视觉信息是个体所能获得的各种信息来源中最为直接和可靠的。在疼痛共情研究中，通常使用肢体疼痛图片和疼痛面孔图片这类视觉刺激材料来诱发观察者的共情。相关的研究证据表明，注意与疼痛共情的加工密切相关。一方面，注意的转移可以降低被试的疼痛共情反应，例如，Gu和Han（2007：256）的研究表明，当替换评价他人疼痛程度的指导语为计算图片中呈现的手或脚的数量时，个体前扣带回的激活水平变弱。另一方面，注意的专注程度与被试的共情水平密切相关，例如，Choi和Watanuki（2014：1）的研究发现特质共情水平较高的被试在实验任务中会付出更多的注意资源。此外，也有研究指出，个体的执行功能与注意力密切相关，较强的执行功能将使得个体可以在相同的时间内处理更多的、更复杂的信息（马超等，2013：56）。

第三节 执行功能在物理线索对儿童共情影响中的作用

已有的研究指出，情绪共情是个体以匹配或同感的方式直接受他人情绪的影响而对他人情绪产生的知觉，主要是通过自动化模仿的方式（Autonomic Mimicry, Prochazkova, Kret, 2017：99），而自动化模仿是指无意识地或者自动化地模仿他人的动作、言语、面孔表情以及眼睛的注视等，这是情绪传染的主要成因。Sonnby - Borgström（2002：433）的研究发现，与低情绪共情的被试相比，高情绪共情的被试对面孔表情会有更强的模仿反应。在进一步细分面孔刺激的暴露时间（17、56和2350毫秒）后发现，无论是视觉注意的早期还是晚期，低情绪共情的被试都不会产生自动化的模仿（Sonnby - Borgström等，2003：3）。此外，有研究表明，情绪共情会扩大个体知觉到的情绪效应。Dimberg等（2011：26）利用生物反馈仪记录了被试在观看他人情绪面孔时皱眉肌和颧大肌的电位反应，结果发现与低情绪共情的被试相比，高情绪共情的被试知觉到的愤怒面孔的愤怒更强，知觉到的高兴面孔的高兴更强。这提示研究者，虽然情绪共情有助于个体知觉他人的情绪信息并产生情绪感染，但是也可能会给个体带来相应的负性情绪体验。Klimecki等（2016：1）的研究就发现，个体的情绪共情可以预测个体对他人做出的攻击性言语行为。但是，学前期正是个体认知能力飞速发展的关键时期，伴随着前额叶的成熟，学前期儿童的认知能力可能在其共情反应中逐渐扮演着越来越重要的角色。

在Goubert等（2005：285）的疼痛共情双加工理论模型中就提到，个体的认知能力可能通过自上而下的加工通路影响其疼痛共情反应。通过回顾大量的磁共振成像研究发现,许多研究者均指出前额叶在共情加工中起到了重要的作用(潘彦谷等,2012;2011;Lamm 等,2011:2492)。Decety 和 Meyer(2008:1053)进一步整合了磁共振成像研究的结果,从而提出了疼痛共情的双加工模型,该模型指出个体的执行功能以自上而下的方式对个体的疼痛共情反应进行调控。作为个体的基本认知能力,执行功能对个体信息的知觉、理解以及情绪调节可能都具有一定的影响(Zelazo,2015:55)。在处于他人疼痛的情境中时,个体的执行功能一方面可以协助其灵活恰当地协调认知资源来分析环境中的信息并调控注意(Mulder 等,2009:393),例如,个体的工作记忆有助于个体保留环境中与他人情绪状态有关的线索,抑制控制有助于个体抑制对威胁性疼痛刺激的回避,灵活转换则有助于个体在不同情境线索之间来回切换。另一方面,个体的执行功能可能直接调节个体的情绪反应,已有的研究表明执行功能与情绪调节密切相关,Lantrip 等(2016:50)发现执行功能越好的青少年越能够使用较优的情绪调节策略来调节他们的情绪反应。因此,在进行社会互动时,适当的执行功能水平有助于个体表现出适宜的行为(季忆婷等,2018:621)。虽然已有成人的研究表明个体的执行功能与其疼痛共情之间存在密切的联系,但是对这种联系的发生发展却所知甚少。

鉴于学前期儿童处于以情绪共情为主的共情发展阶段,而该阶段又是其各项认知能力飞速发展的时期,所以,在本节中试图考察执行功能及其不同子成分在情境线索对5—6岁儿童疼痛共情影响中所起到的作用。正如刘烨等(2009:2783)所提到的,情绪与认知之间并不是相互分离的,而是相互依赖的,这种相互依赖所产生的交互作用可能在学前期儿童身上有着更为明显的体现。总的来说,个体执行功能的发展不仅对他们的一般认知有所影响,同时对他们的社会交往和社会适应也有作用。

疼痛功能特性所带来的演化优势可能诱发疼痛伪装,而学前期儿童不断发展的认知能力则使其能够开始整合外界信息并进行整体的判断（Sobel，Letourneau，2018：1817）。考虑到执行功能对个体注意和情绪加工的双重影响，本节将结合眼动技术来考察执行功能在情境线索对学前期儿童疼痛共情影响中的作用。此外，考虑到现实生活中情境线索的呈现形式，为了提高实验的生态效度，本节的实验在材料方面进一步整合了物理线索和社会线索。其中，第三节探讨了5—6岁儿童的执行功能在物理线索一致性（一致物理线索、不一致物理线索、社会线索）对学前期儿童疼痛共情影响中的作用，以及执行功能不同子成分（工作记忆、抑制控制和灵活转换）在物理线索一致性（一致物理线索、不一致物理线索）对学前期儿童疼痛共情影响中的作用；第四节探讨了5—6岁儿童执行功能不同子成分（工作记忆、抑制控制和灵活转换）在社会线索一致性（一致社会线索、不一致社会线索）对学前期儿童疼痛共情影响中的作用。

一 实验设计与实施

（一）研究对象

使用 G*Power 3 软件（Faul 等，2009：1149）计算，那么为了达到该统计结果所需要的样本量为54。参与本实验的被试是59名随机选取自北京市某幼儿园的儿童，剔除眼动记录时间低于总实验时间50%的被试（王福兴等，2016：558），最终有效数据是46人，其中男孩19名、女孩27名。目前的样本量接近目标样本群体，应该足以发现群体之间的差异。被试的平均月龄为65.056，月龄的标准差为7.956。被试在完成实验后会获得价值一定金额的玩具。根据任教老师报告，所有儿童均为典型发展儿童。

（二）任务与材料

本节所采用的实验任务基于疼痛评价任务进行了调整，实验流程图见图6-1。该任务通过 Python 软件进行编程，通过在计算机屏幕上呈现实验图片进行实验。疼痛图片材料初筛自互联网，之后采用 Photoshop 软件进行了编辑。为了评估实验材料的有效性，招募了

(a) 不一致物理线索

(b) 一致物理线索

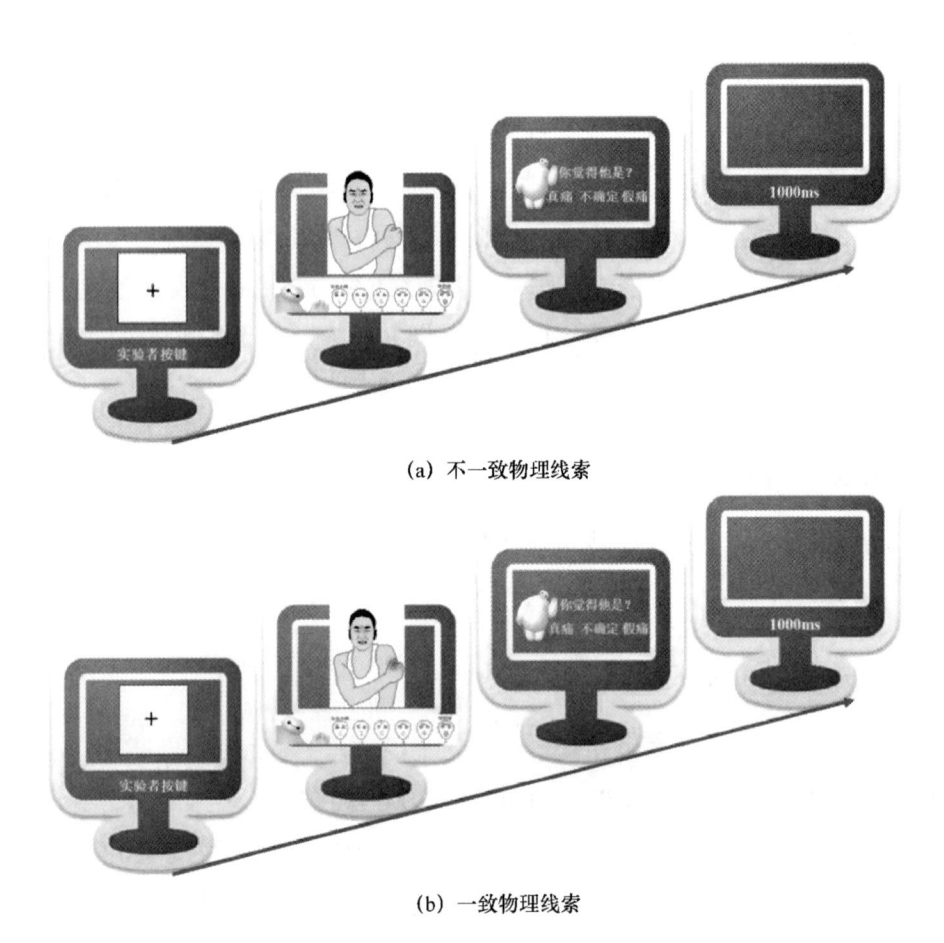

图 6-1　物理线索条件疼痛评价任务

说明：上图（a）不一致物理线索；下图（b）一致物理线索。

24 名大学生被试对 24 张肢体疼痛图片进行了效价、唤醒度和疼痛程度三个维度的评定（龚栩等，2011：40），评定结果见表 6-1。配对样本 t 检验的结果表明，图片刺激材料具有良好的区分度。通过计算两类图片的疼痛程度指标上的差值筛选了正式实验用图片。在本实验中，选取了 12 张肢体疼痛的人物图片（6 张为上肢疼痛，6 张为下肢疼痛），一致线索条件即在这些图片上的伤口处添加了红晕的视觉线索。

表6-1　　　　　　　　　　　　图片材料评定结果

评定指标	一致物理线索 M (SD)	不一致物理线索 M (SD)	统计结果 t (23)	p	Cohen's d
效价	2.684 (1.931)	2.465 (1.303)	1.101	>0.050	0.225
唤醒度	4.767 (1.796)	3.923 (1.591)	4.341	<0.001	0.886
疼痛程度	5.805 (1.499)	4.406 (1.898)	5.184	<0.001	1.058

为了捕捉被试的视觉注意过程，本实验使用 Tobii T120 型眼动仪及 Tobii Studio 软件记录每位被试的眼动数据。Tobii T120 型眼动仪的采样率为 120 Hz，显示器大小为 17 英寸，屏幕的分辨率为 1280×1024 像素，被试的眼睛距离屏幕 60 厘米，通过双眼采集收集眼动数据。由于被试群体为学前期儿童，所以采用五点校准，校准成功后进入眼动实验。若校准失败多次，则剔除该被试。

本实验图片的兴趣区划分为以下三部分：第一部分为疼痛刺激材料兴趣区，即将实验所呈现的图片的面部和伤口部分作为兴趣区；第二部分为疼痛评价兴趣区，即将实验所呈现的疼痛评价面孔量表的第 1—3 张面孔和第 4—6 张面孔分别作为兴趣区；第三部分为整个刺激材料。

眼动原始数据的过滤方式为 Tobii Fixation Filter，稳定在以 35 像素为半径的区域内并且持续时间至少为 100 毫秒的一个点被视为注视点（王福兴等，2016：558；颜志强等，2016：573；Vervoort 等，2013：836）。以首次注视到达时间（time to first fixation，TFF）作为注意定向的指标；以注视次数（fixation count，FC）和总注视持续时间（total fixation duration，TFD）作为注意维持的指标。由于在本实验中未限定被试完成任务的时间，因此为了平衡任务时间对结果的影响，除注意定向外，在此处计算的注意维持的眼动指标为相对结果，即被试对兴趣区的注视次数除以对整个刺激图片的注视次数，被试对兴趣区的总注视持续时间除以整个刺激图片的总注视持续时间。另外，研究者还纳入了瞳孔直径这一生理学指标，用于评估被试对不同线索条件下的自动化共情唤醒（Lin 等，2017：302）。

本实验用三个任务（Go/No-go 任务、计数广度任务和维度变化卡片分类任务）来分别测量被试执行功能的三个子成分：抑制控制、灵活转换和工作记忆。同样地，采用 Python 将其改编成了计算机任务。除抑制控制任务需要被试自己进行简单的按键反应，另外两个任务均由被试进行口头报告，主试进行按键反应。

Go/No-go 任务改编自 Moreno 等（2011：1425），该任务被广泛用于测量被试的抑制控制。任务一共包括 10 个练习试次和 80 个正式试次。在每个试次中，屏幕中央首先呈现 500—1000 毫秒随机的"+"注视点，注视点消失 50 毫秒后呈现一个卡通人物。如果卡通人物是猫，被试需要快速按下空格键；如果卡通人物是老鼠，则不按键。其中，猫出现的概率为 80%（64 个试次），老鼠出现的概率为 20%（16 个试次）。卡通人物呈现 500 毫秒后消失，若消失 1000 毫秒后儿童仍未做出反应则开始下一试次。每个练习试次结束后呈现 1500 毫秒的反馈，正式实验试次则无反馈（见图 6-2）。儿童在完成 40 个正式试次后可以休息 1 次，休息时间由儿童把握。

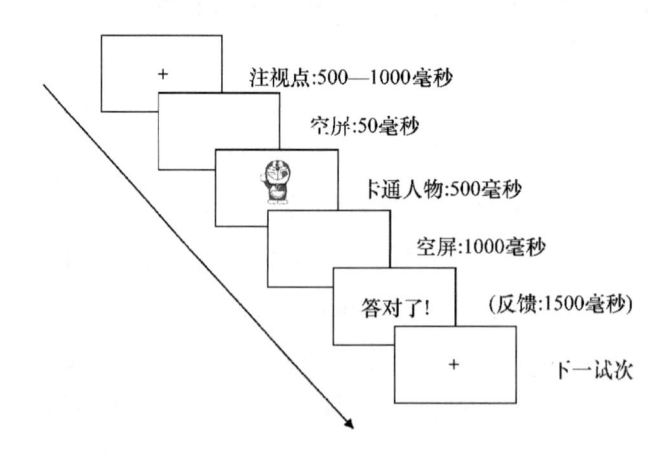

图 6-2 Go/No-go **任务流程**

实验改编了计数广度任务（The Counting Span Task，莫书亮、苏彦捷,2009:15;Keenan,1998:36),以测量被试的工作记忆(见图6-3)。在该任务中,主试会给被试展示1—4张卡片,每张卡片上面都有一些红点、蓝点和绿点,实验任务是要求被试按主试展示的顺序记住每张卡片上红点的数目(卡片上的红点数目为1—4个),并在所有卡片展示完后按展示顺序依次报告卡片上红点的数目。该任务共包含四级水平。第一级水平,给被试看一张卡片,让被试报告上面有几个红点,并要求被试记住。然后把卡片翻转过来,让被试报告刚才卡片上有几个红点。第二级水平,给被试依次看两张卡片,先给被试看第一张卡片,要求被试记住红点的数目,然后看第二张卡片,把卡片翻转过来,让被试按顺序报告第一张卡片上和第二张卡片上的红点数。之后每级增加一张卡片,直到4张卡片为止。每一级水平都有3个试次,每答对一个试次得1分。

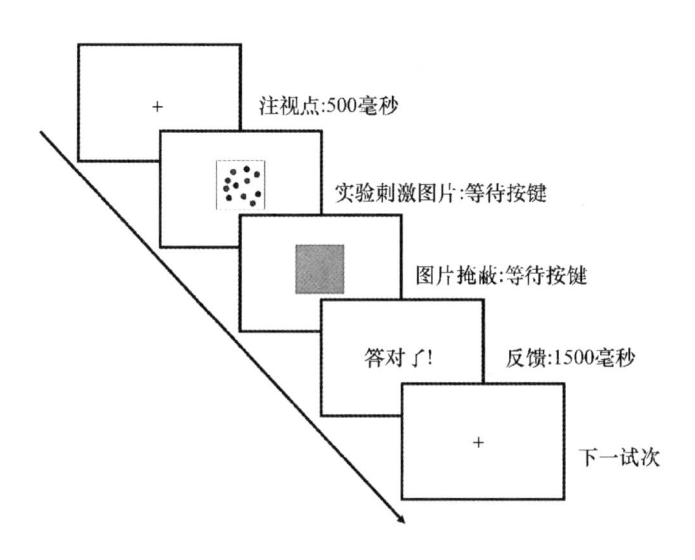

图6-3 计数广度任务流程

被试的灵活转换则采用经典的维度变化卡片分类任务(The Dimensional Change Card Sort)进行测量(Zelazo,2006:297;Zelazo等,1996:37)。该任务分为标准范式和边界范式,见图6-4。在标准范式(Standard Version)中,首先给被试呈现两张目标卡片(蓝

图6-4　维度变化卡片分类任务标准范式（左）与边界范式（右）

色的船和红色的兔子），之后呈现测试卡片（红色的船或蓝色的兔子），测试卡片在一个维度上与一张目标卡片相匹配，在另一个维度上与另一张目标卡片相匹配。该任务分为两个阶段。在转换前的阶段，主试向被试详细说明如何根据规则对卡片进行分类，例如颜色规则："我们来做一个颜色分类游戏。在这个游戏中所有的红色卡片放在左边，所有的蓝色卡片放在右边。"然后进行正式测验，在被试连续答对6次后，规则变更为形状规则，这被称为转换后阶段。这时主试将告诉被试："现在我们要玩形状分类游戏。这次所有的船放在左边，所有的兔子放在右边。"然后对儿童进行6次无反馈的测试。在边界范式（Border Version）中，实验流程与标准范式几乎一致，差别在于边界范式中的规则将由测试卡片是否具有黑框来决定。如果测试卡片有黑框，那么被试要按照颜色进行分类（6个试次），如果测试卡片没有黑框，那么被试要按照形状进行分类（6个试次），共计12个试次。整个实验包括2个范式，共计24个试次。

（三）研究程序

本实验的所有任务均在计算机上进行呈现，被试的反应均通过按键完成。计算机屏幕上会首先呈现"+"的注视点，之后随机呈现不一致物理线索或一致物理线索条件的肢体疼痛图片（上肢疼痛

5张，下肢疼痛5张）和疼痛评价面孔量表，共计20个试次。最后，被试需要回答两个问题：第一，图中的人有多痛；第二，该人的疼痛是真、假还是不确定。

被试进入实验流程后，需要完成疼痛评价任务和执行功能的三个任务，任务的顺序在被试间进行平衡。疼痛评价任务程序同第五章第二节。Go/No-go任务共90个试次，包括10个练习试次、80个实验试次。维度卡片分类任务共24个试次，包括6个颜色分类试次、6个形状分类试次和12个混合试次。计数广度任务共12个试次，四级水平每级水平3个试次。Go/No-go任务选取被试正确反应的反应时和正确率作为指标，维度卡片分类任务和计数广度任务选取被试的正确率作为指标。

（四）统计分析

采用SPSS 21.0对数据进行管理和分析。

二 实验结果及分析

（一）物理线索对疼痛共情的影响

疼痛评价的配对样本 t 检验的结果显示（描述性统计见表6-2），线索条件的主效应显著 $[t(45) = -9.500, p < 0.001, \text{Cohen's } d = -1.401, 95\% \text{CI} = (-1.805, -0.988)]$。一致物理线索条件下的疼痛评价要高于不一致物理线索。

表6-2　物理线索条件下疼痛评价和真假判断（$N=46$，M/SD）

结果指标	选项	不一致物理线索	一致物理线索
疼痛评价	—	4.174 (2.543)	7.917 (1.926)
真假判断	真	0.639 (0.246)	0.563 (0.269)
	不确定	0.115 (0.213)	0.104 (0.201)
	假	0.257 (0.205)	0.343 (0.261)

疼痛评价面孔量表的首次注视到达时间2（线索条件：一致线

索,不一致线索)×2 [注视区域:疼痛面孔评定量表的左侧三张面孔(1—3),疼痛面孔评定量表的右侧三张面孔(4—6)] 的双因素重复测量方差分析的结果表明(眼动示意图见图6-5),两因素的交互作用显著 [$F(1, 44) = 9.519, p = 0.004, \eta_p^2 = 0.178$],简单效应分析的结果显示,在不一致线索条件下对区域1—3的首次注视到达时间快于4—6,在对4—6的首次注视到达时间上一致线索条件下更快。线索条件的主效应显著 [$F(1, 44) = 11.166, p = 0.002, \eta_p^2 = 0.202$],事后成对比较发现,一致线索条件($M = 2.510, SE = 0.142$)下的首次注视到达时间快于不一致线索的($M = 2.790, SE = 0.152$)。注视区域的主效应显著 [$F(1, 44) = 14.311, p < 0.001, \eta_p^2 = 0.245$],事后成对比较发现,对区域1—3($M = 2.416, SE = 0.160$)的首次注视到达时间快于区域4—6($M = 2.883, SE = 0.147$)。

图6-5 眼动结果热点图示例
说明:左图为不一致线索条件,右图为一致线索条件。

并且,进一步相关分析的结果显示,被试在不一致物理线索条件下的疼痛评价与其对面孔量表区域1—3的首次注视到达时间呈显著正相关($r = 0.326, p = 0.027$),被试在一致物理线索条件下的疼痛评价则与其对面孔量表区域4—6的首次注视到达时间呈显著负相关($r = -0.397, p = 0.006$)。

疼痛评价的贝叶斯配对样本 t 检验的结果表明 $BF_{10} = 3.421e + 9 > 100$，研究者有很强的证据支持不同线索条件间疼痛评价存在显著性差异。并且贝叶斯统计的序列分析显示（Wagenmakers 等，2018：35），在不一致物理线索和一致物理线索条件的比较中，当 $n \geq 3$ 时贝叶斯因子值不断上升，最后达到峰值（见图 6-6）。该结果表明，本实验所选取的被试量足够得到不同线索条件下疼痛评价存在显著性差异的充分证据。

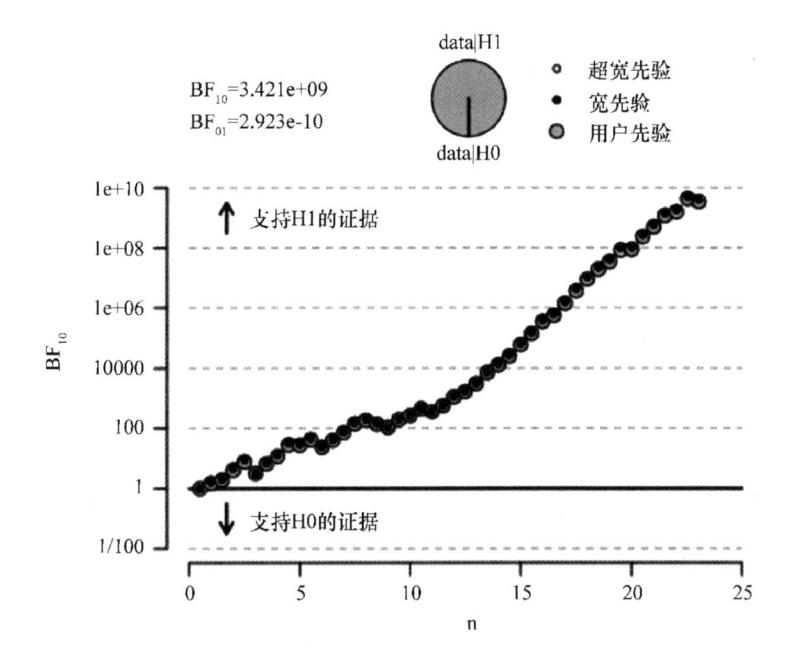

图 6-6　不一致物理线索与一致物理线索条件贝叶斯因子
　　　　 随被试量增加的变化趋势

真假判断的 2（线索条件：一致物理线索、不一致物理线索）×3（真假判断：真、假和不确定）的双因素重复测量方差分析的结果显示，线索条件与真假判断的交互效应显著 $[F(2, 90) = 18.582, p < 0.001, \eta_p^2 = 0.292$，见图 6-7]。简单效应分析表明，在不一致物理线索条件下判断为真的比例高于不确定和假，判断为假的比例

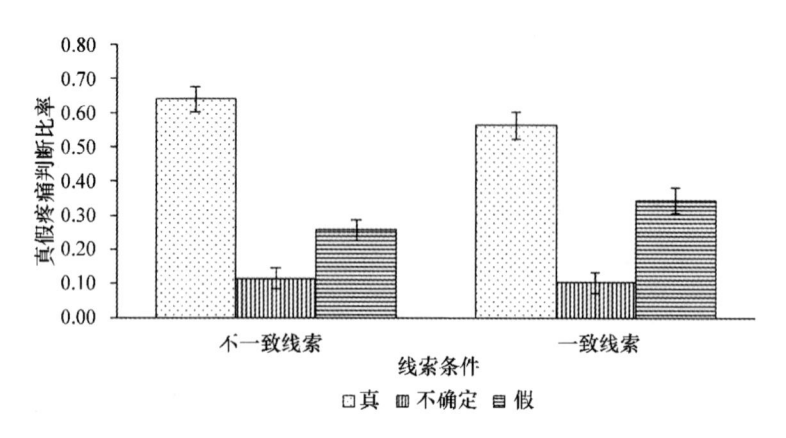

图6-7 不同物理线索条件下的真假判断

高于不确定；在一致线索条件下判断为真的比例高于不确定和假，判断为假的比例高于不确定。真假判断的主效应显著[$F(2, 90) = 36.536, p < 0.001, \eta_p^2 = 0.448$]。事后成对比较发现，被试判断为真的比例高于判断为不确定和假，判断为假的比例高于不确定。

（二）眼动模式

对首次注视到达时间进行2（线索条件：一致物理线索，不一致物理线索）×2（注视部位：面孔，伤口）的双因素重复测量方差分析。结果显示，线索条件与注视部位的交互效应显著[$F(1, 45) = 6.194, p = 0.017, \eta_p^2 = 0.121$，见图6-8上]，简单效应分析的结果显示，在不一致物理线索条件下对面孔（$M = 1.002, SE = 0.102$）的首次注视到达时间快于伤口（$M = 1.263, SE = 0.107$）；与不一致物理线索相比，一致物理线索条件下对伤口（$M = 0.971, SE = 0.097$）的首次注视到达时间更快。

对瞳孔直径进行2（线索条件：一致物理线索，不一致物理线索）×2（注视部位：面孔，伤口）的双因素重复测量方差分析。结果显示，线索条件与注视部位的交互效应不显著[$F(1, 45) = 0.113, p = 0.739, \eta_p^2 = 0.002$，见图6-8下]。线索条件的主效应显著[$F(1, 45) = 8.312, p = 0.006, \eta_p^2 = 0.156$]，事后成对比

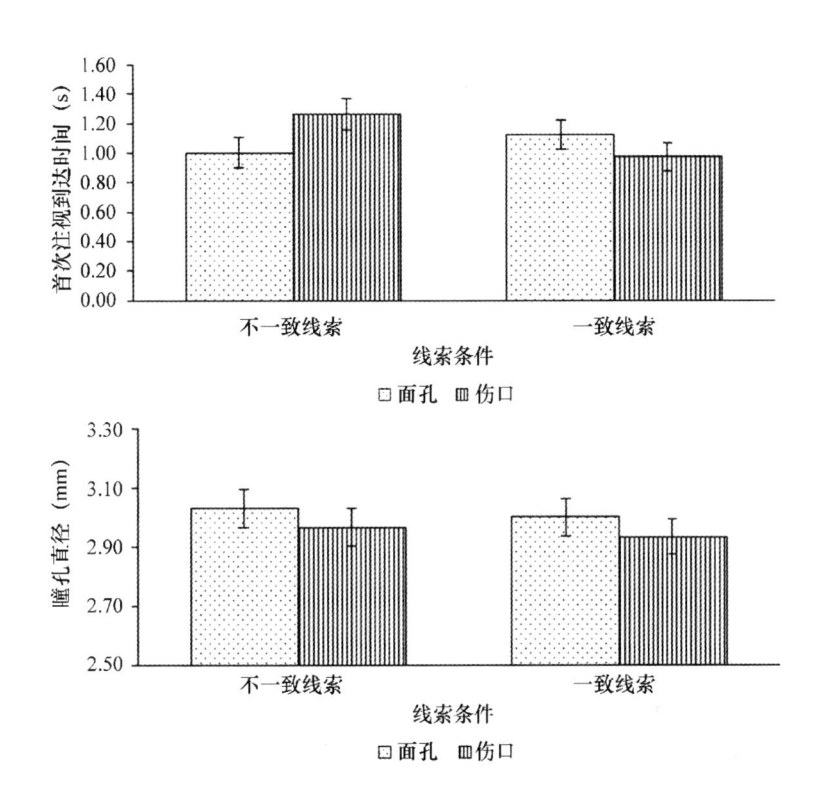

图 6-8 物理线索条件不同兴趣区的首次注视到达时间（上）和瞳孔直径（下）

较发现，一致物理线索条件下的瞳孔直径小于不一致物理线索。注视部位的主效应显著 [$F(1, 45) = 43.868$, $p < 0.001$, $\eta_p^2 = 0.494$]，事后成对比较发现，注视面孔时的瞳孔直径大于伤口。

表 6-3　　物理线索条件下的眼动指标 ($N=46$, M/SD)

眼动指标	兴趣区	不一致物理线索	一致物理线索
首次注视到达时间	面孔	1.002 (0.694)	1.121 (0.656)
	伤口	1.263 (0.724)	0.971 (0.658)
注视次数	面孔	3.857 (1.792)	3.330 (1.547)
	伤口	2.425 (0.755)	2.642 (0.653)

续表

眼动指标	兴趣区	不一致物理线索	一致物理线索
相对注视次数	面孔	0.209 (0.066)	0.202 (0.069)
	伤口	0.121 (0.054)	0.193 (0.078)
总注视持续时间	面孔	0.970 (0.506)	0.851 (0.456)
	伤口	0.506 (0.256)	0.597 (0.237)
相对总注视持续时间	面孔	0.234 (0.078)	0.228 (0.082)
	伤口	0.118 (0.057)	0.202 (0.091)
瞳孔直径	面孔	3.029 (0.443)	3.000 (0.431)
	伤口	2.965 (0.432)	2.932 (0.401)

注：此处的相对注视次数和总注视持续时间均为以面孔、伤口为兴趣区除以整个刺激图片的结果。

对相对注视次数进行 2（线索条件：一致物理线索，不一致物理线索）×2（注视部位：面孔，伤口）的双因素重复测量方差分析。结果显示，线索条件与注视部位的交互效应显著 [$F(1, 45) = 35.787, p < 0.001, \eta_p^2 = 0.443$，见图 6-9 上]，简单效应分析的结果显示，与不一致物理线索相比一致物理线索条件下对伤口的注视次数更多，在不一致物理线索条件下对面孔的注视次数多于对伤口的注视次数。线索条件的主效应显著 [$F(1, 45) = 28.900, p < 0.001, \eta_p^2 = 0.391$]，事后成对比较发现，对一致物理线索条件的注视次数多于不一致物理线索。注视部位的主效应显著 [$F(1, 45) = 12.153, p = 0.001, \eta_p^2 = 0.213$]，事后成对比较发现，对面孔的注视次数要高于对伤口的注视次数。

对相对总注视持续时间进行 2（线索条件：一致物理线索，不一致物理线索）×2（注视部位：面孔，伤口）的双因素重复测量方差分析。结果显示，线索条件与注视部位的交互效应显著 [$F(1, 45) = 34.798, p < 0.001, \eta_p^2 = 0.436$，见图 6-9 下]，简单效应分析的结果显示，与不一致物理线索条件相比，一致物理线索条件下对伤口的总注视持续时间更长，在不一致物理线索条件下对

面孔的总注视持续时间长于对伤口的总注视持续时间。线索条件的主效应显著 $[F(1, 45) = 42.379, p < 0.001, \eta_p^2 = 0.485]$，事后成对比较发现，对一致物理线索条件的总注视持续时间更长。注视部位的主效应显著 $[F(1, 45) = 19.712, p < 0.001, \eta_p^2 = 0.305]$，事后成对比较发现，对面孔的总注视持续时间长于对伤口的总注视持续时间。

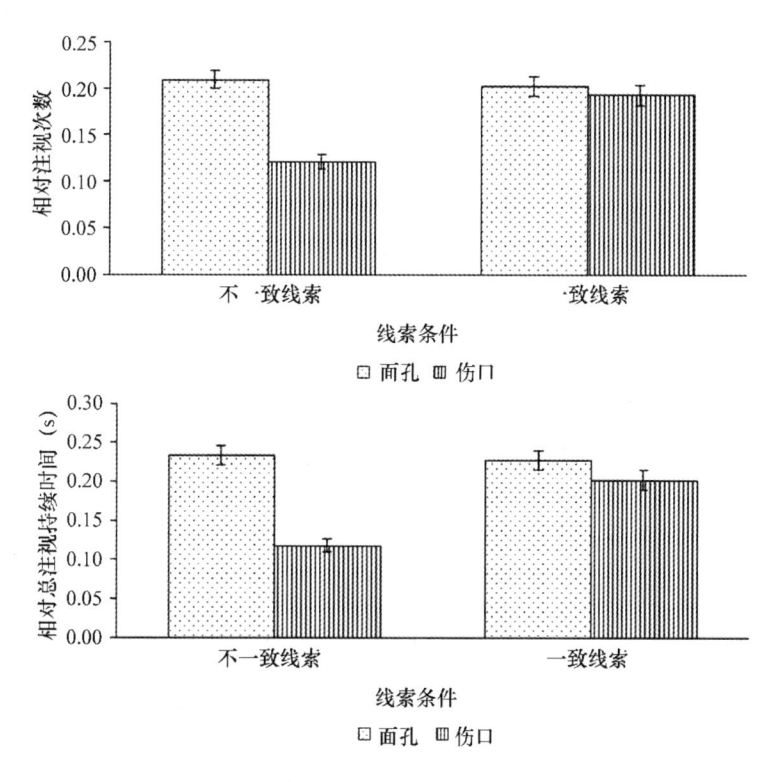

图 6-9 不同物理线索条件下兴趣区的相对注视次数（上）和相对总注视持续时间（下）

（三）情境线索与疼痛共情的关系：执行功能的调节作用

为了探讨执行功能不同子成分在物理线索对 5—6 岁儿童疼痛共情影响中所扮演的角色，研究者对主要结果变量进行了相关分析。结果显示，工作记忆与抑制控制和灵活转换的相关均显著（$r =$

-0.344,$p=0.019$；$r=0.298$,$p=0.044$）。同时，工作记忆和抑制控制任务与疼痛评价的差值显著相关（$r=0.456$,$p=0.001$；$r=-0.472$,$p=0.001$）。

因此，结合前人研究的基础和本实验的数据结果，研究者试图进行进一步的调节效应分析，调节效应的假设模型见图6-10。由于线索在本实验中为被试内变量，不适宜做传统的Process调节效应模型检验（方杰等，2015：715），所以研究者将执行功能这一连续变量划分成了高低分组的二分变量，采用方差分析的方式来检验其调节效应（温忠麟等，2005：268）。

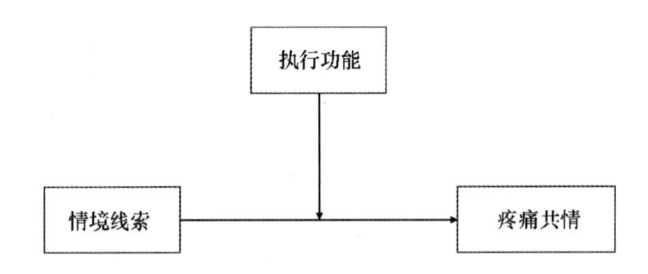

图6-10 执行功能调节情境线索对疼痛共情影响的调节效应假设模型

疼痛评价的2（线索条件：一致物理线索，不一致物理线索）×2（抑制控制：高，低）的双因素重复测量方差分析的结果显示，双因素的交互效应显著 [$F(1,44)=15.594$,$p<0.001$,$\eta_p^2=0.262$，见图6-11上]。简单效应分析的结果显示，在一致物理线索条件下高抑制控制组的疼痛评价高于低抑制控制组的疼痛评价。线索条件的主效应显著 [$F(1,44)=119.522$,$p<0.001$,$\eta_p^2=0.731$]，事后成对比较的结果显示，对一致物理线索条件的疼痛评价高于不一致物理线索的疼痛评价。抑制控制的主效应不显著 [$F(1,44)=0.196$,$p=0.660$,$\eta_p^2=0.004$]。

疼痛评价的2（线索条件：一致物理线索，不一致物理线索）×2（工作记忆：高，低）的双因素重复测量方差分析的结果显示，两因素的交互效应显著 [$F(1,44)=13.076$,$p=0.001$,$\eta_p^2=0.229$,

见图 6-11 下]。简单效应分析的结果显示,在一致物理线索条件下高工作记忆组的疼痛评价高于低工作记忆组的疼痛评价。线索条件的主效应显著 [$F(1, 44) = 114.472$, $p < 0.001$, $\eta_p^2 = 0.722$],事后成对比较的结果显示,对一致物理线索条件的疼痛评价高于不一致物理线索条件的疼痛评价。工作记忆的主效应不显著 [$F(1, 44) = 2.065$, $p = 0.158$, $\eta_p^2 = 0.045$]。

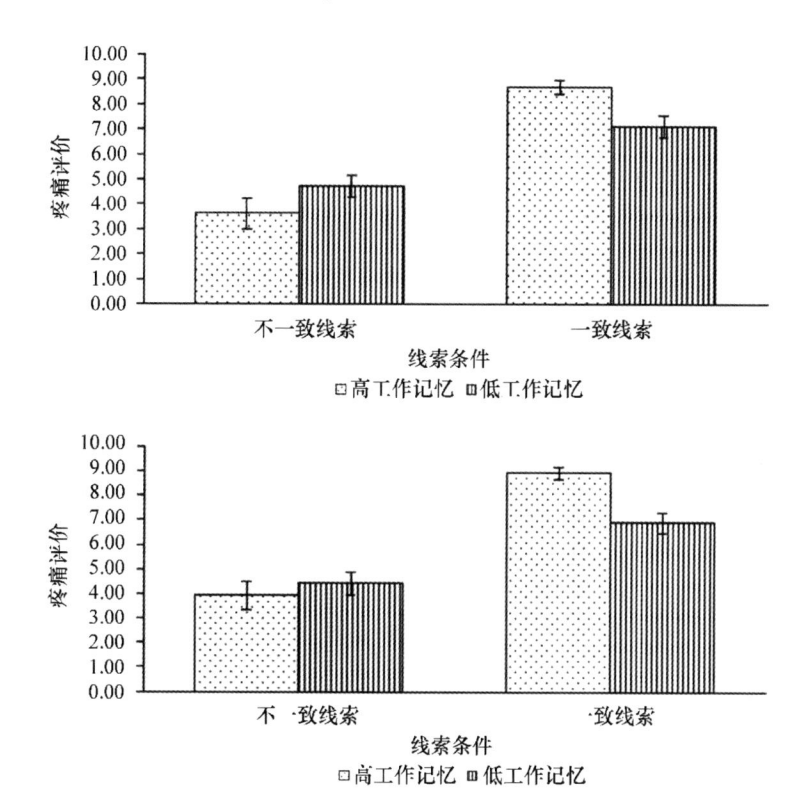

图 6-11 不同物理线索条件下抑制控制(上)、工作记忆(下)对疼痛共情的影响

(四)执行功能与疼痛共情的关系:注意的中介作用

鉴于情境线索和执行功能对个体注意加工的影响,研究者进一步考察了5—6岁儿童的执行功能不同子成分与其在不同线索条件下的眼动指标之间的关系。相关分析的结果表明,一致物理线索条件

下被试的工作记忆与对伤口的首次注视到达时间呈显著的负相关（$r = -0.402$, $p = 0.006$），与伤口的相对注视次数呈正相关（$r = 0.483$, $p < 0.001$），与伤口的相对总注视持续时间呈正相关（$r = 0.359$, $p = 0.014$），与面孔和伤口瞳孔直径均呈显著负相关（$r = -0.302$, $p = 0.042$; $r = -0.296$, $p = 0.046$）。此外，抑制控制与对伤口的首次到达时间呈显著的正相关（$r = 0.361$, $p = 0.014$），与相对注视次数呈显著的负相关（$r = -0.406$, $p = 0.005$），与对伤口的相对总注视持续时间呈显著的负相关（$r = -0.418$, $p = 0.004$），与面孔和伤口瞳孔直径均呈显著正相关（$r = 0.427$, $p = 0.003$; $r = 0.418$, $p = 0.004$）。同时，疼痛评价的差值不但与工作记忆任务的正确率和抑制控制任务正确试次的反应时间显著相关，而且与对面孔的相对注视次数和相对总注视持续时间等眼动指标相关。这些变量间的相关表明，执行功能、眼动模式和疼痛共情之间可能存在更加复杂的关系。

因此，研究者试图进行进一步的中介效应分析，中介效应的假设模型见图 6-12。中介效应分析的流程参考前人的研究（方杰等，2012：105），具体计算和分析基于 SPSS 的宏插件 PROCESS 进行。

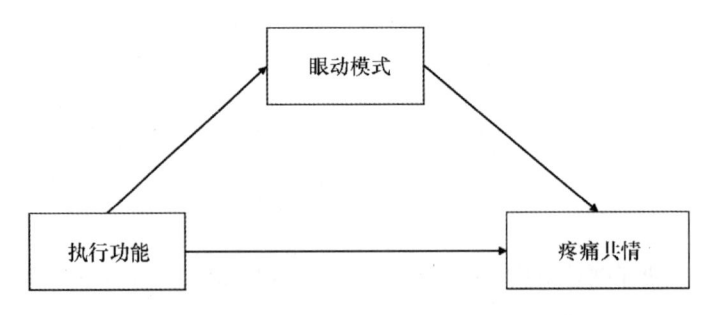

图 6-12 眼动模式中介执行功能对疼痛共情影响的假设理论模型

研究者分别以抑制控制、工作记忆作为自变量，将 5—6 岁儿童在一致线索条件和不一致线索条件间的疼痛评价差值作为因变量，考察儿童对情境线索的注意分配可能在其中起到的中介作用。结果表明,在工作记忆对疼痛共情的影响中,伤口的首次注视到达时间和伤口的相对总注视持续时间起到了部分中介作用(见表6-4)。伤口的首次注视到达时间在对工作记忆任务的正确率与疼痛评价差值之间的中介效应分析表明(见图6-13),伤口的首次注视到达时间在对工作记忆任务的正确率对疼痛评价差值影响中的间接效应为0.057,并且其 Bootstrap 95% 置信区间不包括0,表明中介效应显著;伤口的相对总注视持续时间在对工作记忆任务的正确率与疼痛评价差值之间的中介效应分析表明(见图6-14),伤口的相对总注视持续时间在工作记忆任务的正确率对疼痛评价差值影响中的间接效应为0.078,并且其 Bootstrap 95% 置信区间不包括0,表明中介效应也显著。

表6-4　注意在执行功能对疼痛共情影响中的部分中介效应

执行功能	眼动指标	间接效应值	Boot SE	Boot LLCI	Boot ULCI
WM 正确率	伤口 TFF	0.057	0.034	0.010	0.142
	伤口的相对 TFD	0.078	0.040	0.016	0.177
IC 正确反应时	伤口 TFF	-2.725	1.634	-7.113	-0.487
	伤口的相对 FC	-3.054	2.041	-8.536	-0.154
	伤口的相对 TFD	-3.882	1.916	-8.485	-0.905

注:中介效应分析模型为4,Bootstrap 抽样次数为5000次。Boot SE、Boot LLCI、Boot ULCI 分别指通过偏差矫正的百分位 Bootstrap 法估计的间接效应的标准误差,95% 置信区间的下限和上限。

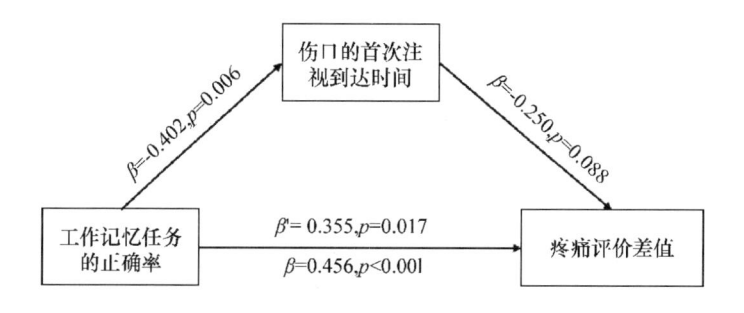

图6-13　伤口的首次注视到达时间对工作记忆与疼痛共情的部分中介作用

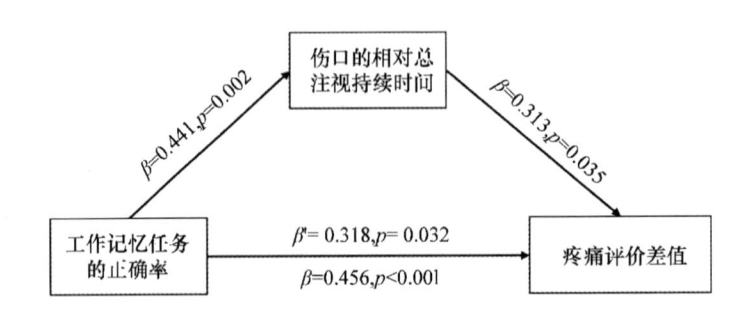

图6-14 伤口的相对总注视持续时间对工作记忆与疼痛共情的部分中介作用

相似地,在抑制控制上也发现了类似的结果,对伤口的首次注视到达时间、伤口的相对注视次数和伤口的相对总注视持续时间部分中介了抑制控制对疼痛共情的影响(见表6-4)。

伤口的首次注视到达时间在对抑制控制正确的反应时与疼痛评价差值之间的中介效应分析表明,对伤口的首次注视到达时间在抑制控制正确的反应时对疼痛评价差值影响中的间接效应为 -2.725,并且其Bootstrap 95%置信区间不包括0,表明中介效应显著(见图6-15);伤口的相对注视次数在抑制控制正确的反应时与疼痛评价差值之间的中介效应分析表明,伤口的相对注视次数在抑制控制正确的反应时对疼痛评价差值影响中的间接效应为 -3.054,并且其Bootstrap 95%置信区间不包括0,表明中介效应也显著(见图6-16);伤口的相对总注视持续时间在抑制控制正确的反应时与疼痛评

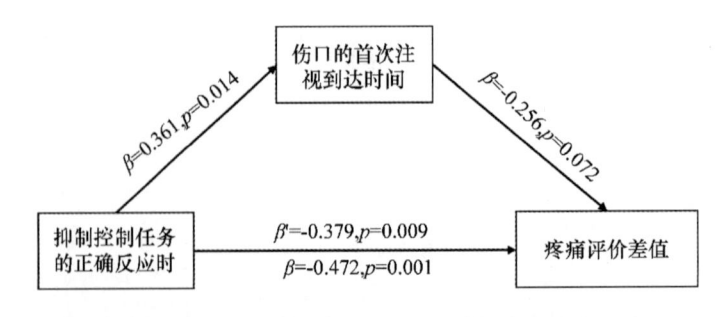

图6-15 伤口的首次注视到达时间对抑制控制与疼痛共情的部分中介作用

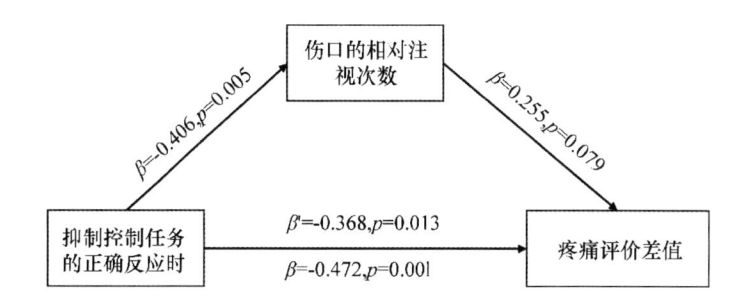

图6-16 伤口的相对注视次数对抑制控制与疼痛共情的部分中介作用

价差值之间的中介效应分析表明,伤口的相对总注视持续时间在抑制控制正确的反应时对疼痛评价差值影响中的间接效应为 -3.882,并且其 Bootstrap 95% 置信区间不包括0,表明中介效应也显著(见图6-17)。

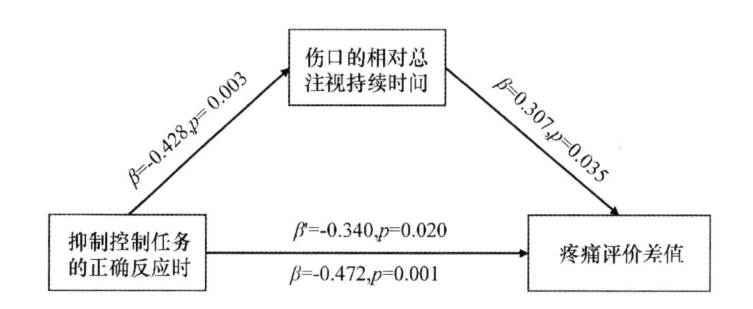

图6-17 伤口的相对总注视持续时间对抑制控制与疼痛共情的部分中介作用

为了进一步评估所选取的结果指标对疼痛评价差值这一行为结果的贡献,研究者对相关结果显著的指标进行了回归分析。回归分析的结果表明(见表6-5),在控制了对情境线索的眼动反应之后,5—6岁儿童的工作记忆和抑制控制仍然具有额外的贡献。

表6-5　　　　**疼痛评价差值的层级回归(进入法,$N=46$)**

预测变量	整体拟合指数		回归系数显著性	
	R^2	F	β	t
Step 1	0.253	4.740**	—	—
一致线索条件伤口 TFF	—	—	-0.245	-1.630

续表

预测变量	整体拟合指数		回归系数显著性	
	R^2	F	β	t
一致线索条件伤口的相对 FC	—	—	-0.135	-0.402
一致线索条件伤口的相对 TFD	—	—	0.466	1.400
Step 2	0.373	4.755**	—	—
一致线索条件伤口 TFF	—	—	-0.130	-0.879
一致线索条件伤口的相对 FC	—	—	-0.250	-0.781
一致线索条件伤口的相对 TFD	—	—	0.395	1.249
WM 正确率	—	—	0.258	1.733+
IC 正确反应时	—	—	-0.269	-1.877+

注：** $p<0.01$，* $p<0.05$，+ $0.100>p>0.050$。

三 研究总结与讨论

情绪共情能够通过激励个体对他人的利他行为从而促进内含适应性，即使是刚出生一天的婴儿可能也有情绪共情的能力（Sagi，Hoffman，1976：175）。虽然认知能力尚未得到发展的婴幼儿只能够做到对他人情绪信息的镜像反应（Spinrad，Stifter，2006：97），但是，Abramson 等（2018：1）的研究发现，随着个体的成长，个体逐渐能够调控由共情所产生的负性情绪体验。因此，在第五章的基础上，第六章进一步探讨了5—6岁儿童的疼痛共情与其一般认知加工能力（如：执行功能）的关系。

执行功能作为个体一般认知能力的重要组成部分，关系到个体正常的社会生活和社会适应。来自临床研究的许多证据都表明，执行功能的缺损可能会导致一系列的社会适应和行为问题，例如注意缺陷多动障碍（任姣姣等，2016：894）、强迫症（闫俊等，2012：10）以及焦虑和抑郁（杨涛等，2018：73）。个体的执行功能水平也反映了其中央注意系统对信息的监控与管理能力。而学前期儿童正处于执行功能初级水平飞速发展的关键时期（Dempster，1992：45；Ferrer 等，2010：93），学前期儿童日益发展的执行功能可能对其在疼痛共情的加工过程中的注意分配和情绪调节起到一定的调控作用。

虽然早期的研究多将执行功能作为一个整体的概念提出，即执行功能可能更趋向于统一而不可分离的，即抑制控制、工作记忆和灵活转换共同发挥作用（Best，Miller，2010：1641），但是随着研究的深入，越来越多的研究者提出要将执行功能这个概念进行剖析并分解。执行功能这个概念所包含的认知成分较为复杂，Diamond（2013：135）建议将其划分为初级水平和高级水平，以及抑制控制、灵活转换、工作记忆、推理、问题解决和计划这六个成分。因此，在本节中，研究者将试图进一步考察执行功能的不同子成分抑制控制、工作记忆和灵活转换在物理线索一致性对5—6岁儿童疼痛共情影响中的作用。

同时，考虑到执行功能对个体注意加工的影响，研究者一方面整合了实验刺激材料的呈现形式，使得物理线索（肢体疼痛）和社会线索（疼痛面孔）能够同时呈现，从而更具有生态效度；另一方面结合了眼动追踪技术，已有的研究表明眼动追踪技术有助于研究者了解被试动态的认知加工过程（陈顺森等，2012：778；王敬欣等，2014：1291）。由此，本节采用眼动追踪技术记录了5—6岁儿童在物理线索条件（一致线索、不一致线索）下的注意加工过程，并且分别测量了个体抑制控制、工作记忆和灵活转换能力以考察学前期儿童执行功能与疼痛共情的关系。研究者预期执行功能能够调节物理线索条件下5—6岁儿童的疼痛共情反应。

本节结合眼动追踪技术考察了5—6岁儿童执行功能不同子成分在物理线索一致性对其疼痛共情影响中所起到的作用，结果表明5—6岁儿童的抑制控制和工作记忆与一致物理线索和不一致物理线索条件下疼痛共情的差值显著相关。进一步的分析显示，5—6岁儿童的抑制控制和工作记忆调节了物理线索对学前期儿童疼痛共情的影响。并且抑制控制和工作记忆与其注意加工也密切相关，中介效应分析的结果显示，抑制控制和工作记忆通过影响5—6岁儿童对情境线索的注意分配从而部分影响其在物理线索条件下的疼痛共情反应。

个体的执行功能与其疼痛共情的关系很早就受到了研究者们的关注。以往的研究大多表明，个体的执行功能有助于其调节自身的情绪状态以更好地产生共情（Lieberman，2007：259）。来自多层面的证据显示，与执行功能发展密切相关的前额叶皮层和疼痛共情有着密切的关系（Decety，2010：257；Lamm 等，2007：42；Ong 等，2019：1137）。Jackson 等（2006：5）结合核磁共振成像技术采用肢体疼痛和非疼痛的图片作为实验材料，让被试想象自己、他人或机器人在此情景下的疼痛程度，结果发现，被试想象自己、他人的条件下的内侧前额叶的激活水平没有差异，但是都显著高于想象机器人的条件。有研究者采用脑电技术考察了不同认知负荷条件下被试的疼痛共情反应，结果发现，疼痛图片所诱发的波幅与非疼痛图片所诱发的早期成分 P2 和 N2 仅在高认知负荷条件下具有显著性差异（程家萍等，2017：622；Cui 等，2017：24）。另外，瞳孔直径大小作为自主神经系统的反应指标已经受到了许多研究者的认可和证实（Hess，Polt，1960：349；Küster，2018：1）。但是，探讨执行功能与疼痛共情关系的发展心理学研究却较少。本实验的结果表明，5—6 岁儿童日益发展和成熟的执行功能能够调节其在物理线索条件下的疼痛共情反应，这为相关的理论研究提供了新的实证支持。当然，本研究所使用的实验材料一方面具有生态效度不足的问题，另一方面由于体态动作的表现形式，使得 5—6 岁儿童即使是在不一致线索条件下也仍然更多地评价其为真疼，这与之前的研究结果是相一致的（Yan 等，2018：1）。因此，今后的研究在探讨情境线索对其疼痛共情的影响时需要考虑进一步控制实验材料，精细化实验测量。

此外，执行功能和共情与个体的注意加工也有十分密切的联系。已有的研究发现，高共情水平的被试对情绪性刺激的注视时间会更长（Cowan 等，2014：1522），而个体的执行功能更是对其注意发展和注意控制有着重要的影响（Cuevas，Bell，2014：397）。本实验所使用的实验材料为疼痛相关的线索，其对个体的注意和情绪加工都具有较强的影响。本实验的结果发现，被试在注视一致线索条件时的瞳孔直径小于不一致线索条件，注视伤口时的瞳孔直径小于面孔，这与前人的研究结果是一致的，即在面对厌恶性刺激时，个体的瞳孔直径会变短（刘乙力，1984：29；Hess，1965：46）。而5—6岁儿童的工作记忆和抑制控制均与其瞳孔直径显著相关，进一步表明执行功能对其疼痛共情具有调节作用。点探测范式作为研究疼痛与注意之间关系的经典范式（Roelofs等，2003：322），许多采用该范式探讨被试对疼痛相关刺激注意加工的研究都发现了一致的疼痛注意偏差效应（Vervoort等，2013：836；Yang等，2012：1742）。目前仅有一项研究考察了个体的执行功能对其共情和注意加工的影响，孙俊才和刘萍（2017：7）考察了高低共情水平成人被试在不同认知资源消耗条件下对不同类型情绪信息的注意偏向的时间进程特点，结果发现，高共情被试对情绪信息的加工优势仅发生于低认知资源消耗的条件下。这些结果都提示我们，个体的执行功能可能通过影响其注意加工，从而影响到其疼痛共情反应。具体而言，本实验发现5—6岁儿童的抑制控制和工作记忆能够通过影响其对物理线索的首次注视到达时间、相对注视次数和相对总注视持续时间从而影响其疼痛共情。正如Decety和Meyer（2008：1053）所说，执行功能通过选择性注意和自我调节从而调控个体的情绪和认知反应。

执行功能作为个体一系列高级认知能力的统称，其不同子成分与个体疼痛共情反应之间的关系可能是不同的，在本实验中发现，5—6岁儿童的抑制控制与工作记忆可能尤为重要。虽然有研究者认为在测量上执行功能不同的子功能之间是密切相关的，不同子功能的合成才是所谓的执行功能（Davidson等，2006：2037；Miyake等，2000：49），但是也有研究者指出执行功能并非单一的结构（陈天勇、李德明，2005：210），应该将其功能进行分离并探讨不同子功能之间的关系。探讨情绪与个体认知加工间关系的研究发现（Gabel，McAuley，2018：94；Mitchell，Phillips，2007：617），积极情绪的产生预示着威胁的消失，形成促进享乐的加工方式，积极情绪会促进灵活转换，但是会阻碍工作记忆和抑制控制；与之相比，消极情绪的产生则表明威胁的出现，形成促进分析过程的加工方式从而促进工作记忆和抑制控制的表现。疼痛作为一种较为典型的消极情绪（Williams，Craig，2016：2420），在本研究中确实发现5—6岁儿童的疼痛共情与其抑制控制和工作记忆密切相关。此外，Verhoeven等（2014：413）考察了儿童的抑制控制、工作记忆和灵活转换对其处于冷压任务疼痛感知的影响，结果发现，仅较高的抑制控制和工作记忆能力能够降低儿童在冷压任务下所体验到的疼痛。这些结果都一致表明，执行功能不同子成分中的抑制控制和工作记忆与学前期儿童的疼痛共情有着更加密切的关系。

第四节　执行功能在社会线索对儿童共情影响中的作用

第三节的实验结果表明，5—6岁儿童的执行功能对其物理线索条件下的疼痛共情具有调节作用，具体而言，执行功能的子成分抑制控制和工作记忆能够调节物理线索一致性对5—6岁儿童疼痛共情的影响，并且该作用可能是通过部分影响其对物理线索的注意分配起作用的。已有研究发现，执行功能作为个体的一般认知能力，对其注意分配和情绪调节都具有重要的影响（Verhoeven等，2014：413）。

然而，与物理线索不同，社会线索本就具有较强的注意捕获能力，Yan等（2018：1）的研究发现，相较于物理线索，学前期儿童会更多地关注疼痛面孔表情这类社会线索。第三节的结果也显示，在不一致物理线索条件下5—6岁儿童对面孔区域的首次注视到达时间快于对伤口区域的首次注视到达时间，在一致物理线索条件下两者则没有差异。因此，在本节中研究者试图结合眼动追踪技术考察5—6岁儿童在不同社会线索条件下的疼痛共情，并且分别测量了个体的抑制控制、工作记忆和灵活转换能力以考察执行功能不同子成分与疼痛共情和注意加工的关系。研究者预期执行功能任务表现越好的儿童其在不同社会线索条件下的疼痛共情表现越好。

一　实验设计与实施

（一）研究对象

使用 G*Power 3 软件（Faul 等，2009：1149）计算，那么为了达到该统计结果所需要的样本量为 54。采用方便取样法，随机选取了 54 名来自北京市某幼儿园的 5—6 岁儿童。剔除眼动记录时间低于总实验时间 50% 的被试（王福兴等，2016：558），最终有效数据是 42 人，其中男孩 18 名、女孩 24 名。被试的平均月龄为 69.011，月龄的标准差为 7.602。目前的样本量接近目标样本，应该足以发现群体之间的差异。被试在完成实验后会获得价值一定金额的玩具。根据任教老师报告，所有儿童均为典型发展儿童。

（二）任务与材料

实验任务和实验材料同第六章第三节，实验流程见图 6-18。

（三）研究程序

本实验的所有任务均在计算机上进行呈现，被试的反应均通过按键完成。计算机屏幕上会首先呈现"＋"的注视点，之后随机呈现不一致物理线索或一致物理线索条件的肢体疼痛图片（上肢疼痛 5 张，下肢疼痛 5 张）和疼痛评价面孔量表，共计 20 个试次。最后，被试需要回答两个问题：第一，图中的人有多痛；第二，该人的疼痛是真、假还是不确定。

被试进入实验流程后，需要完成疼痛评价任务和执行功能的三个任务，任务的顺序在被试间进行平衡。疼痛评价任务程序同第三节。Go/No-go 任务共 90 个试次，包括 10 个练习试次、80 个实验试次。维度卡片分类任务共 24 个试次，包括 6 个颜色分类试次、6 个形状分类试次和 12 个混合试次。计数广度任务共 12 个试次，即

图 6-18 社会线索条件疼痛评价任务

说明：上图，不一致社会线索；下图，一致社会线索。

四级水平每级水平三个试次。Go/No-go 任务选取被试正确反应的反应时和正确率作为指标，维度卡片分类任务和计数广度任务选取被试的正确率作为指标。

（四）数据分析

数据分析同第六章第三节。

二 实验结果及分析

(一) 社会线索对疼痛共情的影响

1. 疼痛评价

疼痛评价的配对样本 t 检验的结果显示（描述性统计见表6-6），线索条件的主效应显著 [$t(41) = -22.693$, $p < 0.001$, Cohen's $d = -3.502$, 95%CI = (-4.311, -2.685)]。一致社会线索条件下的疼痛评价要高于不一致社会线索下的疼痛评价。

表6-6　社会线索条件下的疼痛评价和真假判断（$N=42$, M/SD）

结果指标	选项	不一致社会线索	一致社会线索
疼痛评价	—	0.786（1.039）	7.552（1.573）
真假判断	真	0.121（0.246）	0.793（0.282）
	不确定	0.202（0.305）	0.162（0.257）
	假	0.676（0.361）	0.045（0.097）

疼痛评价面孔量表的眼动数据结果显示，首次注视到达时间2（线索条件：一致社会线索，不一致社会线索）×2（注视区域：1—3，4—6）的双因素重复测量方差分析的结果表明（眼动示意见图6-19），两因素的交互作用显著 [$F(1, 41) = 4.524$, $p = 0.042$,

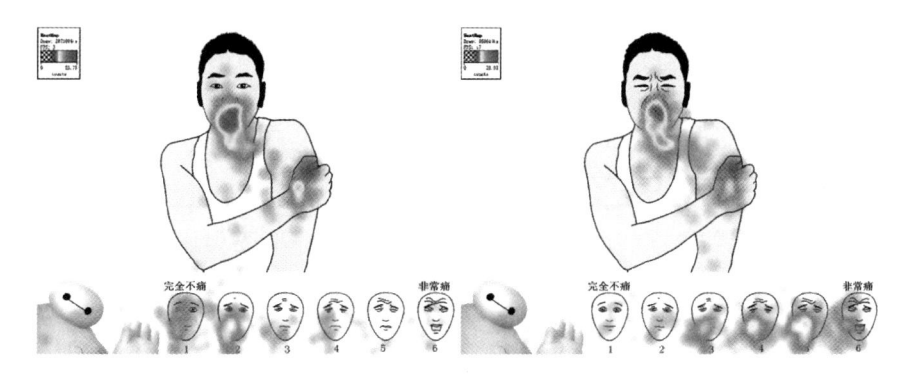

图6-19　眼动结果热点图示例

说明：左图为不一致社会线索，右图为一致社会线索。

$\eta_p^2 = 0.139$]。简单效应分析的结果显示,在不一致社会线索条件下对区域1—3的首次注视到达时间对区域快于4—6的首次注视到达时间。注视区域的主效应显著 [$F(1,41) = 4.720$, $p = 0.038$, $\eta_p^2 = 0.144$],事后成对比较发现,对区域1—3($M = 2.367$, $SE = 0.214$)的首次注视到达时间快于对区域4—6的首次注视到达时间($M = 2.824$, $SE = 0.193$)。

疼痛评价的贝叶斯配对样本 t 检验的结果表明 $BF_{10} = 4.199e+21 > 100$,研究者有很强的证据支持不同线索条件间疼痛评价存在显著性差异。并且贝叶斯统计的序列分析显示(Wagenmakers 等,2018:35),在不一致社会线索和一致社会线索条件间的比较中,当 $n \geq 3$ 时贝叶斯因子值不断上升(见图6-20),最后达到峰值,该结果提示研究者,本实验所选取的被试量足够得到不同线索条件下疼痛评价存在显著性差异的充分证据。

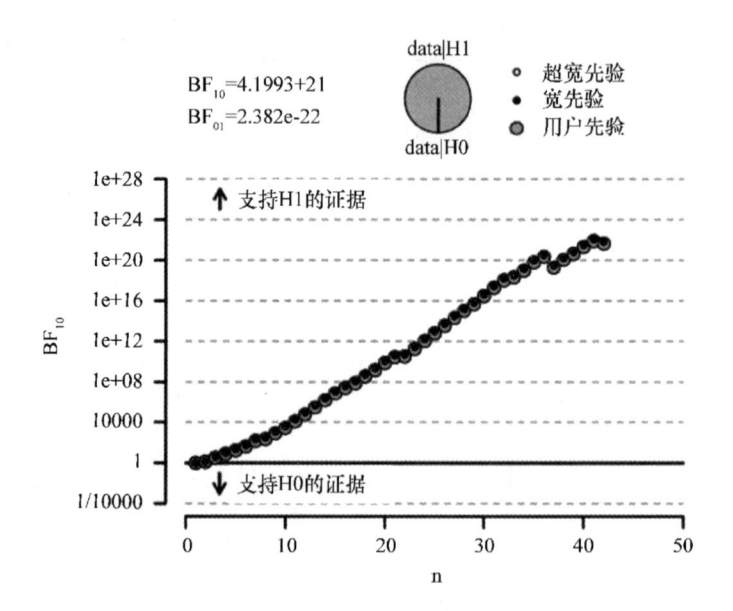

图6-20 不一致社会线索与一致社会线索条件贝叶斯因子随被试量增加的变化趋势

2. 真假判断

真假判断的2（线索条件：一致社会线索，不一致社会线索）×3（真假判断：真、假和不确定）的双因素重复测量方差分析结果显示，线索类型与真假判断的交互效应显著［$F(2,82) = 119.110$，$p < 0.001$，$\eta_p^2 = 0.744$，见图6-21］。简单效应分析表明，在一致社会线索条件下判断为真的比例更高，在不一致社会线索条件下判断为假的比例更高。真假判断的主效应显著［$F(2,82) = 11.327$，$p < 0.001$，$\eta_p^2 = 0.216$］。事后成对比较发现，被试判断为真的比例高于判断为不确定和假的比例，判断为假的比例高于判断为不确定的比例。

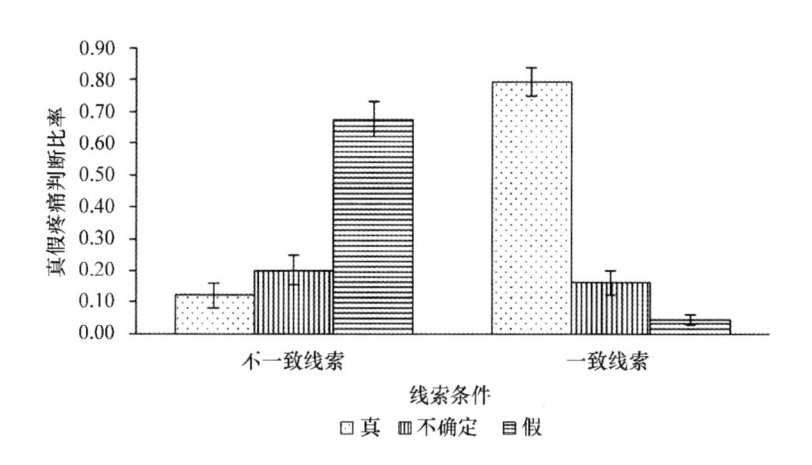

图6-21 不同社会线索条件下的真假判断

（二）眼动模式

对首次注视到达时间进行2（线索条件：一致社会线索，不一致社会线索）×2（注视部位：面孔，伤口）的双因素重复测量方差分析（描述性统计见表6-7）。结果显示效应均不显著（$ps > 0.050$）。

对瞳孔直径进行2（线索条件：一致社会线索，不一致社会线索）×2（注视部位：面孔，伤口）的双因素重复测量方差分析。结

表6-7　社会线索条件下的眼动指标（$N=42$，M/SD）

眼动指标	兴趣区	不一致社会线索	一致社会线索
首次注视到达时间	面孔	0.843（0.385）	0.781（0.369）
	伤口	0.789（0.404）	0.868（0.580）
注视次数	面孔	3.903（1.747）	4.352（1.997）
	伤口	2.693（0.943）	2.511（1.040）
相对注视次数	面孔	0.279（0.077）	0.252（0.077）
	伤口	0.182（0.052）	0.129（0.047）
总注视持续时间	面孔	1.103（0.644）	1.249（0.748）
	伤口	0.636（0.302）	0.585（0.309）
相对总注视持续时间	面孔	0.338（0.099）	0.299（0.094）
	伤口	0.184（0.059）	0.128（0.056）
瞳孔直径	面孔	2.811（0.415）	2.829（0.427）
	伤口	2.830（0.456）	2.812（0.433）

果显示，线索条件与注视部位的交互效应显著[$F(1, 41)=12.376$，$p<0.001$，$\eta_p^2=0.232$，见图6-22]，简单效应分析的结果显示，在不一致社会线索条件下注视面孔的瞳孔直径大于注视伤口的瞳孔直径，在一致线索条件下注视伤口的瞳孔直径大于注视面孔的瞳孔直径。线索条件的主效应不显著[$F(1, 41)=0.001$，$p=0.973$，$\eta_p^2<0.001$]。注视部位的主效应不显著[$F(1, 45)=$

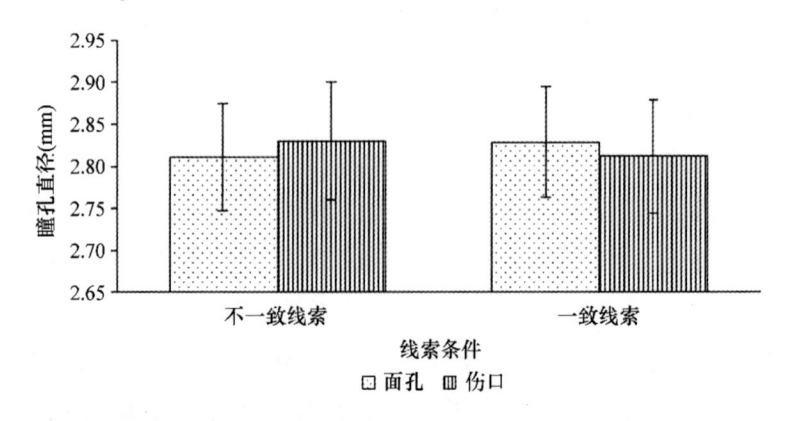

图6-22　社会线索条件下对不同兴趣区的瞳孔直径

0.006，$p = 0.941$，$\eta_p^2 < 0.001$]。对相对注视次数进行 2（线索条件：一致社会线索，不一致社会线索）×2（注视部位：面孔，伤口）的双因素重复测量方差分析。结果显示，线索条件与注视部位的交互效应显著[$F(1, 41) = 4.615$，$p = 0.038$，$\eta_p^2 = 0.101$，见图 6-23 上]，简单效应分析的结果显示，与一致社会线索条件相比，不一致社会线索条件下对面孔、伤口的注视次数都要更多。线索条件的主效应显著[$F(1, 41) = 41.139$，$p < 0.001$，$\eta_p^2 = 0.501$]，事后成对比较发现，不一致社会线索条件下的注视次数多于一致社会线索下的注视次数。注视部位的主效应显著[$F(1, 41) = 66.330$，$p < 0.001$，$\eta_p^2 = 0.618$]，事后成对比较发现，对面孔的注视次数要多于对伤口的注视次数。

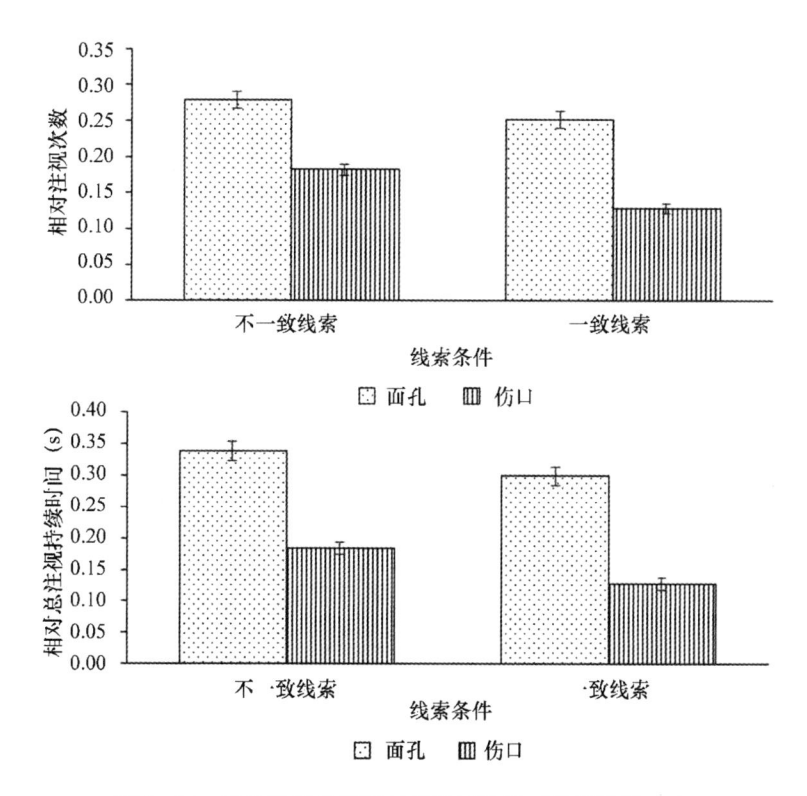

图 6-23 社会线索条件下对兴趣区的相对注视次数（上）和相对总注视持续时间（下）

对相对总注视持续时间进行 2（线索条件：一致社会线索，不一致社会线索）×2（注视部位：面孔，伤口）的双因素重复测量方差分析。结果显示，线索条件与注视部位的交互效应不显著 [$F(1, 41) = 0.929$, $p = 0.341$, $\eta_p^2 = 0.022$，见图 6-23 下]。线索条件的主效应显著 [$F(1, 41) = 41.706$, $p < 0.001$, $\eta_p^2 = 0.504$]，事后成对比较发现，不一致社会线索条件下的总注视持续时间多于一致社会线索条件下的总注视持续时间。注视部位的主效应显著 [$F(1, 41) = 92.059$, $p < 0.001$, $\eta_p^2 = 0.692$]，事后成对比较发现，对面孔的总注视持续时间长于对伤口的总注视持续时间。

(三) 情境线索与疼痛共情的关系：执行功能的调节作用

为了探讨执行功能不同子成分在社会线索对 5—6 岁儿童疼痛共情影响中所扮演的角色，研究者对主要结果变量进行了相关分析。结果显示，在不一致社会线索条件下 5—6 岁儿童的抑制控制与疼痛评价显著相关（$r = 0.340$, $p = 0.027$），与伤口相对注视次数相关边缘显著（$r = -0.265$, $p = 0.090$）。在一致社会线索条件下，5—6 岁儿童的抑制控制与疼痛评价的相关边缘显著（$r = -0.300$, $p = 0.054$），与对面孔的首次注视到达时间（$r = 0.372$, $p = 0.015$）显著相关，工作记忆与对伤口的首次注视到达时间呈边缘显著的相关（$r = 0.274$, $p = 0.079$）。此外，5—6 岁儿童对面孔的相对注视次数（$r = 0.350$, $p = 0.023$; $r = 0.261$, $p = 0.095$）和相对总注视持续时间（$r = 0.425$, $p = 0.005$; $r = 0.311$, $p = 0.045$）均与一致社会线索条件的疼痛评价和一致性社会线索与不一致社会线索间的疼痛评价差值相关。进一步地，5—6 岁儿童的抑制控制与其不同线索条件下的疼痛评价差值显著相关（$r = -0.427$, $p = 0.005$）。因此，研究者仅进行了调节效应分析，未进行中介效应分析。

疼痛评价的 2（线索条件：一致社会线索，不一致社会线索）×2（抑制控制：高，低）的双因素重复测量方差分析的结果显示，两因素的交互效应显著［$F(1, 40) = 4.306$，$p = 0.044$，$\eta_p^2 = 0.097$，见图6-24］，简单效应分析的结果显示，在不一致社会线索条件下高抑制控制组的疼痛评价低于低抑制控制组的疼痛评价。线索条件的主效应显著［$F(1, 40) = 556.479$，$p < 0.001$，$\eta_p^2 = 0.933$］，事后成对比较的结果显示，对一致社会线索条件的疼痛评价高于对不一致社会线索的疼痛评价。抑制控制的主效应不显著［$F(1, 40) < 0.001$，$p = 0.987$，$\eta_p^2 < 0.001$］。

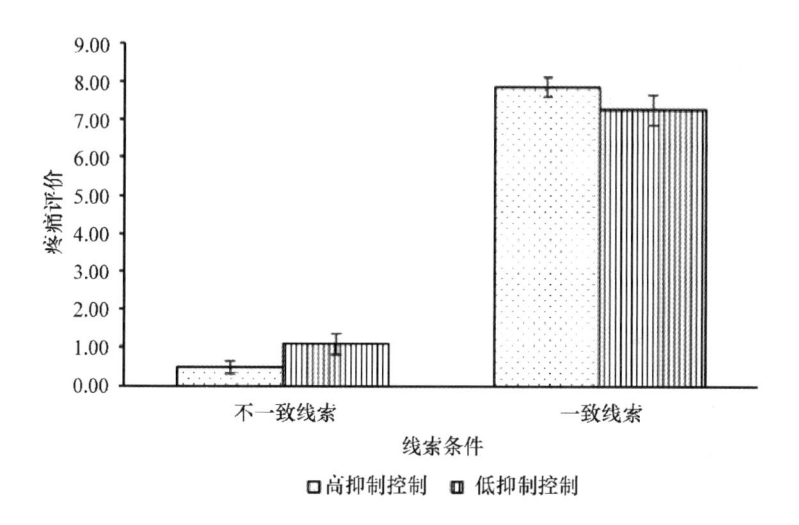

图6-24 不同社会线索条件下抑制控制对疼痛共情的影响

为了进一步评估所选取的结果指标对疼痛评价差值的贡献，研究者对相关结果显著的指标进行了回归分析。回归分析的结果表明（见表6-8），在控制了5—6岁儿童对情境线索的眼动反应之后，个体的抑制控制仍然具有额外的贡献。

表6-8 社会线索条件下疼痛评价差值的层级回归（进入法，$N = 42$）

预测变量	整体拟合指数		回归系数显著性	
	R^2	F	β	t
Step 1	0.101	2.182	—	—

续表

预测变量	整体拟合指数		回归系数显著性	
	R^2	F	β	t
一致线索条件伤口相对 FC	—	—	-0.167	-0.427
一致线索条件伤口相对 TFD	—	—	0.464	1.188
Step 2	0.295	5.312**	—	—
一致线索条件伤口相对 FC	—	—	-0.302	-0.857
一致线索条件伤口相对 TFD	—	—	0.594	1.686
IC 正确反应时	—	—	-0.445	-3.242**

三 研究总结与讨论

第四节结合眼动追踪技术考察了执行功能不同子成分在社会线索一致性对 5—6 岁儿童疼痛共情影响中的作用，结果表明 5—6 岁儿童的抑制控制与其疼痛评价差值显著相关，方差分析的结果显示 5—6 岁儿童的抑制控制调节了其在不同社会线索条件下的疼痛共情，并且抑制控制和工作记忆与其注意加工密切相关，5—6 岁儿童对一致社会线索条件下疼痛面孔的相对注视次数和相对总注视持续时间可以预测其疼痛共情。

本实验发现，5—6 岁儿童的抑制控制能够调节其在不同社会线索条件下的疼痛共情。抑制控制作为执行功能最为突出的一个子成分，一直受到研究者们的关注，顾名思义，抑制控制是指个体为了完成任务所要求的目标行为，对任务无关的干扰性刺激以及优势性反应思维和行为进行抑制的过程（李红、王乃弋，2004：426；Aron 等，2014：177；Nigg，2000：220）。作为重要的基础认知能力，抑制控制可能是物种演化适应的结果（张真、苏彦捷，2004：752），已有的研究不仅发现抑制控制与个体的一系列高级认知能力都有着密切的关系（王君、陈天勇，2012：1768），而且发现其对共情相关的人格特质也具有预测作用（Hansen，2011：364）。一项 fMRI 的研究发现，随着年龄的增长，被试的共情得分与其负责抑制控制的脑区激活呈正相关（Decety 等，2011：305）。在共情的发生和初步发展中，抑制控制可能是其认知基础（Eisenberg 等，2004：790）。由此可见，执行功能的不同子成分对学前期儿童疼痛共情的影响是不一样的，这与在物理线索条件下所发现的结果是一致的。

然而，与本章第三节的实验不同，第四节没有发现工作记忆的作用，这可能与刺激的呈现形式有关。在本章第三节中，线索是红色伤口，虽然也是凸显的视觉物理刺激，但是仍需要和疼痛面孔这一社会线索产生注意竞争。而在第四节中，情境线索是疼痛面孔，作为凸显的视觉线索几乎不需要占用个体的记忆资源。虽然有研究者认为工作记忆的个体差异反映了个体执行控制资源的差异，这种差异对个体进行排除与当前任务无关的信息和行为的抑制过程可能会产生制约，但是也有研究者认为抑制控制能力的强弱会影响个体对信息的加工和维持（王君、陈天勇，2012：1768）。因此，在本实验中，由于情境线索是疼痛面孔，其视觉特征过于凸显，因此对工作记忆的需求较低，而抑制优势反应去获取情境信息的能力显得相对更为重要。

由于疼痛独特的功能性，疼痛面孔表情作为个体凸显的社会线索，研究者们对其与个体视觉加工之间的关系进行了深入的探讨。Williams（2002：197）曾提到，他人的疼痛面孔表情不仅向观察者传递了疼痛者目前的生理状态信息，还向观察者传递了求救信号。疼痛面孔表情能够通过诱发观察者的共情，从而促使其产生亲社会行为（Goubert 等，2005：285；Zaki，2014：1608）。颜志强等（2016：573）采用点探测范式考察了成人被试对情绪性面孔的视觉加工模式，结果发现，成人对疼痛面孔的首次注视到达时间更短、注视次数更多、总注视持续时间更长。进一步地，Yan 等（2017：1）采用 Odd-one-out 范式考察了学前期儿童对情绪性面孔的视觉加工模式，结果发现，他们对疼痛面孔有着更快的首次注视到达时间。本实验的结果也发现，5—6 岁儿童的注意模式会受到社会线索的影响。此外，也有研究发现，瞳孔直径与个体的社会认知有着密切的联系（Harrison 等，2007：724；Prochazkova 等，2018：

E7265），而第四节的结果确实发现在不一致线索条件下5—6岁儿童注视面孔的瞳孔直径大于注视伤口的瞳孔直径，一致线索条件下注视伤口的瞳孔直径大于注视面孔的瞳孔直径。这提示研究者，疼痛面孔表情作为社会线索既影响5—6岁儿童的疼痛共情，也影响其对情境线索的注意分配。

第五节　执行功能与共情关系的元分析研究

本章第三节和第四节的研究结果提示研究者，执行功能的不同子成分与5—6岁儿童疼痛共情的关系可能不同，其中，抑制控制和工作记忆与5—6岁儿童疼痛共情的关系可能更强。

正如已有研究中所提到的，共情是基于镜像神经系统和共享表征（Shared Representation）促使观察者能够对他人的情绪反应感同身受的心理机制（Decety & Sommerville, 2003：527；Lamm & Majdandžić, 2015：15）。因此，在共情反应加工过程中，个体的抑制控制能力将有助于增加其对共享表征加工的深度，抑制对情绪刺激的自发反应冲动（Jackson等，2006：5）；工作记忆则有助于其保持对他人情绪刺激的持续加工（Gao等，2016：468），可以说，工作记忆对情境信息的保持和刷新是个体进行高水平认知加工的基础（Baddeley, 1992：556）。来自社会认知领域的同类研究也表明（苏彦捷、于晶，2015：51），执行功能的不同子成分在个体社会认知的加工和发展过程中可能扮演着不同的角色。

因此，为了进一步考察执行功能不同子成分抑制控制、工作记忆和灵活转换与共情以及认知共情和情绪共情的关系，本节在纳入本研究数据结果的基础上，对现有的研究结果进行了元分析。

一　文献检索和筛选

参考已有的元分析研究（颜志强、苏彦捷，2018：129），通过检索中英文文献数据库获取相应的文献数据。中文文献数据库选用了中国知网（CNKI）、万方数据库、维普数据库、优秀硕士博士论文数据库，英文文献数据库则选取了 Web of Science、PsycArticles、Psychology and Behavior Science Collection 以及 Scopus 数据库。为了尽可能获取更多的文献数据，中文选取了"共情""执行功能""抑制控制""工作记忆""灵活转换""认知灵活性"作为主题检索词，英文则选取了"empathy""executive function""inhibitory control""effort control""set shifting""cognitive flexibility""working memory"。在已经收集得到的文献的基础上，再逐一参照已搜索出的文献的参考文献进行查找（见图6-25）。检索日期为2018年11月6日。

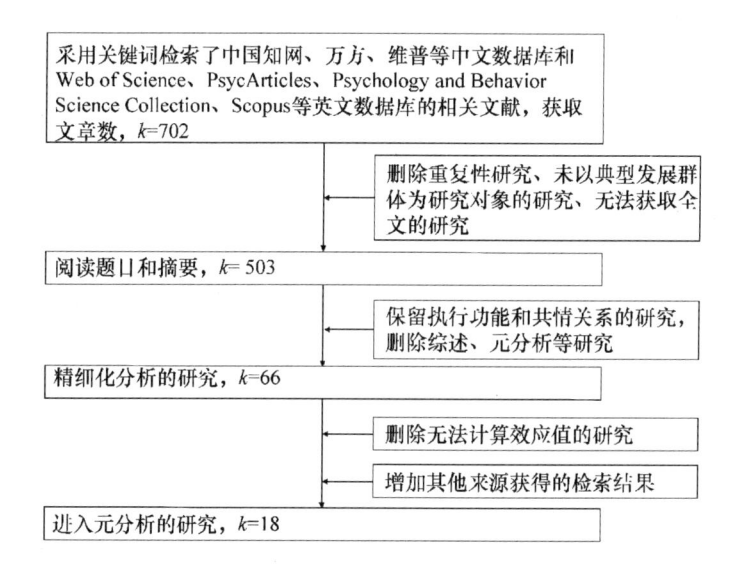

图 6-25 元分析文献筛选流程

文献纳入标准：（1）该篇论文必须涉及执行功能与共情关系的实证研究，执行功能要求至少测量了抑制控制、工作记忆和灵活转换其中之一，数据完整，样本大小明确；（2）该篇论文所涉及的被试为典型发展群体，排除异常群体被试的结果；（3）该篇论文指明的测量工具且有据可查，数据重复发表的只取其一；（4）该篇论文被试为随机取样；(5) 该篇论文语言为汉语或英语；(6) 该篇论文详细报告了 r 值或可以转化为 r 值的 F 值、t 值或 χ^2 值，排除运用结构方程模型、回归分析及其他统计方法获得的数据。最终得到符合要求的文献18篇，独立效应量数为67。其中，中文文献数为3、英文文献数为15。元分析纳入的文献均在本书参考文献部分用 * 标记。

二 文献编码与数据分析

根据所要探讨的问题对文献数据进行编码：(1) 第一作者名和发表年份；(2) 样本量；(3) 执行功能的成分（抑制控制、工作记忆和灵活转换）；(4) 共情的维度；(5) 发展阶段；(6) 被试所属文化；(7) 执行功能与共情关系的研究结果。效应量以相关系数 r 作为元分析的计算值，通过 R 语言（Version 3.4.4）的 meta 包和 metafor 包（Viechtbauer, 2010: 1）进行元分析。

文献编码由两位基础心理学专业发展心理学方向的研究生完成，编码者一致性系数为 0.87，该结果表明文献编码是比较准确的（苏彦捷、孙芳芳, 2014: 88）。针对不一致的地方，进行了讨论并再次核对以统一编码结果。

三 研究结果

（一）异质性检验

执行功能与共情总分关系研究的异质性分析的结果发现，各个研究之间不同质（$Q_b = 137.54$，$p < 0.001$，$df = 66$），I-squared 值为 52.00%，说明由效应值的真实差异造成的变异量占总变异的 52.00%，Tau-squared 值为 0.02，说明研究间的变异有 2.00% 可用于计算权重。上述结果表明，选择随机效应模型进行元分析更加符合当前的数据特征。

（二）发表偏差检验

发表偏差检验主要用于探测研究者所选取的文献是否具有全面

性和代表性，局部性和主观性的文献检索可能会使元分析的效应量结果高于真实值。参考前人的研究（丁凤琴、陆朝晖，2016：1159；颜志强、苏彦捷，2018：129），本研究选取了漏斗图（Funnel Plot）、Egger's 截距检验和 Trim – and – fill 剪贴法检验来考察所选取的研究是否存在发表偏差。

从漏斗图来看（见图6 – 26），研究基本上都集中于三角形的顶端，并且较为均匀地分布在中线的两侧，这说明所选取的文献比较具有代表性。Egger's 截距检验也叫回归截距法，回归方程的截距越大，则表明出版偏差越大，当回归方程的截距达到显著性水平时，说明元分析结果可能存在出版偏差。Egger's 截距检验结果不显著 [$t(65) = -0.34, p = 0.73$]。Trim – and – fill 剪贴法检验的结果也表明0篇研究被纳入漏斗图（见图6 – 27）。综合漏斗图、Egger's 截距检验和 Trim – and – fill 剪贴法检验来看，本元分析不存在明显的发表偏差，其结果是可靠的。

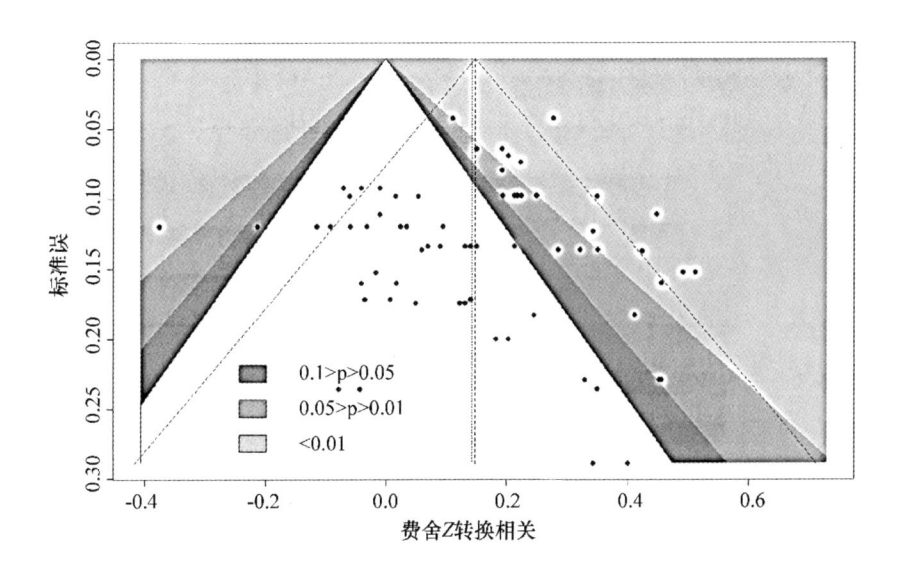

图6 – 26 执行功能与共情关系研究的漏斗图

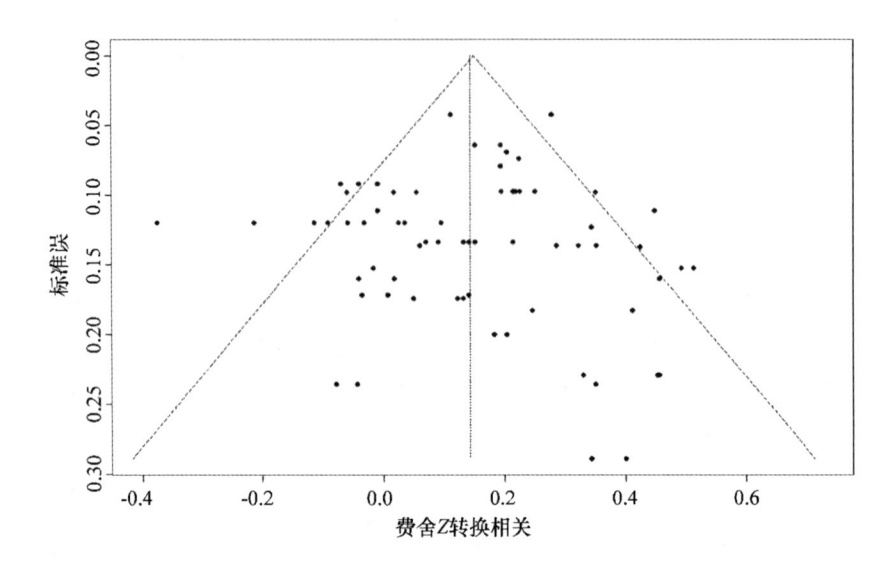

图6-27 执行功能与共情关系研究的剪贴法漏斗图

(三) 主效应检验

元分析共包括18项研究67个效应量,共计6006名被试。随机效应分析的结果显示执行功能与共情总分的相关系数 r 为0.14 [95% CI = (0.10, 0.19),$Z = 5.95$,$p < 0.001$],说明执行功能与共情显著正相关。

(四) 调节效应检验

为了考察执行功能不同子成分与共情的关系,研究者进行了调节效应分析。结果显示(见表6-9),执行功能子成分($Q_b = 2.15$,$p = 0.34$)和共情维度($Q_b = 4.39$,$p = 0.11$)的调节效应均不显著。

精细化分析的结果发现,共情($r = 0.13$,$Z = 4.29$,$p < 0.001$)、认知共情($r = 0.20$,$Z = 5.97$,$p < 0.001$)和情绪共情($r = 0.09$,$Z = 2.16$,$p = 0.03$)均与执行功能具有显著的正相关关系;抑制控制($r = 0.17$,$Z = 7.16$,$p < 0.001$)、工作记忆($r = 0.14$,$Z = 3.19$,$p < 0.01$)和灵活转换($r = 0.09$,$Z = 1.89$,$p = 0.059$)均与共情总分具有显著的正相关。进一步的分析显示,抑制控制($r = 0.23$,$Z = 4.26$,$p < 0.001$)、工作记忆($r = 0.20$,$Z = $

3.64, $p<0.001$)和灵活转换($r=0.15$,$Z=2.10$,$p=0.036$)均与认知共情呈显著的正相关,仅抑制控制($r=0.12$,$Z=3.66$,$p<0.001$)和情绪共情呈显著的正相关。

表6-9 执行功能子成分与共情关系的调节效应

调节变量	类别	研究数(k)	效应量(r)	95% CI	Q_b(df)
共情	抑制控制	27	0.17***	0.12, 0.21	2.15 (2)
	工作记忆	27	0.14**	0.06, 0.23	
	灵活转换	13	0.09+	-0.00, 0.18	
执行功能	共情	30	0.13***	0.07, 0.19	4.39 (2)
	认知共情	20	0.20***	0.13, 0.26	
	情绪共情	17	0.09*	0.01, 0.17	
认知共情	抑制控制	6	0.23***	0.12, 0.33	0.90 (2)
	工作记忆	7	0.20***	0.09, 0.30	
	灵活转换	7	0.15*	0.01, 0.28	
情绪共情	抑制控制	9	0.12***	0.06, 0.18	0.07 (2)
	工作记忆	6	0.09	-0.18, 0.35	
	灵活转换	2	0.07	-0.36, 0.48	

注:$0.05<{}^+p<0.10$,$^*p<0.05$,$^{**}p<0.01$,$^{***}p<0.001$。

(五)执行功能与共情关系强度的差异检验

为了进一步评估执行功能不同子成分与共情相关关系的强度,利用r-fisher Z转换将相关系数转换成Z分数,并利用Z分数进行相关系数的差异检验(颜志强、苏彦捷,2018:129;Cohen,2007:585),计算结果见表6-10和表6-11。

表6-10 执行功能与共情、认知共情和情绪共情关系的差异程度

共情	r	N	a	b	c
a 共情	0.13	2402	—	-2.34***	1.28
b 认知共情	0.20	1901	—	—	3.37**
c 情绪共情	0.09	1703	—	—	—

注:$^*p<0.05$,$^{**}p<0.01$,$^{***}p<0.001$。

表 6 – 11　　共情与执行功能不同子成分关系的差异程度

执行功能	r	N	a	b	c
a 抑制控制	0.17	3551	—	0.99	2.28*
b 工作记忆	0.14	1448	—	—	1.23
c 灵活转换	0.09	1007	—	—	—

注：$0.05 < {}^+p < 0.10$，${}^*p < 0.05$，${}^{**}p < 0.01$，${}^{***}p < 0.001$。

差异强度检验的结果发现，执行功能与认知共情的相关强于其与情绪共情之间的相关（$Z = 3.37$，$p = 0.001$）。进一步的分析表明，执行功能不同子成分与共情总分的相关强度具有显著性差异，抑制控制强于灵活转换（$Z = 2.28$，$p = 0.023$）。但是，没有发现执行功能不同子成分在认知共情和情绪共情子维度下的相关强度的差异。

四　结果分析

元分析的结果表明，执行功能与共情、情绪共情、认知共情均具有显著的正相关，执行功能与认知共情的相关要强于其与情绪共情的相关，抑制控制与共情的相关最强，并且抑制控制与认知共情和情绪共情都显著相关。

许多研究都发现共情可以划分为两个成分：情绪共情和认知共情（Davis，1983：113；Shamay – Tsoory 等，2009：617）。情绪共情是指个体对情绪性刺激的自发性的、自动化的反应，而认知共情则是后天的、受控制的反应。确实，正如其所描述的，本研究的结果发现执行功能与认知共情的相关要强于与情绪共情的相关。另外，已有的一些电生理研究发现，共情存在早期（140 毫秒）和晚期（380 毫秒）两个加工时程（Fan，Han，2008：160）。来自元分析的研究结果进一步显示，相比于早期 N1 和 N2 成分，晚期的 P3 和 LPP 成分对个体的共情反应有着更强的预测作用（Coll，2018：1003）。

而 P3 和 LPP 也与个体的执行功能有着密切的关系，有研究发现较高的 LPP 意味着较强的个人悲伤和较差的执行功能（Tobon et al., 2015：153）。在探讨脑区定位和功能的元分析中也一再证实，前额叶会参与个体的社会认知加工（Molenberghs 等，2016：276；Van Overwalle，2009：829）。这些结果都提示研究者，执行功能与共情尤其是认知共情有着密切的关系。

调节效应分析的结果和相关强度分析的结果则表明，执行功能不同子成分在共情加工中扮演着不同的角色。正如 Diamond（2013：135）所说，抑制控制、工作记忆和灵活转换等能力综合反映了个体的执行功能，但是其不同子成分所起到的作用和作用的方式是不一样的。Heyes（2018：499）通过综述前人的研究，提出了共情的双系统模型（Dual system model）。Heyes 指出系统 1 是自动化的加工，是人类早期发展出来的，并且广泛存在于其他哺乳类动物之中；系统 2 则是受控制的加工，是在后期发展出来的，是人类所具有的独特能力。这两个系统相互影响，从而使个体能够做出适应于情境的行为反应。在个体的共情加工过程中，情绪刺激能够诱发观察者的自动化反应，随后工作记忆有助于观察者监控和维持情境中的信息和他人表征，并从长时记忆中提取有关信息进行加工和整合，而抑制控制则有助于观察者抑制不必要的但已形成的优势反应，以促使观察者调整情绪刺激对其产生的影响，灵活转换则有助于观察者在自我和他人表征之间的自由转换，从而保证个体以灵活、优化的方式进行行为反应（周晓林，2004：641）。元分析的结果表明，抑制控制和工作记忆对个体的共情反应有着更强的影响，该结果区别于其他社会认知的研究（苏彦捷、于晶，2015：51），这可能与其认知加工的时间序列特征有关。同时，抑制控制可能起着更加基础性的作用，也与其演化基础密切相关（张真、苏彦捷，2004：752；MacLean 等，2014：1）。

第六节　本章小结

总的来说，本章研究者从个体的认知能力这一角度入手，考察了5—6岁儿童的执行功能及其子成分抑制控制、工作记忆和灵活转换在情境线索对其疼痛共情影响中的作用，结果发现，5—6岁儿童的抑制控制和工作记忆对其在不同物理线索条件下的疼痛共情具有调节作用，5—6岁儿童的抑制控制对其在不同社会线索条件下的疼痛共情具有调节作用。通过分析眼动数据进一步发现，5—6岁儿童的抑制控制和工作记忆对其在不同物理线索条件下疼痛共情的影响，可能是部分通过调控其对情境线索的注意分配而起作用的。

从演化的角度而言，对他人疼痛的共情有助于个体体验和了解他人的痛苦感受，随后产生帮助他人的意愿，以维持个体的生存和种族的繁衍（de Waal，2008：279；Williams，2002：197；Williams，Craig，2016：2420）。作为发生在特定情境下的特定的亲社会行为，个体的一般认知能力是其能够做出行为的基础。正如Preston和de Waal所提到的，个体的共情反应是从底层的情绪感染逐渐发展到共情关注和观点采择的，而这个过程就伴随着个体认知能力的发展（de Waal，2008：279；Preston，de Waal，2002：1）。Decety和Meyer（2008：1053）则进一步指出，个体的执行功能有助于个体控制、调节其因情绪感染所产生的情绪压力，从而促进个体产生他人定向的亲社会行为而非自我定向的回避行为。Decety等（2016：1）在谈到观察者的共情反应时指出，当观察者看见他人处于痛苦之中时，会通过情绪感染共享其情绪体验，但是个体之后会不会产生帮助行为则将取决于个体对共享到的情绪体验的自我调节结果，如果个体能够将其共享到的情绪体验调节到适当的水平，那么就可能做出亲社会行为以帮助他人，如果个体不能将其共享到的情绪体验调节到适当的水平，那么就可能做出回避的行为反应。这一观点，也得到了 de Waal 和 Preston（2017：498）的认可。因此，本章的研究结果不仅发现 5—6 岁儿童的抑制控制和工作记忆对其疼痛共情具有调节作用，而且眼动数据进一步地表明个体的执行功能不仅对其情绪加工有影响，同时会通过影响其对情境线索的注意分配而起作用。

本章第三节、第四节通过应用眼动追踪技术使得研究者能够从视觉加工的动态视角来探讨执行功能不同子成分对 5—6 岁儿童疼痛共情的影响。已有的研究发现，疼痛共情的加工可以分为早期的情绪分享和晚期的认知卷入这两个加工阶段（黄翯青、苏彦捷，2010：13；Fan, Han, 2008：160）。在眼动研究中，也有研究者提出个体的注意加工可以大致分为早期的注意定向（Attention Orientation）和晚期的注意维持（Attention Maintenance）这两个加工阶段（Vervoort 等，2013：836；Yang 等，2012）。颜志强等（2016：573）就率先尝试结合眼动追踪技术和点探测范式，探讨了成人个体对疼痛面孔图片和中性面孔图片的加工，结果发现，被试对疼痛面孔图片的早期注意定向更快、晚期注意维持更长。进一步分组分析的结果显示，只有高共情组对疼痛面孔的总注视持续时间比对中性面孔的总注视持续时间长，这表明被试存在疼痛面孔注意偏向，并且其注意加工的晚期阶段易受到个体因素的影响。在成人研究的基础上，Yan 等（2017：1）又探讨了学前期儿童对疼痛面孔和其他情绪面孔的视觉加工，结果发现，学前期儿童对疼痛面孔的注意定向快于其他情绪面孔，注意维持较短。进一步地，相关分析发现，学前期儿童的特质共情水平与其注意加工和疼痛评价密切相关。这提示研究者，与成人不同，处于早期发展阶段以情绪共情为主的学前期儿童的早期和晚期共情加工可能都会受到个体因素的影响。

来自电生理的研究也显示，疼痛共情的早期和晚期加工阶段都会受到个体认知能力的影响（Fan, Han, 2008：160）。虽然一项元分析的结果发现，共情的脑电结果主要出现在晚期正成分的 P3，而早期负成分的 N1 和 N2 则并不稳健（Coll, 2018：1003），但是 Cui 等（2017：24）的一系列工作成果将这些指标的作用进一步细化，他们认为脑电的早期成分（N1，N2）反映了对威胁性刺激的加工，当处于社会威胁性情境中时，这些成分对他人疼痛更敏感，而脑电的晚期成分则是真正的共情成分，当处于社会友好的情境中时，P3 和 LPP 成分对他人疼痛更敏感，而且晚期成分可以有效地指示未来的帮助行为。来自眼动和脑电的研究都表明，疼痛共情容易受到个体认知能力的影响，尤其是在共情的晚期加工阶段。这与本章第三节和第四节的结果是相契合的，第三节和第四节均发现，无论是早期的注意定向还是晚期的注意维持都和 5—6 岁儿童的疼痛评价有关，并且在物理线索条件下其对情境线索的注意分配受到其执行功能的调控。该结果进一步从发展的视角对已有的理论研究进行了解释和补充。

第五节元分析的结果则进一步表明，执行功能不同子成分与共情的关系存在差异。具体而言，执行功能与共情、情绪共情、认知共情均具有显著的正相关，执行功能与认知共情的相关要强于其与情绪共情的相关，抑制控制与共情的相关最强，并且抑制控制无论是与认知共情还是情绪共情都有显著相关。从元分析的结果中可以发现，执行功能与认知共情的关联要强于情绪共情，在执行功能子成分中，抑制控制与共情的关联更强。元分析的结果补充解释了本章第三节和第四节中的结果，充分说明了抑制控制在个体共情反应过程中的调控作用。

总而言之，以上这些研究结果都提示研究者，个体的一般认知能力在物理线索条件下和社会线索条件下对学前期儿童疼痛共情的影响既存在共性也存在差异性。此外，越来越多的研究证据表明，个体自上而下的认知加工和自下而上的情绪加工交互影响（刘烨等，2009：2783；Pessoa，2008：148）。本研究也发现 5—6 岁儿童的执行功能能够调节其在不同情境线索条件下的疼痛共情，在物理线索条件下执行功能对疼痛共情的影响部分通过对其注意分配的影响起作用。这也反映了情绪和认知因素在社会互动过程中会因线索类型而有不同的作用模式。该结果与前人所提出的社会情境网络模型（The Social Context Network Model）相符，该模型被用于解释情境性因素对共情的影响（Ibañez，Manes，2012；Melloni 等，2014）。模型共包括三个子系统：(1) 更新情境信息和预测（额叶）；(2) 内部—外部协调（脑岛）；(3) 基于价值的目标情境联系（颞叶）。在这个情境网络中，前额叶通过更新情境中相关联表征的激活来产生预测，而脑岛则协调来自内外部环境的情绪和认知，最后，存储在颞叶的目标情境联系将会基于特征进行信息整合并在额叶进行加工。认知和情绪进行协调以促使个体做出适应环境的行为。

第七章

培养儿童的共情能力

第一节 共情具有可塑性

在第三章中,我们讨论了共情的毕生发展特点,可以发现,共情是随着时间逐渐发展和成熟的,是从以情绪共情为主逐渐转变为以认知共情为主的。

但需注意的是,共情虽然与生俱来,却并非一成不变。遗传奠定了共情的基础,后天的环境则塑造了共情的行为表现。下面,我们将从表观遗传学和神经可塑性两个方面进行阐述。

一 共情能力的获得部分源于遗传

(一)行为遗传学及其研究方法

随着共情研究的深入,越来越多的研究者开始关注共情是否存在遗传基础,这就涉及行为遗传学的内容。行为遗传学(Behavior Genetics)历史悠久,最早大概可以追溯到 Galton 的《遗传的天才》(*Hereditary Genius*)一书,他系统地描述了人类行为的遗传特点(白云静等,2005)。随着时代的发展,人们对于行为与遗传之间关系的认识逐渐深入,行为遗传学是一门探讨和研究行为的遗传基础的学科,行为遗传学研究者不仅关注生物学遗传层面的影响,还关注后天成长环境对于个体行为的影响，以及遗传和环境的交互作用（刘晓陵、金瑜，2005）。

行为遗传学的发展为发展心理学的研究带来了新的研究视角，并促进了发展行为遗传学的诞生。发展行为遗传学（Developmental Behavioral Genetics）是以发展心理学和行为遗传学为基础的交叉学科，该学科综合运用多学科的研究方法来探讨影响人类心理与行为发展的因素，以及这些影响及其背后的机制是否存在发展性特点，是否会随年龄的增长而发生变化（张文新等，2012）。不得不说，遗传与环境之争一直是心理学研究的核心问题，共情的研究也是如此，接下来我们将从遗传的角度来探讨共情的遗传基础。

（二）共情的行为遗传学证据

共情是与生俱来的，印刻在了我们的基因之中。最能够表明共情是与生俱来的典型现象是传染性哭泣。许多研究者发现，在医院安静的婴儿房内如果有一个孩子开始哭泣，那么必定会"传染"另一个，最终整个婴儿房可能都会沸腾起来。同样的现象，我们在幼儿园中也能够观察到，当幼儿发现他人哭泣时，自己也会哭泣。除此之外，传染性哈欠也是一个非常有趣的典型现象。传染性哈欠是指当我们看到他人打哈欠时，自己可能也会不由自主地张开嘴打一个哈欠。而且，非常有意思的是，有研究者发现，黑猩猩也会产生传染性哈欠。

相关研究证据显示共情存在遗传基础。遗传研究最为直接和有效的方式就是寻找同卵双生子（基因几乎完全一致）和异卵双生子（共享一半的基因）的被试，由于他们的基因共享程度存在不同，所以可以帮助研究者探讨遗传和环境对于个体心理和行为的影响（丁宁等，1994：27）。在共情的遗传研究中，确实发现遗传对个体的共情水平具有较大影响。Knafo 等（2008：737）招募了 409 对双生子进行追踪研究，其中同卵双生子 230 对、异卵双生子 179 对，分别在他们 14 个月、20 个月、24 个月和 36 个月时测量了其共情水平，结果在早期的发展过程中没有发现遗传的影响，但是在 24 个月以后，就观察到了遗传的影响，共享环境的贡献在不断下降。在36个月的时候，遗传可以解释共情的47%，非共享环境可以解释53%。来自大样本46861名被试的全基因组分析研究发现，采用共情商数问卷测量得到的被试自我报告的共情水平与其基因型有关（Warrier等，2017：1402），共情的遗传力在11%左右。也就是说，共情存在遗传的基础，共情能力是部分源于先天的。

随着遗传学研究的普及，共情的遗传学研究结果越来越多。已有的遗传学数据确实表明共情存在遗传基础，且认知共情和情绪共情受遗传的影响不尽相同，情绪共情可能更多受到遗传的影响，认知共情更多受到后天环境的影响。来自遗传学的证据就表明，遗传确实会影响个体共情能力的发展，但是个体共情能力的发展并非完全源自遗传，环境也会起作用，这也意味着共情具有可塑性，是可以在后天的教育和学习中发展完善的。

二 共情能力培养的必要性与可行性

大量的研究表明，共情能力的培养既有必要性也有可行性。一方面，从社会现实问题出发，日益尖锐和对立的医患关系不得不让人们感叹医患双方的共情缺失；另一方面，从与个体成长有关的社交问题出发，逐渐成长并个性鲜明的新生代在与他人甚至与父母交流和沟通时都问题不断，冲突频出，这让我们再次认识到共情培养的必要性和意义。

（一）医患关系的缓解从培养共情开始

社会现实问题中突出的医患关系对共情的培养提出了切实的需求。共情的可塑性研究主要来自医学院，因为紧张的医患关系以及医学专业人才培养的需求，使得他们迫切地想要知道如何提高并改善医护人员的共情能力。医患关系紧张已经成为社会关注的热点话题之一，由此导致的医疗纠纷甚至是暴力事件层出不穷。从狭义层面而言，医患关系是指医务人员在医疗活动中与患者及其家属围绕疾病和健康问题而产生的特定人际关系（杨艳杰等，2018：153）。

随着人类文明和医疗技术的发展，传统意义上的医患关系被赋予了新的诠释，出现了广义层面的界定，"医"已由"医生"扩充为"医方"，即由单纯的医学团体扩展为参与医疗活动所有过程的各类医护人员；"患"也由"患者"扩充为"患方"，即由单纯求医的病人扩展为与其有着直接或间接关系的患方群体（孙连荣、王沛，2019：951）。

针对日益凸显的医患问题，共情被视为一纸良方。医护人员需要有较好的共情能力，这样才能更好地理解患者，进而做出优质的医护行为（Svenaeus，2015：267；戚秀华等，2011：56）。作为影响医患关系构建的核心因素之一，良好的共情能力可以促使医务人员有效缓解患者因疾病带来的焦虑和痛苦。对护理专业学生而言，良好的共情能力能够有效提高其沟通能力和情绪智力水平，对护理职业的发展有着深远的意义（张翠颖，2016：185）。张英兰（2010：1111）认为护理实践的基础是护患沟通，而共情则是良好沟通的重要影响因素之一。来自护理人员的共情将有效地减少患者的疏远感和孤独感，并增进护患之间的关系，最终促进护理工作的展开。

共情确实可以加强医患之间的沟通进而促进医患关系的良好发展，并且有助于患者的治疗和康复（Decety, Fotopoulou，2015：1）。刘砚燕等（2021：3305）对高年级本科护生共情对人文关怀能力的影响进行了探讨，发现共情中的观点采择维度、护理学热爱程度、家庭氛围和同学关系四个变量是影响高年级本科护生人文关怀能力的重要影响因素，其中观点采择维度对于本科护生人文关怀能力影响最大。观点采择维度是指在护理实践中能正确理解患者及家属等的语言和非语言行为，感知其情绪和需求，是共情概念的关键要素之一，几乎成为共情的同义词（颜志强等，2018：433），也是影响人文关怀能力的主要因素之一（Wang等，2020：1）。

（二）人际交往的促进从培养共情开始

人际交往过程中所凸显出来的新生代自我中心问题也对共情的培养提出了迫切的需求。由于独生子女政策的实行，大多数家庭都是独生子女，他们的成长环境缺少培养共情的情境，与"70后""80后"相比，"90后"乃至"00后"明显更具有个人主义特点，并且更加以自我为中心，追求个人利益。这对于社会和谐而言会带来一些不稳定的因素，在个体发展的早期，共情能力的缺失既可能造成心理健康问题的出现，也容易引发攻击性行为，他们难以对他人的情绪产生共情，很容易只站在自己的立场思考问题，从而影响个体的社交甚至是日常生活。不得不说，日常的人际交往以及社会生活需要良好的共情能力，对于一些共情缺损的个体而言尤其重要，这将帮助他们重新回归正常的社会生活。

不过，值得注意的是共情是一个复杂的多维成分，包含着伴随情绪、认知共情产生的实际行为反应，不同成分的共情出现的时间不一，且有着各自的发展特点和作用规律，与社会交往能力之间的联系也是不断发展、变化的。认知共情和情绪共情在毕生发展过程中呈现出不同的趋势。一项元分析的证据显示：学前期是个体差异开始出现的阶段，处于发展早期的学前期儿童，正处于以自动化的情绪共情为主的发展阶段，他们对外界的情绪性信息会更加敏感；当过渡到儿童中期至成年早期时，则逐渐以认知共情为主；等到了成年中期至成年晚期时，就又回归到了以情绪共情为主（颜志强、苏彦捷，2021：1）。这一结果验证并拓展了黄翯青和苏彦捷（2012）所提出的共情毕生发展的双过程埋论模型。行为共情作为共情的第三维度，也有其独特性。魏祺和苏彦捷（2019：523）的研究发现，对于学前期儿童来说，行为共情出现的时间较情绪共情而言更晚一些，在3—4岁。

以同伴关系的研究为例，共情与同伴关系的联系随着发展而不断变化。具体来说，在生命的初始阶段，情绪共情在发展中处于较强水平，会促使个体对他人的情绪产生共鸣，并根据对方的情绪做出相应的行为反应。情绪共情不仅有助于亲子之间形成亲密的连接，也有助于个体与他人建立联系（Stern, Cassidy, 2018：1）。刚出生的婴儿就会对他人的情绪产生替代性情绪体验。比如，面对其他婴儿的哭声会产生更多的哭泣反应（Dondi 等，1999：418），还会对他人的情绪反应进行自动化的模仿，如跟随成年人的嘴部和面部表情产生相似的运动（Harrison 等，2010：393）。例如，妈妈吐舌头，怀里的宝宝也会跟着吐舌头。在 10 个月大时，婴儿对他人的关注更为明显，到第二年出现了帮助和安抚他人的尝试（Huang 等，2017：1）。有研究表明，幼儿在 2 岁时就已经能够理解同伴的情绪，并且根据其情绪做出相应的行为反应，与同伴保持情绪和生理上的同步。而那些倾向于无意识模仿他人姿势、手势和声调等特征的人在同伴交往过程中会更受欢迎（Chartrand，Bargh，1999：893）。这种情绪上的同步，在一定程度上促进了个体积极同伴关系的形成。有研究指出，学前期是儿童同伴关系出现和发展的重要阶段，学前期儿童的共情能力可能对其同伴关系的形成产生影响。共情水平高的学前期儿童能够进行模仿、情绪分享和理解，对他人的情绪性信息比较敏感（Haviland，Lelwica，1987：97），这为建立同伴关系以及个体的共情发展提供了机会。来自其他发展群体的研究结果也显示：共情与同伴关系息息相关。

随着年龄的增长和认知水平的提高，个体的观点采择能力不断发展，认知共情开始在同伴交往中发挥着更加重要的作用，共情与同伴关系的联系也表现出一定的稳定性。进入学前期的幼儿，共情变得越来越有选择性。此时，情绪共情随着婴儿期传染性哭泣和自动化模仿现象的下降趋势而减弱，但没有完全消失，而是"隐蔽"在个体的共情结构中。有研究以 117 名 5—6 岁幼儿为对象，探讨了幼儿的同伴关系与其情绪共情之间的关联，结果发现二者确实存在显著的正相关（Carreras 等，2014：371），但情绪共情对同伴关系的影响可能因性别而有所区别，对于男孩来说，情绪共情通过减少身体攻击作为对社会冲突的反应从而促进男孩的同伴关系；对于女孩来说，情绪共情增加了在冲突中对他人的帮助从而对其同伴偏好产生影响。相较于情绪共情而言，认知共情出现的时间稍晚一些，并且伴随个体认知能力的发展呈现出倒"U"形的发展轨迹。认知共情的出现和发展将使得个体能够更好地去理解他人的意图和情绪，并且促进人际交往。认知共情对于个体人际交往的影响在发展早期就已显现。尽管学步时期儿童的同伴关系尚不稳定，但有研究者通过注视偏好和违背预期等非言语研究范式发现，6个月大的婴儿对那些乐于助人的人更为偏爱，这被认为是认知共情的雏形（Hamlin等，2007：557）。尽管这一时期个体的认知共情整体还处于较低水平（Knafo等，2008：737），但有关学前期儿童的研究发现，从学龄前期到儿童期，个体的认知共情进入快速发展阶段（黄翯青、苏彦捷，2012：434）。认知共情水平高的个体对人际间的接触会更加敏感（Peled等，2016：802），而对他人情绪的关注和理解无疑有助于儿童的人际间交往。认知共情对同伴关系的预测作用随着年龄增长愈加明显。

有研究通过元分析的方式系统地考察了青少年的共情水平与其同伴关系之间的关系，结果表明青少年共情水平越高，其同伴关系质量越好（Boele等，2019：1033）。来自青少年群体中的研究结果大多显示，相比于情绪共情，认知共情对于积极同伴关系的预测作用更强。Soenens等（2007：633）在研究青少年共情与同伴关系之间的联系时发现，认知共情与同伴关系呈显著正相关。Huang和Su（2014：420）的研究结果也证明了青少年中男生的认知共情与其同伴接纳、受欢迎程度和社会偏好均呈正相关。还有研究者在考察青少年共情在发展同伴关系中的作用时发现，高共情水平的青少年会更好地沟通、解决冲突和表现出亲社会行为，所有这些都有助于他们建立亲密的友谊，且认知共情与同伴关系的联系比情绪共情更强烈（Ciarrochi等，2017：494）。随着个体年龄的增长和认知能力的不断提高，情绪共情与认知共情的交互作用会促使个体产生对他人的关心、安慰以及帮助等一系列亲社会行为（Rieffe等，2010：362），行为共情开始由初级向高级不断发展成熟（Huang等，2017：1）。有研究发现，与情绪共情相比，认知共情和行为共情更能够预测个体同伴关系（van den Bedem等，2019：599）。颜志强和李珊

(2021：424）的研究也发现我国青少年共情水平与同伴关系质量呈正相关，并且高质量的同伴关系可以缓解其抑郁水平。当个体在特定情境中能够较好地理解他人的想法和感受时，又能增加其助人、合作或友好行为，进而提高同伴接纳的可能性。尽管此时情绪共情随着情绪自动化感染现象出现的下降趋势而减弱，但并未完全消失。在情绪感染的基础上形成的有意识的情绪分享和共情关注，会促使个体产生对他人的关心、安慰以及帮助等一系列亲社会行为，并且抑制个体的攻击性行为，使个体能够向他人提供帮助或表示友好，从而获得来自同伴的信任，并且处于同伴关系网络的核心。共情作为个体重要的社会认知能力，先于社会关系出现，是促进个体同伴关系发展的社交黏合剂（刘思航等，2021：69）。

（三）共情可塑性研究的脑科学基础和研究方法

人类心理活动和行为的起源都来自大脑，而大脑是可塑的，由此，人的心理和行为是可塑的，是可以改变和改造的。具体而言，大脑的结构和功能可以经由环境和经验所影响而发生改变，这种改变可能是结构上的改变，比如皮层厚度，又或者是功能上的改变，比如某个脑区替代性地完成其他脑区所执行的任务（郭瑞芳、彭聃龄，2005）。情绪作为人脑的高级功能，具有较为重要的适应性作用，对于个体社交和生存都具有较大的影响。相关研究表明，与情绪相关的神经回路具有可塑性，这些脑区包括前额叶、杏仁核、海马和丘脑等区域（刘宏艳等，2006：682）。而这些区域，恰恰也是共情的关键脑区，这意味共情也具有神经可塑性。

可塑性研究通常包括纵向研究和横向研究这两种研究方法。纵向研究是指研究者在同一个研究中考察同一批实验被试在参与研究前后的变化，具体而言，研究者通常会在进行实验前对实验被试进行前测，然后会在实验进行中对实验被试进行训练或干预，要求他们完成一系列的实验任务，最后进行后测，通过对比前后测的差异可以反映出是否具有可塑性。例如，Klimecki 等（2014：873）为了研究共情的神经可塑性，邀请了两组被试参与实验，一组被试接受了共情推理方面的训练，一组被试接受了记忆训练以作为控制组。结果发现，在观看描述人类痛苦的视频时，共情训练组而非记忆训练（对照组），与共情相关的前脑岛和前中扣带回等大脑区域的反应更加强烈。当然，这只是短期的实验室干预，也可以考虑更为生态化的长期干预方案。横向研究则是指研究者在一个研究中考察多个具有不同特点的实验被试。横向研究通常是纵向研究的备选方案，它可以对较多的被试进行研究，其被试的代表性较强，研究所得结果也就具有较好的概括性，且时效性比较强，可以较快获得研究结果，避免了被试流失。Decety 等（2010：305）应用 fMRI 技术探讨了共情相关脑区激活的发展性变化及其特点，通过分析 7—40 岁被试的疼痛共情反应，结果发现杏仁核、辅助运动区和脑岛的激活随年龄的增长而减弱。同时，与认知评价有关的背外侧前额叶和腹内侧前额叶则随年龄的增长激活逐渐增强。鉴于人力、物力的综合考量，例如，考察大脑的发育性变化特点常采用横向研究的方式，因为对同一个人的纵向追踪是较为困难的。纵向研究耗时较长，极易发生被试流失的情况，这会影响被试的代表性和研究结果的概括性，且纵向研究需要对同一批被试重复进行研究，有时可能会出现练习效应或疲劳效应。

第二节　培养儿童共情的路径

以本书所提出的儿童共情的注意双加工理论模型为基础，我们结合已有的研究对儿童共情的培养提出了具有针对性的教育建议和切实可行的教育方案。通常而言，儿童共情培养的路径可以划分为两种，即经验主义和人文主义（魏高峡等，2021：702）。前者注重在过程中体验，在过程中积累经验，是自下而上的情绪共情的获得与培养，后者注重个体对自我和他人的概念层面的理解，是自上而下的认知共情的获得与培养。但是，从形式来看，国内外共情训练的方案十分多样，一般采取经验主义和人文主义的结合模式。以下我们将简单介绍几种主流的儿童共情的培养模式，包括从团体出发，以团体心理辅导提高儿童的共情能力；从家庭出发，以亲子阅读培养儿童的共情能力；从学校出发，以幼儿园思政课培养儿童的共情能力。

一 从团体出发，以团体心理辅导提高儿童的共情能力

（一）团体辅导及其特点

团体心理辅导是一种区别于个体心理辅导的心理辅导形式，通过形成一个具有共同心理困扰或共同成长目标的团体，并且借助团体内个体间的互动促进、改变以及消除其困扰或达到其目标（孙时进、高艳，2006：60）。

团体心理辅导以团体为单位，以活动为载体，以自我体验为途径，以每个成员的成长和发展为目标。其特点表现为以下三个方面。第一，团体心理辅导具有很强的感染力，影响广。团体心理辅导是一个多向沟通的过程。对于每个成员来说，都存在多个影响源。每个成员不仅接受他人的帮助，也可以帮助其他成员。第二，团体心理辅导创设一种模拟的社会生活情境，效果好。人存在于社会环境中，人的许多心理适应问题都是在特定的社会环境中发生发展的，比如求职受挫、人际失调等。团体心理辅导创设一种模拟的社会生活情境，把特定的问题放在类似的环境中去，通过示范、模仿、训练等方法，参加者重新审视自己的观点、行为，重新调整策略。第三，团体心理辅导符合经济原则，效率高。与个别心理辅导中咨询员与求助者一对一的关系不同，团体心理辅导是一个指导者对多个团体成员，增加了辅导人数，省时省力效率高（金艾裙，2009：131）。

（二）以团体辅导提高共情的实践方案

国内外已有多项研究证据表明，团体心理辅导可以提高个体的共情能力。王亚楠等（2018：170）对团体心理辅导在提高护理本科

生共情能力中的应用展开了研究，该辅导方案结合了护理专业的特点，从认知、情感和行为三个层面出发，其中，"无声话语"单元和"倾听心声"单元主要从认知层面提高学生共情的观点采择能力，"知我懂我"单元和"换位思考"单元主要从情感层面提高学生共情的情感护理和换位思考能力，"回顾之旅"单元则通过实战演练从行为层面提高学生共情能力，各个单元紧紧围绕共情的主题进行设计，结果显示通过团体心理辅导的方法，提高了护理本科生的共情能力。

Feshbach 教授及其同事于 1984 年根据共情的概念及其应用对象率先开发出了一套名为"学会关系，共情训练方案"（Learning to Care: The Empathy Training Program）的共情培训方案，他们设计了一系列的团体活动，包括问题解决、讲故事、听磁带录音以及简单的写作任务、小组的讨论等。他们发现，经过共情训练的儿童，共情能力得到了提高，与控制组存在显著差异（魏华林、朱安安，2012：22）。聂宏斌等（2018：1398）根据 Feshbach 等的训练任务进行了改编和本土化，他们的方案共包括八个主题：什么是共情；共情能力知多少；"表情"对对碰；你猜对了吗；情感大考验；学会正确倾听；我是共情小达人；总结与分享。方案分别从认知、情绪和行为三个层面设计团体辅导活动，该方案包括八个主题团辅活动，涉及情绪图片、无声电影、情绪词汇、人际关系案例与非言语信息等材料，由课题组成员担任团辅带领者，引导初中生通过角色扮演、换位思考、小组讨论与案例分析等团体游戏方式进行共情能力的培训。通过为期 16 周的训练后，实验组和对照组的共情水平存在显著差异。

20 世纪 70 年代，美国的非营利组织儿童委员会（Committee for Children）与一些大学的学者开始探索儿童健康发展、学业与社会情感能力之间的关系，依托于"支持健康个人和生命发展环境"（Supporting Healthy Individuals and Environments for Life Development, SHIELD）项目的"第二步"（Second Step）项目课程应运而生。"第二步"项目课程主要为幼儿园的学龄前儿童至8年级学生提供反欺凌早期干预。1988—1991学年，美国儿童委员会开始在幼儿园至小学5年级阶段试点该课程；1989—1990学年，美国、澳大利亚学校的6—8年级开始实施该课程；1995—1996年，通过对6—8年级的课程进行修改和扩展，"第二步"项目课程逐渐形成了完整的体系。幼儿园课程内容聚焦于学生个人认知能力发展。幼儿园儿童通过主题内容学习，学会利用多种线索感知自己及他人情绪变化，认识强烈的情绪和应对方式；学会解决丢东西、被打扰、被辱骂、东西被拿走以及与朋友玩耍等情景性问题；学会应对强烈情绪，如生气、受伤等情况。该阶段主要是让幼儿了解和感知情绪，并且学会简单地应对与自己有关的事情，发展幼儿的个人认知能力。"第二步"课程具有四个实施环节，分别为：热身、故事和讨论、角色扮演以及学习迁移。1989年，课程设计者之一的贝兰德研究了课程对6—8年级学生的影响，结果表明课程的实施让学生具有丰富的换位思考知识，和问题解决以及情绪管理的知识。2002年，陶布研究了课程对美国农村小学生的影响，他采用实验组与对照组方式进行为期一年的对比追踪研究发现，实验组的学生认知能力得到了显著提高。除此之外，一项对少数民族学生的研究显示，参加课程学习的近2/3学生在积极应对、关怀合作、抑制攻击性行为和换位思考等方面得到显著改善（何二林、王琳琳，2020）。

根据皮亚杰的认知阶段理论，学前期儿童正处于前运算阶段。对于年龄较小的幼儿来说，其思维具有泛灵论的特点，他们会借助动物、卡通人物等拟人化的形象表达自己的思想情感。教师可借鉴瑞典动物福利和动物保护协会开发的动物情绪体验训练方案，通过向幼儿讲述采用动物视角或卡通人物视角编写的故事，引导儿童通过观察、聆听和想象来体验和体会动物或卡通人物的情绪情感，由物及人，在发展幼儿共情能力的同时，也学会尊重动物和珍爱自然（刘思航等，2021：69）。

二 从家庭出发，以亲子阅读培养儿童的共情能力

（一）亲子阅读及其特点

亲子阅读也被称为亲子共读，是以书籍或绘本作为媒介，以阅读作为沟通和交流的纽带，让孩子和家长产生多种形式互动的过程（曹桂平，2014）。亲子阅读不仅是培养儿童的阅读习惯和阅读兴趣，更是促进亲子互动和交流的活动。当爸爸妈妈和孩子共同阅读一本书的时候，爸爸妈妈在朗读，儿童在倾听，偶尔也会有询问和讨论，亲子谈话便产生了。亲子谈话是家庭教养环境的重要组成部分，是亲子互动的重要形式，对个体的发展有重要的影响，亲子谈话对儿童认知能力以及行为的发展都有非常重要的作用。

亲子阅读作为亲子交流的一种形式，能够使得亲子关系更加亲密。亲子交流是指家庭中父母与子女间信息、观点、意见、情感和态度的交流，以达到相互了解、信任与合作的过程（王争艳等，2002：192），是实现家庭教育功能的主要方式，对儿童及青少年的心理发展起着非常重要的作用（邓林园等，2014：169；房超、方晓义，2003：65）。对学前儿童来说，亲子交流更多体现在父母对儿童的语言输入上（Ruffman 等，2002：734；Slaughter 等，2007：839）。

（二）以亲子阅读培养儿童共情的实践方案

对于学前期儿童而言，亲子阅读无疑是培养其共情能力的最佳方式之一。个体的共情能力不是稳定不变的，而是一个毕生发展的过程（黄翯青、苏彦捷，2012：434）。共情是发生在人际互动过程中的一种心理现象，是随着神经心理的成熟，在人际交往的过程中形成的，受个体所处环境的影响。个体成长早期所接触的环境主要是家庭教养环境，个体最早的人际交往是在家庭环境中发生的，主要是父母与儿童的亲子互动。

家庭中对孩子共情能力的培养与训练应该分步骤、分层次，人只有学会先关爱自己，才能关心亲人、朋友，继而是陌生人或者是不喜欢的人。因此，训练幼儿的共情能力要从身边的人和事做起，

首先要尊重孩子自己的情绪表达，其次要耐心引导孩子去了解和感知他人的情绪和需求，这样孩子才会逐渐摆脱"以自我为中心"，懂得去尊重和理解他人（周含芳、刘志军，2018：6）。亲子阅读是一种家庭式的阅读，由父母和儿童共同参与、共同完成，同时亲子阅读也是亲子互动的一种形式，可以促进儿童认知、情绪发展（周坚宇，2014：121）。文学艺术作品最具感染力，它通过营造情感氛围促使孩子体验和理解作品，从而使其轻松、自然地接受情感熏陶。各种文学作品或影视作品中有丰富的人物情感和内心体验，陪同孩子观看显示不同情绪状态的作品片段，要求孩子描述并体会文学作品或图片中主人公的情绪状态，并引导孩子去解释各种情绪状态的原因，再和孩子的真实生活经验类比，引导孩子识别他人情绪并了解自己的感受和情感（赵丽君，2006：55）。已有的研究表明，亲子阅读可以促进儿童社会认知的发展，例如心理理论能力（Liu 等，2014：2563）。

绘本是亲子阅读的主要材料，也是儿童早期教育的最佳读物（曹桂平，2014：28），是用语言符号和视觉图片共同叙述故事情节的图书类型（马兰慧、明均仁，2020：131）。亲子阅读是儿童阅读绘本书的最佳方式，在亲子阅读的过程中亲子互动对于建立和谐亲密的家庭成员关系具有重要作用。因此，父母应该和孩子一起制作绘本，这既是对绘本内容知识的巩固和拓展，也是增强亲子关系有利儿童身心发展的重要途径。一方面，绘本丰富的色彩、多样的人物以及简单的故事都是能够吸引儿童注意的最佳素材；另一方面，绘本的故事是简单的、模糊的，可以为亲子阅读提供额外的发挥空间，能够反映父母在家庭教养方面的特点。家庭教养将直接影响个体的共情发展，在亲子互动的过程中，父母的言语、表情都是教育的素材，儿童可以在亲子互动中学习和模仿（Tong 等，2012：2457）。

亲子谈话是家庭教养环境的重要组成部分，是亲子互动的重要形式，对个体的发展有重要的影响，包括对儿童认知能力以及行为发展的影响。对亲子谈话的大量研究发现，亲子谈话与儿童言语理解、情绪理解、社会理解等能力有关（Ensor，Hughes，2008：201），可以促进个体认知能力的发展。共情不仅包括情绪感染等情绪成分，还包括自我—他人区分、对他人感受的理解等认知的成分，共情能力尤其是认知共情能力的发展依赖个体认知能力的发展。更高层次认知功能的发展，有助于个体共情能力的发展，是个体产生更多共情的基础。一方面，共情受家庭环境的影响，亲子谈话是家庭环境的重要部分；另一方面，共情依赖个体认知能力的发展，亲子谈话能够促进个体的心理理论等认知能力的发展。所以，亲子谈话也能够促进儿童共情能力的发展。有研究发现了母亲谈论愿望、意图与儿童的共情负相关（Garner，Dunsmore，2011：81），这是一个比较出人意料的结果，研究者也没有对此做出进一步的解释。

因此，在亲子情绪谈话的内容上，父母在亲子阅读或者观看卡通动画等过程中，可以引导孩子体会绘本或者卡通动画中人物的情绪，并与孩子生活中的事件相联系。另外，在亲子谈话方式方面，家长需要采取详细叙述的谈话风格，只有通过详细叙述的对话方式，才能促进儿童的心理理论的发展。例如，家长正在给小朋友讲述绘本故事《小丢丢》，当讲到玩具"小丢丢"是如何被对待时，可以询问小朋友"你觉得小丢丢开心吗？"，还可以进一步引导幼儿思考"小丢丢为什么不开心呢？"。幼儿通过理解"小丢丢"因为被错误对待所以感到不开心，发展自身的认知共情能力。之后，在讲到"小丢丢"因为被留在家里感到特别生气时，家长可以对小朋友提问："如果你在小丢丢的身边，你会做什么呢？"。幼儿在思考可以为小丢丢做些什么的时候，其实正在体验着化共情为实际行动的过程。所以，在陪伴孩子时，家长可以根据小朋友的特点选择合适的绘本或卡通动画。在绘本方面，可以选择《小丢丢》《抱抱》《我的影子不见了》《气呼呼帽子》《火车旅行记》《西红柿女孩》等；在卡通动画方面，可以选择《鹬》《小鸟3号》《萌鸡小队》《怕怕不怕》《狐狸夫人和狗獾先生》等。

三 从学校出发，以幼儿园思政课培养儿童的共情能力

（一）幼儿园课程思政及其特点

从2004年以来，我国出台了一系列的政策来推进课程思政的相关工作。从这些年的实践来看，可以发现课程思政是指以构建全员、全程、全课程育人格局的形式将各类课程与思想政治理论课同向同行，形成协同效应，把"立德树人"作为教育的根本任务的一种综合教育理念。课程思政不是开一门课，或是搞一个活动，更不是思政课程。无论是对于高等教育还是基础教育而言，课程思政都应是将思想政治教育元素融入对应的实践教学课程，从而潜移默化地对学生的思想意识、行为举止产生影响。

课程思政的本质是立德树人，这无疑有助于促进儿童共情的发展。2001年我国教育部颁发的《幼儿园教育指导纲要》明确指出，幼儿园教育是基础教育的重要组成部分，是学校教育和终身教育的奠基阶段。2012年我国教育部在《幼儿园教师专业标准》中提出，幼儿园教师应该践行社会主义核心价值体系，做幼儿健康成长的启蒙者和引路人。毫无疑问，幼儿园教育是一个人思想的启蒙、道德的启蒙、科学的启蒙，因此，我们必须从学校出发，以习近平总书记在学校思想政治理论课教师座谈会上所提出的精神和思想为依托，开展幼儿园思政课，将社会主义核心价值观融入园本课程，以幼儿园思政课培养儿童的共情能力。

"共情"也称为"神入""同理心"，即动之以情，通过具有亲和力的教学方式，让学生感知理论温度（阎占定，2020：63）。如果把共情置于幼儿园思政课教学过程中，它既是指教师能够从情感层面设身处地来了解幼儿的情绪与心理感受，又采用符合幼儿情绪与心理感受的方法，从认知层面引导幼儿理性看待问题并认同现实，更是幼儿从情感层面理解和接收教师教学的意愿，实现自身理解逻辑与教师教学逻辑的对接，甚至还涵盖幼儿情感观念与学习对象所蕴含的情感观念之间的统一（唐美云，2021：148）。在教师循循善

诱的教学引导下，以真实的情感吸引幼儿，触发幼儿对他人、社会、国家的共情能力，又通过多种途径来触动幼儿心灵，萌发情感，形成正确的世界观、国家观、历史观和文化观。

（二）以幼儿园课程思政提高儿童共情的实践方案

不得不说，真、善、美要从娃娃抓起。培养幼儿的共情意识，引导幼儿学会观察、感受和体验同伴的情绪。正如孟昭兰（2000：48）所说，体验是情绪的心理实体，在具体的教育实践过程中，教师可以有意识地在日常活动中设计情绪体验的环节，以绘本和实际在园生活情境为依托，引导幼儿自主表达和认真感受其他小朋友真实的情绪反馈。情绪体验的活动以及课程内容既适用于正常的教学过程，也适用于活动过程中突发的幼儿因肢体摩擦、争抢材料而引发的同伴冲突。幼儿之间通过相互倾听对方的表述，不仅明确了自己的感受与表达方式，还学会了有效倾听，从而能够更加准确地感受到其他幼儿的情绪。幼儿园课程作为幼儿在园一日生活的全过程，从共情角度促进幼儿同伴关系的改善，可以课程为抓手，借助角色扮演、绘本故事讲演等形式有意识地引导幼儿掌握人际沟通的有效策略，提高自身的观点采择能力。比如，教师可经常性地举办一些角色扮演类的主题活动，让幼儿轮流扮演爸爸、妈妈、老师、医生、警察等与实际生活紧密关联的角色，幼儿在扮演的过程中，通过亲身体验和实际操作，获得对这些角色更加深刻的认识，也更能理解处于某一角色中的不易，从而将对该角色产生的体验与感受转化为自身共情能力提升的基础（刘思航等，2021：69）。

在我国学前教育方面，中国儿童中心实验幼儿园可以说是走在了共情教育的前沿。中国儿童中心实验幼儿园以科学发展观和现代教育理论为指导，深刻领会《国家中长期教育改革和发展规划纲要（2010—2020年）》《幼儿园工作规程》《幼儿园教育指导纲要》《3—6岁儿童学习与发展指南》精神，坚持正确的办学方向，倡导并落实"共情润心、双格（健康体格、健康人格）发展"的办园理念（杨彩霞，2019：18）。何谓"共情润心"？例如，刚上小班时，小朋友们可能会因为不适应环境的转换而产生"入园焦虑",进而伤心大哭。中国儿童中心实验幼儿园的中班哥哥姐姐们知道了,想出了一个好主意:给小弟弟小妹妹制作绘本故事书。他们开动自己的小脑筋,画出了《我不哭》《公鸡陪母鸡下蛋》等有趣的绘本故事,还主动讲给小班的弟弟妹妹们听。在这一过程中,中班小朋友通过共情理解了小班的弟弟妹妹为什么会哭,在帮助弟弟妹妹缓解"入园焦虑"中体会帮助他人带来的快乐,在共情浸润心灵中成长。

以共情润心为核心,中国儿童中心实验幼儿园发展出了共情教育的三维体系。首先,共儿童之情。儿童既是园本课程的主体,也是幼儿园教育的对象,要在园本一日化课程中融入共情,就要求幼儿园教师必须掌握儿童的发展规律,树立科学的儿童观。其次,共教师之情。幼儿园教师是幼儿园教育的主要实施者,是与儿童直接进行交流的主体,幼儿园教师的共情能力将直接决定并影响儿童共情的发展和获得。因此,为了提升教育质量,一方面需要提高幼儿园教师的教育理念和专业素养,另一方面也要考虑到幼儿园教师的工作难度和情绪劳动强度。最后,共家长之情,家长是孩子的第一任老师,也是家校协作的关键,共情教育不能脱离家庭教育,幼儿园的课程设计也不能仅仅局限于幼儿园,应该将共情教育带到家庭中去,让家长也参与进来。

中国儿童中心实验幼儿园通过发挥中国儿童中心"公益性"的特点和市级示范幼儿园辐射、引领和带动作用,坚持实验领路,以研促教的强园之路,不断提升两支队伍的整体素养,充分发挥中国儿童中心的资源优势,整合和挖掘中国儿童中心各种资源潜力,不断提高办园水平,近年来逐步形成了以教育戏剧、沙盘游戏、心理社会能力主题活动、天文启蒙活动和博物馆教育活动等一系列特色活动和课程。这些,都是其他幼儿园值得借鉴和学习的。

第三节　绘本阅读促进儿童共情发展的实证探索

共情受家庭环境的影响。亲子谈话是家庭环境的重要部分，共情依赖个体认知能力的发展，亲子谈话能够促进个体的心理理论等认知能力的发展。所以，亲子谈话也应该能够促进儿童共情能力的发展。

绘本阅读作为亲子互动的一种形式，也是亲子谈话的重要途径之一。本节将通过无字图画故事书任务考察中国家长的亲子谈话内容，并通过干预和训练方式探讨绘本阅读促进儿童共情能力发展的可能性与效果。

一　研究设计与实施

（一）研究对象

被试为北京市某幼儿园中班的 75 名儿童。其中男孩 37 人、女孩 38 人，儿童的年龄为 55—66 个月。谈论知识组为 29 人，其中男孩 15 人、女孩 14 人，年龄为 55—66 个月；谈论行为组为 18 人，其中男孩 6 人、女孩 12 人，年龄为 56—66 个月；无谈论组为 28 人，其中男孩 16 人、女孩 12 人，年龄为 55—66 个月。此外有 6 名儿童未完成实验被排除（谈论知识组 1 人，谈论行为组 3 人，无谈论组 2 人）。

谈论知识组的 29 名儿童中，有些儿童因生病等原因未能参加所有 8 次训练，其中 8 次训练都参加的儿童为 12 人，参加 7 次训练的儿童为 7 人，参加 6 次训练的儿童为 5 人，参加 5 次训练的儿童为 2 人，参加 4 次训练的儿童为 3 人。谈论行为组的 18 名儿童中，8 次训练都参加的儿童为 8 人，参加 7 次训练的儿童为 2 人，参加 6 次训练的儿童为 4 人，参加 5 次训练的儿童为 2 人，参加 4 次训练的儿童为2人。

（二）任务与材料

训练任务：训练采用讲故事的方式进行，训练中所使用的故事都是从互联网上搜集的儿童故事，每个故事都配有若干张彩色的图片。这些故事包括：《小蝌蚪找妈妈》《乌鸦喝水》《小猫种鱼》《守株待兔》《亡羊补牢》《三只小猪》《小壁虎借尾巴》《比比谁更长》《猫和老鼠做朋友》《丑小鸭》《燕子和老爷爷》《借你一把伞》《老爷爷的帽子》《长颈鹿和小猪》《变色的房子》《羽毛帆船》。每次训练中，首先由研究人员向儿童讲述故事，同时向儿童展示图片，帮助儿童理解故事。讲完故事之后，向儿童进行提问，并和儿童进行讨论。不同组的实验处理如表7-1所示（以《小蝌蚪找妈妈》为例）。

表7-1　　　　　　　　各组故事训练情况说明

	操作说明	故事内容举例	问题举例
谈论知识组	谈论与故事相关的知识	池塘里有一群小蝌蚪，大大的脑袋，黑灰色的身子，长长的尾巴……	小蝌蚪长什么样子？青蛙长什么样子？
谈论行为组	谈论故事中主人公的外在行为	一群小蝌蚪在水里游，它们在找妈妈。它们看见了一条大鱼……	小蝌蚪看见了谁？青蛙说了什么？
无谈论组	不进行任何训练	无	无

共情测量：（1）对儿童共情的测验改编自 Strayer（1993：188）的共情连续性计分系统中的故事任务。在正式测试之前，先对儿童进行控制任务，控制任务是让儿童看五种情绪图片：高兴、生气、悲伤、害怕和痛苦，确认儿童能够识别人类的基本情绪。正式测试的任务是观看5个视频短片，分别描述了5个儿童处于高兴、生气、悲伤、害怕和痛苦中的情境。这些视频短片都是在互联网上搜集的，每个视频短片的长度为30—60秒。在儿童看完每个视频短片之后，依次让儿童回答以下四个问题：视频短片中主人公的情绪；主人公情绪的程度；儿童自己的感受；儿童自己感受的程度，并对儿童的

回答进行记录。(2) 共情问卷：在亲子谈话任务结束 6 个月之后，使用修订的中文版共情问卷测量儿童的共情能力，由家长根据儿童平时的表现进行评定，采用 1—5 级评分："1"表示"从不"，"2"表示"很少"，"3"表示"有时"，"4"表示"常常"，"5"表示"总是"。各维度的得分为每个维度上各条目得分的总和除以条目数，平均分为各维度的最后得分，分数范围为 0—5 分。

抑制控制测量：采用白天—黑夜任务（Children's Stroop Task，CST）(Gerstadt 等，1994：129）测量儿童的抑制控制能力，该任务包括两类卡片：一类是画着太阳的卡片；另一类是画着月亮的卡片。要求儿童说出与他们看到的卡片上的事物相反的事物，当在实验中呈现画着太阳的卡片时，要求儿童说出"黑夜"；当实验中呈现的是画着月亮的卡片时，要求儿童说出"白天"。该任务一共有 12 个试次，其中太阳卡片为 6 张，月亮卡片为 6 张。采用 0—1 计分，儿童反应正确，计为 1 分；反之，儿童反应错误，计为 0 分。以儿童回答正确的试次数除以总的试次数，作为儿童在该任务上的得分，分数范围为 0—1 分。

(三) 研究程序

首先，对每名儿童的共情能力进行前测，测验结束后，将儿童分为三组：谈论知识组、谈论行为组和控制组。对控制组不进行任何形式的训练，对谈论知识组和谈论行为组儿童进行各自的故事训练，训练时间为 3 周，每周 2—3 次，共训练 8 次，每次 10—15 分钟，讲述 2 个故事。训练结束后，对儿童的共情能力进行后测，后测所用的任务与前测相同，但与前测的材料内容不同，考察训练前后儿童在共情任务中表现的变化。另外，由于共情与个体的抑制控制能力有关，后测中还测量了儿童的抑制控制能力。

(四) 数据分析

采用共情编码计分。在正式实验前先对实验所用的视频材料进行评定，确定每段视频短片中主人公的情绪类别（高兴、生气、悲伤、害怕和痛苦）及情绪的程度（"1"代表"一点"，"2"代表

"比较","3"代表"非常"),并且匹配了前后测短片中的情绪种类和程度,确保前后测视频短片的难易程度相同。对儿童的回答进行编码,编码分为认知共情和情绪共情两个维度。儿童对主人公的情绪认知为认知共情,采用0—2计分,儿童对主人公的情绪识别错误,计0分;对主人公的情绪类别判断正确,但对主人公情绪程度的判断错误,计1分;对主人公的情绪类别判断正确,同时对主人公情绪程度的判断也正确,计2分。将儿童5次回答的得分相加作为儿童认知共情的总得分,认知共情的分数范围为0—10分。将儿童自己的感受作为情绪共情,采用0—2计分,儿童和主人公的情绪类别不同,计0分;儿童自己的感受与主人公的情绪相一致,但与主人公情绪的程度不一致,计1分;儿童自己的感受与主人公的情绪相一致,并且儿童自己的情绪程度与主人公的情绪程度也一致,计2分,将儿童5次回答的得分相加作为儿童情绪共情的总得分,情绪共情的分数范围为0—10分。

采用 Excel 表格对数据进行整理,之后采用 SPSS 21.0 进行数据的统计分析。

二 研究结果及分析

谈论知识组、谈论行为组和无谈论组儿童在各变量上的描述性统计见表7-2。为了考察不同操作对儿童共情能力的影响,对三组儿童共情的前后测成绩进行2(训练:前测和后测)×3(谈话内容:谈论知识组、谈论行为组和无谈论组)的双因素重复测量方差分析。

表7-2　　三组儿童前后测各变量的描述性统计 M (SD)

		谈论知识组	谈论行为组	无谈论组
情绪共情	前测	2.14 (1.33)	2.67 (1.41)	2.43 (2.04)
	后测	3.07 (2.10)	2.94 (2.04)	2.43 (1.67)
认知共情	前测	5.14 (1.85)	5.17 (1.51)	5.11 (1.77)
	后测	6.62 (1.18)	5.61 (1.75)	5.64 (2.02)

续表

		谈论知识组	谈论行为组	无谈论组
抑制控制	后测	0.91 (0.09)	0.90 (0.09)	0.91 (0.08)

首先，对三组儿童前后测的情绪共情成绩进行 2（训练：前测和后测）×3（谈话内容：谈论知识组、谈论行为组和无谈论组）的双因素重复测量方差分析，结果发现，训练和谈话内容的交互作用不显著 [$F(2, 72) = 1.15$, $p = 0.323$, $\eta_p^2 = 0.031$]，训练前后测的主效应不显著 [$F(1, 72) = 2.17$, $p = 0.145$, $\eta_p^2 = 0.029$]，谈话内容的主效应也不显著 [$F(2, 72) = 0.40$, $p = 0.675$, $\eta_p^2 = 0.011$]。

其次，对三组儿童前后测的认知共情成绩进行 2（训练：前测和后测）×3（谈话内容：谈论知识组、谈论行为组和无谈论组）的双因素重复测量方差分析。结果发现，训练和谈话内容的交互作用边缘显著 [$F(2, 72) = 2.54$, $p = 0.086$, $\eta_p^2 = 0.066$]，训练的主效应显著 [$F(1, 72) = 14.20$, $p < 0.001$, $\eta_p^2 = 0.165$]，谈话内容的主效应不显著 [$F(2, 72) = 1.07$, $p = 0.348$, $\eta_p^2 = 0.029$]。

进一步的简单效应分析发现，在前测中，三组儿童在认知共情上的差异不显著 [$F(2, 75) = 0.01$, $p = 0.993$, $\eta_p^2 < 0.001$]；在后测中，三组儿童在认知共情上的得分差异边缘显著 [$F(2, 75) = 3.12$, $p = 0.050$, $\eta_p^2 = 0.080$]，事后检验发现，谈论知识组儿童的得分显著高于谈论行为组儿童（$p = 0.048$）和无谈论组儿童（$p = 0.031$）的得分。前后测的比较发现，谈论行为组儿童在认知共情任务上的得分差异显著 [$t(28) = -3.84$, $p = 0.001$]，谈论知识组儿童认知共情的后测成绩显著高于前测成绩。这一结果表明，谈论知识提高了儿童的认知共情能力。谈论行为组儿童的得分没有显著差异 [$t(17) = -1.25$, $p = 0.227$]，无谈论组儿童的得分也没有显著差异 [$t(27) = -1.60$, $p = 0.122$]。

此外，对后测中谈论知识组、谈论行为组和无谈论组儿童在抑制控制任务上的成绩进行分析，结果发现，三组儿童后测时的抑制控制能力没有显著差异 [$F(2, 75) = 0.12$, $p = 0.891$, $\eta^2 = 0.003$]。

三 研究总结与讨论

采用训练的方法，考察谈论知识是否能够促进儿童共情能力的发展。前测结果表明，三组儿童在情绪共情和认知共情成绩上没有差异。之后以不同的谈话训练为自变量，对于谈论知识组儿童，用讲故事和提问的方法，引导儿童关注故事相关的知识；对于谈论行为组儿童，引导儿童关注故事主人公的行为；对无谈论组儿童不进行谈话训练。结果发现，在训练后的测验中，三组儿童的情绪共情成绩没有差异，但三组儿童的认知共情成绩差异显著，谈论知识组儿童的认知共情得分显著高于谈论行为组和无谈论组儿童。与前测成绩相比，谈论知识组儿童在后测中的认知共情成绩有明显的提高，而谈论行为组和无谈论组儿童前后测的认知共情成绩没有差异。本实验结果表明，谈话训练是有效的，谈论知识能够促进儿童的认知共情能力的发展。

谈话内容的训练研究对于社会认知的促进作用已有一些研究证据。例如，Guajardo 和 Watson（2002：305）的研究发现，谈话内容的训练可以有效地提高儿童的心理理论能力。而我们的研究则进一步发现，训练谈论知识虽然与情绪共情没有关系，却提高了儿童的认知共情能力，说明谈话训练对儿童的共情能力是有效的。虽然其中的作用机制我们还不清楚，但尝试了一种新的促进儿童共情能力的训练方法，为改善个体共情能力提供了新的干预方法，也为训练相关的研究提供了一个新的视角。在给幼儿讲述绘本故事时，家长和教师可以多采用讲故事和提问的方法，引导孩子关注故事相关的知识，从而促进孩子的认知共情能力。除上述绘本外，家长和教师也可以选择有针对性地谈论知识的儿童绘本，如《我的情绪小怪兽》

《我好担心》《杰瑞的冷静太空》《莉莉的紫色小包》《青蛙弗洛格的成长故事》等。另外，谈论知识训练共进行了3周，谈论知识组儿童的认知共情虽然有显著的提高，但是这一训练对儿童认知共情能力的提高作用是短暂还是长期的呢？目前还不太清楚，以后的研究可以在训练结束后立即对儿童进行测验，在隔一段时间后再次测验儿童的共情能力，考察儿童的共情成绩是否会出现变化，以便确定训练效果是否是持久的。

第四节　共情的时代变迁

一　共情的发展与社会的发展息息相关

美国前总统奥巴马曾在2006年的一次演讲中说道："如今的美国社会人情冷漠，这可能是源自较差的共情能力。"奥巴马的发言提示我们，人们的共情能力值得关注。

目前，研究者们发现，共情受到许多因素的影响。以疼痛共情方面的研究为例，孟景等（2010：432）将疼痛共情的影响因素概括为三类：疼痛者因素、观察者因素、疼痛者与观察者之间的关系因素。该分析框架其实也可以应用到更为一般的共情影响因素的分析当中，即共情对象因素、共情主体因素和共情对象与主体之间的关系。在共情对象因素方面，共情对象能否准确而适当地表达自身的情绪状态会影响到共情主体的共情。在共情主体因素方面，共情具有明显的性别差异，相比于男性，女性具有更强的共情反应（苏彦捷、黄翯青，2014：77）。另外，人格特质（主要是特质共情）以及共情主体的认知能力，尤其是对情绪线索的敏感性也会影响其共情。在关系因素方面，共情会因主体与对象是否处于同一群体而有所区别，换句话说，共情具有内群体偏向（Abu–Akel等，2014：3523）。此外，主体的共情还会受到自身责任感的影响（Lepron等，2015：1）。

可以看出，现有关于共情影响因素的研究大都集中于个体层面，少有研究试图从社会环境的变化这个角度来探讨。Konrath 等（2011：180）曾对美国大学生的共情水平的年度变化进行了一项横断历史元分析，结果发现 1979—2009 年美国大学生的共情水平在不断地下降。这一结果似乎支持了奥巴马演讲中陈述的相关内容，但是对此我们需要谨慎看待。首先，该项元分析所选取的年代包含了几次重大的经济危机事件，如 1987 年黑色星期一事件以及 2008 年金融危机事件，这些特异性重大社会事件可能导致研究结果不稳定，进而导致结果不具有推广性。其次，共情水平之所以在不同年份有所变化，可能是受不同年份社会环境变量的影响，如经济发展水平、教育政策等因素，而该研究并未考虑这些因素，略显不足。个人的发展离不开国家的政治、经济等方面的发展。布朗芬布伦纳提出的生态系统理论，强调了环境对于人的发展的重要性，从侧面反映出人类生活在现实世界中，离不开外部环境的支持。随着新时代中国特色社会主义的发展，中国的经济发展水平不断上升，我国青少年生于太平之世，其共情水平也相较于动乱之时得到了提升。由此，共情水平的发展变化需要考虑经济发展水平、教育政策等因素。

二　中国大学生共情随时代变迁产生的变化

为弥补 Konrath 等（2010：180）的研究中尚未考虑到的影响因素，本研究试图以中国大学生为对象，考察近年来我国大学生共情水平的年份变化。总的来看，近几年我国的总体社会环境相对平稳（邱晓华等，2006：4），没有发生重大社会事件，使得我们更容易分离出相对纯净的年份效应；同时，本研究也纳入了国家经济发展水平这一变量，国家经济发展水平在一定程度上反映了人民生活水平的提升。基于以上因素，初步探讨了共情水平随年份变化背后的可能原因。除此之外，我们还将考虑教育政策在其间可能扮演的作用。近些年来，我国一直把立德树人作为教育的根本任务，中国政府为此制定的《国家中长期教育改革和发展规划纲要（2010—2020年）》便是这一思想的重要体现（袁贵仁，2010：4）。该纲要内容可以概括为启动"整体规划大中小学德育课程"工作，根据不同年龄阶段学生的身心特点和认知规律，构建目标明确、内容科学、结构合理、学段衔接、循序渐进的大中小学德育课程教材体系（袁贵仁，2012：4）。这使得我们可以通过探索中国大学生群体的共情水平随年份的变化，来进一步了解国家经济发展水平、教育政策在其中的作用。这种国家层面的教育政策尤其是与德育有关的课程导向可能在共情的变化过程中起到重要作用。国外已有研究显示，国民教育同国民的共情水平存在着密切联系（Sagkal等，2012：1454）。然而，同德育有关的教育政策本身不好找到一个合适的量化反映指标。因此，本研究选取了与德育有着直接联系的18—25岁人口的刑事犯罪数作为反映该变量的一个指标。总体而言，本研究希望借助横断历史元分析的方法，考察共情的年份效应，并在此基础上初步探索背后存在的可能原因。

（一）研究方案

参照以往的横断历史研究（Twenge，Im，2007：171；辛自强、周正，2012：344），本研究按照以下标准来搜集和筛选文献。（1）文献均使用统一的测量工具——中文版人际反应指针量表（IRI-C），对该量表进行修订后报告的结果则不予使用。（2）文献报告了共情的基本数据，包括总体或子研究的样本量（N）、平均值（M）和标准差（SD），如果数据缺失、不清晰且无法修正，对研究有较大影响的，则予以删除。另外，由于Davis（1983：113）最初报告IRI时使用的是0—4计分，但是有许多研究者在使用IRI时使用的是1—5计分，因此当作者使用1—5计分时，我们会将其均值减去22（Konrath等，2010：180）。（3）被试群体都是中国籍大学生，且各研究的被试具有同质性和代表性。（4）如果作者相同，并且实验数据为同一批，则采用发表时间较早的文献。

采用Konrath等（2010：180）所使用的引证文献搜索方式，该方法借助已有的文献数据库平台对种子文献进行被引用检索，从而可以简易地获取所有引用过该种子文献的文章。参考以往研究（周辉，2014：31），本研究借助中国知网和 Google 学术搜索的文献数据库平台，以《中文版人际反应指针量表（IRI-C）的信度及效度研究》为种子文献，依据中国知网和 Google 学术搜索所提供的相应的引证文献进行文献检索。CNKI 检索到期刊论文 62 篇、硕博论文 37 篇、会议论文 1 篇，Google 学术搜索检索到 53 篇期刊论文，检索日期为 2017 年 2 月 13 日。之后，按照前面提到的文献筛选标准对检索到的文献进行进一步筛选，最终 18 篇文献被纳入结果分析。

数据搜集年份是横断历史研究的关键信息。为了保证科学研究的严谨性，沿用以往研究的计算方法进行记录（辛自强、周正，2012：344）。对于已报告年份的文献，以作者所述取样时间为准；对于未报告数据搜集年份的文献，则尽可能地借助文献中的相关线索予以推测。对于实在难以推测数据搜集年份的研究，均用发表年减去两年作为数据搜集年代。最终，本研究数据搜集年份的区间为 2009—2015 年，共 7 年。

此外，在 18 篇适用的文献中共有 21 个可用的共情总分数据集（5 个数据集没有报告共情总分的标准差，$N=4082$），有 18 个可用的共情各维度分数数据集（$N=3204$），参照以往研究（辛自强、周正，2012），为了充分利用文献数据，在相关分析以及回归分析的时候使用，而计算效应量时，则剔除该数据。

（二）研究结果

1. 大学生共情水平随年份的整体变化

通过制作年份与共情的散点图确定大学生共情的变迁趋势（图 7-1）。从图中可以看出：大学生共情水平随年份呈逐渐上升的趋势。此外，曲线估计的结果也表明：线性模型能很好地拟合大学生共情水平与年份之间的关系 $[F(1,20)=4.64, p<0.05, R^2=0.20]$，故我们采用线性模型进行统计分析。

为进一步确定年份效应，将数据搜集年份作为自变量，共情总

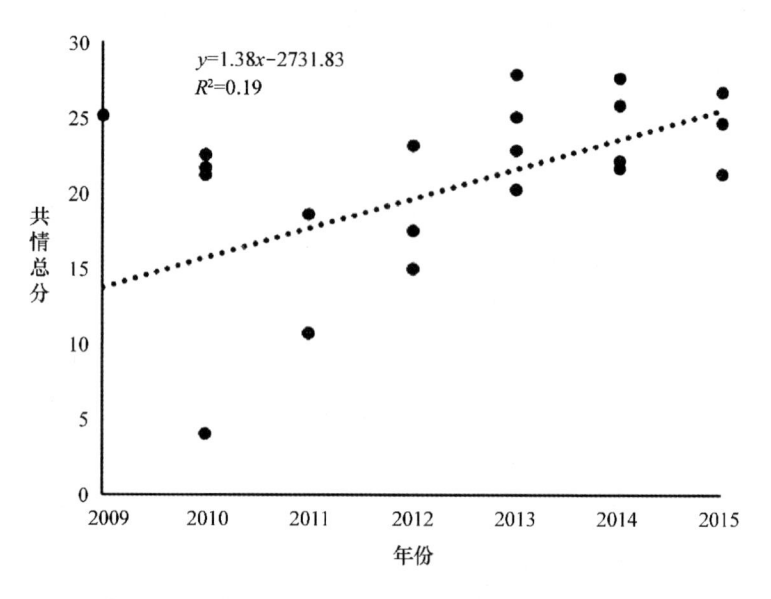

图 7-1　2009—2015 年中国大学生共情总分的变化

说明：由于共情总分均高于 30 分，因此本图 Y 轴部分减去了 30，以便更好地呈现数据趋势。

分作为因变量，进行简单回归分析。结果显示，年份能显著预测大学生的共情水平（$\beta=1.35$，$p<0.05$，$R^2=0.20$）。由于研究样本量在不同年份变化较大，参照以往横断历史研究的方法（闫志民等，2014），探讨加权样本量后年份与共情的关系。结果发现，在对样本量进行加权处理后，年份对共情的预测作用显著（$\beta=1.38$，$p<0.05$，$R^2=0.19$），即我国大学生共情水平呈现出代际升高的趋势。

为了进一步探讨共情在这 7 年间的变化程度，采用以往横断历史研究的方法，在对样本量进行加权处理的前提下，建立以年份为自变量、共情总分为因变量的回归方程来对相应的变化程度进行估计。通过加权回归分析，得到年份与共情之间关系的回归方程：$y=1.383x-2731.832$（其中 1.383 代表未标准化的回归系数，x 为年份，2731.832 为常数项，y 为共情水平得分），将年份值 2009 和

2015 分别代入回归方程分别得到 2009 年、2015 年的共情均值 M_{2009}、M_{2015}，并求出所有标准差的算术平均数 SD，再计算效应量 d。这种采用个体层面变量的计算方法能够有效地避免因仅考虑平均分的变异而带来的生态谬误（Twenge，Im，2007：171）。

经计算，2009—2015 年，大学生共情水平上升了 8.30 分，平均标准差为 8.79，效应量为 0.94。Cohen（1992：155）认为效应量在 0.2—0.5 为小效应，0.5—0.8 为中效应，0.8 以上为大效应。本研究效应量为 0.95，说明大学生的共情水平在 2009—2015 年上升幅度非常大。

2. 大学生共情水平随年份的各维度变化

进一步细分各维度进行分析发现，在对样本量进行加权处理后，年份对观点采择的预测作用显著（$β = 0.26$，$p < 0.05$，$R^2 = 0.30$），通过加权回归分析，得到年份与观点采择之间关系的回归方程：$y = 0.258x - 508.208$（其中 0.258 代表未标准化的回归系数，x 为年份，-508.208 为常数项，y 为观点采择得分）。经计算，2009—2015 年，大学生的观点采择分数上升了 1.55 分，平均标准差为 3.43，效应量为 0.45；年份对个人悲伤的预测作用显著（$β = 0.49$，$p < 0.05$，$R^2 = 0.25$），通过加权回归分析，得到年份与观点采择之间关系的回归方程：$y = 0.485x - 966.325$（其中 0.485 代表未标准化的回归系数，x 为年份，-966.325 为常数项，y 为个人悲伤得分）。经计算，2009—2015 年，大学生的个人悲伤分数上升了 2.91 分，平均标准差为 3.95，效应量为 0.74（见图 7-2）。年份对幻想和共情关注的预测则均不显著，$ps > 0.05$。

3. 大学生共情水平与国家经济发展及教育政策之间的关系

选取中华人民共和国国家统计局所公布的国家财政收入总额作为衡量国家经济发展水平的指标（见图 7-3）。控制样本量后，大学生的共情水平总分与中国国家财政收入总额（数据来自中华人民共和国国家统计局）呈现显著的正相关（$r = 0.42$，$p < 0.05$）。进一步的分析发现，大学生的观点采择子维度得分与中国国家财政收入

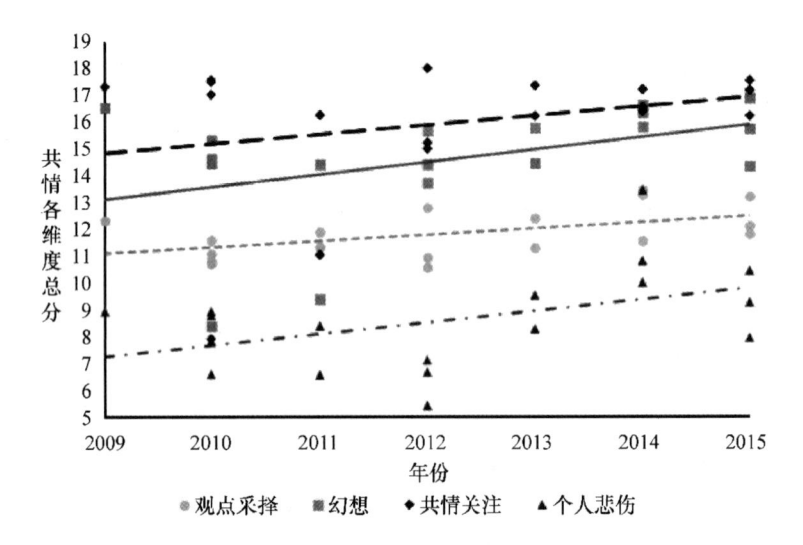

图 7-2　2009—2015 年中国大学生共情各维度分数的变化

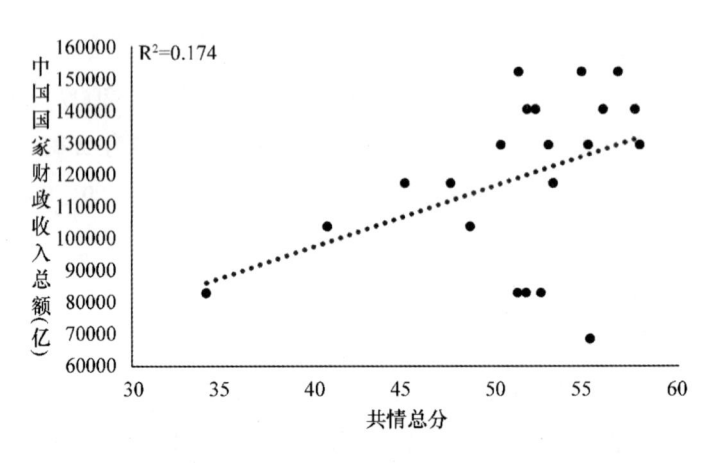

图 7-3　中国国家财政收入总额与大学生共情水平之间的关系

总额呈现显著的正相关（$r=0.53$，$p<0.05$）。共情的其他子维度与中国国家财政收入总额的相关均不显著（$ps>0.05$）。

针对近些年的德育政策在共情变化过程中可能起到的作用，选取 18—25 岁人口的刑事犯罪数（数据来自中华人民共和国国家统计局）这一指标用以评估国家教育对大学生共情水平的影响。在控制样本量后，不同年代大学生的共情水平与18—25岁人口的刑事犯罪数之间的关系为边缘显著的负相关（$r = -0.42$，$p = 0.057$），即随着我国大学生共情水平逐渐的升高，我国18—25岁人口的刑事犯罪数在不断下降。进一步的分析发现，观点采择（$r = -0.59$，$p < 0.05$）和个人悲伤（$r = -0.59$，$p < 0.05$）与18—25岁人口的刑事犯罪数呈负相关。

三 共情时代变迁背后的原因及教育启示

（一）中国大学生共情水平总分随年份逐渐增长

横断历史元分析的结果表明，2009—2015年，中国大学生共情水平逐年上升，其中最主要的是观点采择和个人悲伤分数的增长。就目前的结果而言，我国大学生共情水平存在代际增长的原因可能有以下两点。

第一，已有研究发现，共情是可以培养和塑造的（Jeffrey，2016：446；Low，LaScala，2015：1）。就中国而言，我国尤其重视立德树人这一根本的教育理念，党的十八大以来，国家领导人多次就培育和践行社会主义核心价值观做出重要论述、提出明确要求（袁贵仁，2014：7）。习近平总书记对这些问题都进行了阐释和论述，并且特别从文化角度给予强调说明，立德就是要"明大德、守公德、严私德"；树人就是要"培养德智体美劳全面发展的社会主义建设者和接班人"，培养"担当民族复兴大任的时代新人"（罗红杰，2021：108）。国家层面对这类形式教育的重视可能促使大学生共情水平逐年上升。而且，已有大量研究表明共情与攻击性行为和反社会行为呈现负相关关系（宋平等，2016：215），因此，本研究的结果从侧面验证了教育对大学生的共情水平发展具有积极影响。

第二，共情发展与培养可能受到国家经济发展水平的影响。许多研究者认为，个体的共情反应会受到情境的影响（陈武英、刘连启，2016：91），其所处情境的风险程度可能会影响到个体亲社会行为的表达（闵昌运等，2013：16）。当国家的经济发展水平处于稳定上升状态时，就意味该国家的国内安全状况较为良好，人民的生活水平逐渐提高。正如前言所说，社会经济的发展可能会使得个体逐渐将关注的焦点从自我转向他人，个体可能会越来越多地参与志愿活动以及做出更多的捐助行为（Korndörfer等，2015：1）。例如，某所大学中的卖煎饼阿姨的老公身患绝症，经济负担重，该所大学的学生多以一种无言的方式帮助阿姨，通过购买煎饼、帮忙洗菜等方式来缓解阿姨的压力。正是因为身处稳定的社会中，我国青少年的共情水平得到了提升。本研究的结果进一步地验证了国家经济水平对大学生共情水平的发展具有积极影响。

（二）大学生共情水平各维度分数变迁趋势的差异

通过细分共情的各个维度的分数，本研究发现年份变迁主要影响了大学生的观点采择和个人悲伤维度。具体而言，观点采择是指个体区分自我与他人观点，并根据当前或先前信息对他人的观点做出准确推断的能力（赵婧等，2010：107）；个人悲伤是指个体在观看到他人处于极度痛苦或疼痛时的主观感受（Wu等，2012：468）。

Decety等（2016：1）提出的共情反应加工过程能够较好地阐释本研究的结果。Decety等（2016：1）认为从共情走向亲社会行为存在一个复杂加工过程，即个体需要首先对他人的情绪产生共鸣，唤起情绪压力（也就是所谓的个人悲伤），换言之，共情的情绪共鸣会引发个体自身痛苦体验（de Waal，2008：279）；接着通过认知能力对他人的情绪状态进行评估（也就是所谓的观点采择）以及调节自身的情绪压力（Jackson等，2006：5），最后表现出亲社会行为。

本研究的结果发现，国家经济发展水平影响了个体的观点采择；而教育既影响了个体的观点采择也影响了个体的个人悲伤。从国家经济发展层面而言，基本物质生活的满足，可能使得个体具有足够的资源能力并开始关注他人；从国家教育政策的角度而言，这个结果可能反映了目前的德育教育过程中存在的一些盲点。目前的德育，过于注重教育学生该如何去理解他人的观点和状态（也就是观点采择），却较少注重教育学生在对应决策过程中如何进行自我调节（如何降低个人悲伤），这有可能会使学生能够产生共情反应，却难以做出亲社会行为。

第五节　本章小结

通过回顾和总结已有的文献和研究结果，我们可以发现共情虽然具有遗传基础，但是也具有可塑性。许多研究者开发了一系列的共情训练方案，为培养和促进儿童共情的发展做出了巨大的贡献。截至目前，已知的儿童共情培养方案都取得了不错的效果。针对学前期儿童而言，以家庭为基础的共情训练方案更加可靠，家长可以使用亲子阅读、亲子谈话等形式训练幼儿共情，同时也能够促进亲子关系的发展，是值得推荐和实行的方式。

最后，需要注意的是，共情的发展离不开社会的发展，社会经济发展水平和教育水平是个体共情发展的基石。

第八章

结论与展望

儿童共情的产生和调控可能受到很多方面因素的影响，探索并归纳其影响机制将是教育和引导儿童健康心理发展的一大重要问题。本书围绕着学前期儿童的共情这一主题，探讨了不同情境线索（物理线索、社会线索）对他们疼痛共情的影响，在此基础上更进一步地分析了这段时期快速发展的执行功能及其子成分抑制控制、工作记忆和灵活转换在不同情境线索对其疼痛共情影响中的作用。总的来说，5—6岁儿童的疼痛共情会受到情境线索一致性的影响，并且受物理线索影响强于受社会线索影响；5—6岁儿童的执行功能与其疼痛共情反应密切相关，其中抑制控制和工作记忆能够调节其在物理线索条件下的疼痛共情，抑制控制可以调节其在社会线索条件下的疼痛共情；在物理线索条件下抑制控制和工作记忆对疼痛共情的影响部分通过调控其对情境线索的注意分配起作用。最终，根据本书的实证数据和理论推导提出了儿童共情的注意双加工理论模型。

第一节 儿童共情的发展特点与注意加工机制

一 共情是生物演化和遗传的"天赋"

作为社会性的群居物种，人际间的和谐对于个体生存和种族繁衍都具有重要的意义。共情作为个体产生亲社会行为的动机，能够促进个体产生自发的亲社会行为（Weisz, Zaki, 2018：67；Zaki, 2017：59）。虽然共情意味着对他人情绪体验的感同身受，不区分是积极情绪还是消极情绪，但是共情研究多关注个体对他人消极情绪的共情反应（岳童、黄希庭，2016：1368），其中最受关注的便是疼痛这一情绪体验，一项总结了关于共情反应的40项fMRI研究的元分析中，就有30项是探讨的疼痛共情（Fan等，2011：903）。疼痛共情作为共情反应的一种表现形式，特指观察者对他人疼痛的认知和情绪反应（Danziger等，2006：2494）。在演化的历史长河中，个体疼痛体验的表达有助于个体的生存和繁衍，而观察者对他人，尤其是亲属的疼痛共情将有助于个体及种族的生存和繁衍，这种由疼痛体验表达所带来的收益会强化个体在下次获得疼痛体验时做出相同的行为。具体而言，鉴于人类能够快速地捕捉到环境中的情绪信息并对其做出自动化的反应，他人的情绪性信息不仅能够驱动观察者的内部感受器产生情绪反应，同时能够驱动观察者的感觉运动反应，促使其产生注意偏向，即选择性的注意监控，为其进一步的行为反应做准备。

疼痛与共情之间的关系，可能符合de Waal（2008：279）所提到的共现假设（The Coemergence Hypothesis），该假设认为共情与一些其他的能力可能是在个体发展和种系发生上同时出现的。这个概念和Gallese（2001：33；2004：396）所提出的共享的多重交互主体性（Shared Manifold of Intersubjectivity）类似，即由观察者与被观察者组成了产生交互作用的动力系统或形成的人际空间（陈巍、何静，2017：91），而疼痛与共情正是如此。而且，疼痛与共情的协同演化关系并不只存在于灵长类，在啮齿类动物中也是如此。Nakashima等（2015：1）的研究发现啮齿类动物的疼痛面孔表情具有社交意义。进一步地，Ben-Ami Bartal等（2011：1）的研究发现，啮齿类动物在面对受困的同伴时，会帮助同伴逃离牢笼并且分享食物。Siva-selvachandran等（2016：130）对比和总结了已有的与共情概念有关的研究，描绘出了不同物种共情表现层级的演化阶梯图。这与 de Waal（2008：279）所构想出的俄罗斯套娃模型有异曲同工之处，即情绪共鸣和模仿是共情的核心，但是随着演化和人类社会的发展，灵长类具有了一些独特的能力，例如观点采择，之后 de Waal 和 Preston（2017：498）通过总结多个物种对同伴痛苦所产生的共情反应，更是将共情的发生和发展扩展到了整个哺乳类动物，包括了大鼠、海豚、大猿、恒河猴和黑猩猩等。这表明，对哺乳类动物而言，共情具有极强的演化基础，无论是个体的生存抑或种族的繁衍都依赖于共情。根据 Meyza 等（2016：216）的观点，共情来自所有哺乳类动物所具有的共同行为，即对子代的关爱。这更符合演化心理学的一般假设，即个体为了自身基因的遗传从而倾向于保护自己的子代以及近亲（Preston，2013：1305）。

二　情境线索是儿童产生共情的"催化剂"

视觉通道是个体进行信息加工的一个主要认知加工方式，个体获取到的外界信息有 70%—80% 来自视觉信息（尚倩等，2011：303）。面对纷繁的视觉信息，为了使得个体能够在有限的时间和有限的精力下获取尽量多而准确的视觉信息，合理的注意分配就是必需的。为了整合视觉信息，提高任务完成的效率，个体会试图搜索情境中可供参考的线索并进行注意监控和注意转换。

本书第五、第六章中的内容都一致表明情境线索对 5—6 岁儿童的疼痛共情有影响，而且无论是物理线索还是社会线索，这与前人的研究结果都是一致的。以往的研究表明，个体很早就能借由情境线索来区分疼痛与非疼痛的刺激，并且对疼痛刺激有着更加敏感的反应。有研究者采用信号检测论范式，分别给 4 组不同年龄的人（5—6 岁、8—9 岁、11—12 岁，大学生）呈现非疼痛面孔、轻微疼痛面孔以及强烈疼痛面孔刺激，结果发现，所有年龄组的人对强烈疼痛面孔都要更加敏感一些，而且在前三组中，疼痛表情的检索能力随着年龄的增加而增强，11—12 岁儿童的疼痛表情检索能力与大学生没有差异（Deyo 等，2004：16）。Grégoire 等（2016：1）采用疼痛的情绪面孔图片和手部疼痛的图片考察了 3—12 岁儿童搜索和评价他人疼痛程度的能力，结果发现 3 岁的儿童就能够搜索和评价他人的疼痛程度，并且这种能力在 12 岁之前都在不断提升。这说明，分辨他人疼痛的能力在个体早期就得到了较大的发展。Yan 等（2017：1）进一步探讨了学前期儿童的特质共情与其对不同情绪面孔的视觉搜索反应以及疼痛共情反应，结果发现，其特质共情仅与其对疼痛面孔的疼痛评价有关，与其对悲伤面孔、愤怒面孔和中性面孔的疼痛评价无关。Yan 等（2018：1）也发现，物理线索能够影响学前期儿童的疼痛共情，并且其对情境线索的注意分配与学前期儿童的疼痛共情密切相关。

然而，有研究者提出过于关注疼痛交流过程中他人展现出的社会线索可能会使得观察者处于不利和被动的位置。Steinkopf（2016：1）提到，他人的疼痛面孔表情是一种具有主观性的、可以控制的疼痛交流线索，这也就意味着观察者难以仅通过他人的疼痛面孔表情来判断他人的真实疼痛情况。与之相比，流血的伤口这类客观的、难以控制的物理线索则更加可靠。李昀宸和张敏（2017：309）的研究表明，情境线索可能是通过唤起被试的情绪记忆从而影响其对他人的共情反应，而获取到越多与他人有关的信息，个体就越能够对他人感同身受并产生共情反应（Dopierała 等，2017：111）。与疼痛面孔表情相比，肢体疼痛这类物理线索能够带来更多的信息。脑成像的研究显示，相较于疼痛面孔图片，肢体疼痛图片不仅能够诱发观察者的情绪反应，还能够诱发其躯体反应（Bufalari 等，2007：2553）。一项来自成人影像学研究的元分析在比较了 22 篇采用肢体疼痛图片作为实验材料和 21 篇采用面孔表情图片作为实验材料的研究结果后发现，肢体疼痛图片显著激活了被试的左侧顶下小叶，而面孔图片显著激活了其额中回（董戴凤等，2016：575）。该结果进一步表明，基于肢体疼痛图片的共情反应更加自动化，而对面孔表情的共情反应则需要更多的认知加工参与。

Fan 等（2011：903）在总结前人的研究时就提到，个体的共情反应可以分为两类，即情感知觉模式（Affective - Perceptual Form）和认知评价模式（Cognitive - Evaluative Form）。不仅能够诱发被试的情绪反应，而且能够诱发被试的躯体反应的肢体疼痛图片这类物理线索无疑更多地涉及情感知觉模式，而面孔表情的意义复杂性和作为疼痛线索的间接性则使得其需要更多的认知加工而涉及认知评价模式。不过，无论是物理线索还是社会线索，情境线索都有助于观察者及时觉察到情境中的威胁并产生警觉，以及对他人的疼痛产生共情并做出进一步的亲社会行为。可以说，情境线索是学前期儿童疼痛共情的"催化剂"。

三 执行功能是儿童调控共情的认知基础

本书第六章重点探讨了学前期儿童的执行功能与其疼痛共情的关系。执行功能作为个体重要的认知基础，其内容和功能十分的丰富和复杂（周晓林，2004：641）。本研究所探讨的执行功能主要侧重于一般认知能力的初级水平，即抑制控制、工作记忆和灵活转换（Diamond，2013：135）。通过划分不同的线索条件，结果发现，在物理线索条件下抑制控制和工作记忆与5—6岁儿童的疼痛共情紧密相关，抑制控制和工作记忆部分通过影响个体对情境线索的注意分配来影响其疼痛共情，而在社会线索条件下仅发现抑制控制能够调节5—6岁儿童的疼痛共情。

疼痛是演化遗留的生存功能。大量的研究表明，疼痛能够及时而有效地打断疼痛者正在进行的任务，吸引他们的注意，使其产生回避行为（Schoth 等，2012：13），作为一种威胁性的警告信号使观察者提高警觉（Decety，2010：257），并且通过诱发观察者的共情和亲社会行为，从而获得救助的机会（Coll 等，2012：695）。因此，针对疼痛的演化功能，研究者们的观点分成了两派。一派提出了疼痛威胁值假说（Threat Value of Pain Hypothesis），他们认为疼痛指向他人的威胁警示与趋近救助功能相冲突（Ibanez 等，2011：72），即疼痛的威胁值会诱发被试的回避和逃跑行为。另一派则提出，疼痛共情存在阶段性加工的特点（Decety等，2016：1；de Waal, Preston，2017：498），他们认为个体的共情反应是一个动态的加工过程，从借由情境线索知觉到他人的痛苦产生情绪感染到个体产生亲社会动机是存在一个动态平衡的，当知觉到的痛苦过强而个体无法调控时，就会产生回避动机，当知觉到的痛苦处于个体所能调控的安全范围之内时就会产生趋近动机。因此可以说，个体的一般认知能力（如：执行功能）是其疼痛共情的认知基础。神经影像学的研究显示，与他人疼痛相关的信息能够激活观察者的共情脑区和执行功能脑区（Lamm, Majdandzic，2015：15）。这说明，疼痛指向他人的两个功能并不冲突，只不过以往的研究未将关注点放在影响疼痛加工的个体自身的影响因素上，例如执行功能。

执行功能的概念虽然比较复杂，具有多个水平和成分，但是一般意义上所提的执行功能都是指个体的抑制控制、工作记忆和灵活转换能力。首先，作为对优势反应的抑制（李红、王乃弋，2004：426），抑制控制使得学前期儿童能够更加有效地加工疼痛相关的刺激。其次，工作记忆作为对注意资源中信息进行监控与更新的能力（Baddeley，1992：556），为学前期儿童的疼痛共情提供了认知保障，使其能够持续性地保持对目标的注意，并进行一系列的心理加工（李杨卓等，2018：1608）。最后，灵活转换作为心理表征转换的能力（Blakey等，2015：513；李美华、沈德立，2006：52），能够促进个体在不同情境线索间进行转换。这些研究的结果表明，个体的执行功能对其疼痛共情具有重要的影响，并且不同子成分所起到的作用可能是不同的。第六章第四节的研究结果显示，在物理线索条件下学前期儿童的抑制控制和工作记忆对其疼痛共情具有调节作用，部分通过影响其对情境线索的注意分配而起作用。这说明执行功能既能够调节个体的情绪反应（Hampton等，2015：868），也能够影响个体的注意加工。前人的研究也表明，执行功能与个体的注意加工密切相关，执行功能的缺损甚至会造成注意功能方面的障碍

(Makris 等，2007：1364；马超等，2013：56）。

执行功能作为个体的一般认知能力，对其认知加工和行为表现都有着重要的影响。在个体成长以及社会化的过程中，执行功能这一底层的基石为其做好了走向未来的铺垫。来自学前期儿童的发展研究显示，虽然执行功能的子成分中的灵活转换与幼儿学习表现之间不存在显著的相关，但是工作记忆和抑制控制与幼儿的学习表现之间存在着显著的相关（肖啸等，2015：20）。王静梅等（2019：1）的研究也发现，3—6岁的学前期儿童执行功能快速发展，执行功能不同子成分发展并不同步，抑制控制发展最快。另外，执行功能与个体的社会认知密切相关，一项元分析的研究表明，执行功能可以有效地预测个体的心理理论的发展水平，从毕生发展的视角来看，不同发展阶段受到执行功能不同子成分的影响也不同，学前期主要是抑制控制起了作用（苏彦捷、于晶，2015：51）。这些研究结果都与本书的结果相一致，5—6岁儿童的抑制控制和工作记忆与其疼痛共情反应密切相关。总而言之，学前期儿童的执行功能在其疼痛共情加工过程中不仅有助于调节情绪反应，而且还能够影响其对情境线索的注意分配。换言之，执行功能使得学前期儿童能够通过协调和分配注意资源来调节自身情绪，以更好地应对情境中的情绪性刺激。

四　儿童共情的注意双加工理论模型

共情作为社会认知领域研究的热点之一，许多研究者都对其进行了深入的探讨。Goubert 及其同事（2005：285）以来自成人的行为研究的证据为基础，提出了疼痛共情的双加工理论模型以描绘个体疼痛共情的加工路径和可能的影响因素，该模型认为疼痛共情加工主要受到来自自下而上的情境性因素和自上而下的个体自身认知能力等因素的影响。该模型的贡献在于整合了来自情境因素、情绪和认知三方面的影响，并形成了共情反应的闭环。后来，通过回顾疼痛共情的脑成像研究，Decety 和 Meyer（2008：1053）进一步提出了疼痛共情的情绪和认知的双加工通路,并且明确地指出了个体的执行功能在疼痛共情反应过程中所起到的调节作用。但是,正如Decety等(2016:1)以及de Waal和Preston(2017:498)所提出的,个体的共情反应并不是静态的,而是动态的、阶段性的,是以早期情绪感染和晚期认知调节为特点的。

本书第六章中论述了如何结合眼动技术考察个体的执行功能对儿童疼痛共情加工影响的时序性特点。许多成人的电生理研究都表明,疼痛共情确实存在时序的加工特点,可以区分为早期的自动化的情绪共情反应和晚期的有意识参与的认知调节(Fan,Han,2008:160;Gu,Han,2007:256)。在此基础上,de Vignemont和Singer(2006:435)又提出了共情加工的早期评价模型和晚期评价模型,换句话说,早期的共情反应是对情绪线索的自动化反应,晚期的共情反应则容易受到个人认知能力的调节。具体而言,与他人疼痛相关的情境线索能够诱发观察者的早期自动化的共情反应,而观察者自身的执行功能有助于其调节晚期的共情反应,这使得观察者以解除他人的困境和提升他人的幸福为最终目的而做出亲社会行为(寇彧、徐华女,2005:73)。本书的研究结果也部分证实了这个观点。第六章的实验结果发现,在物理线索条件下抑制控制和工作记忆部分通过影响个体的早期注意定向和晚期注意维持来影响疼痛共情,在社会线索条件下研究者也发现了抑制控制和工作记忆与其注意加工有着密切的关系。

综上所述,疼痛共情的加工存在时序性的特点,只不过在有情绪刺激参与时,执行功能与情绪的交互作用会使得该过程更加复杂,因此,本书在已有研究的基础上进一步补充和完善了疼痛共情的双加工理论模型(见图8-1)。从疼痛共情的注意加工角度来看,儿童的疼痛共情一方面会受到环境中凸显的情境线索的影响,另一方面也会受到儿童自身的认知能力的调控。环境中的情境线索既包括了物理线索也包括了社会线索,两者都会对儿童的疼痛共情的注意加工过程产生影响,相比而言,物理线索的影响更强。儿童的执行功能对于疼痛共情的影响则有两条路径：其一是直接影响儿童的共情反应；其二则是通过调控儿童的注意加工过程间接产生影响。

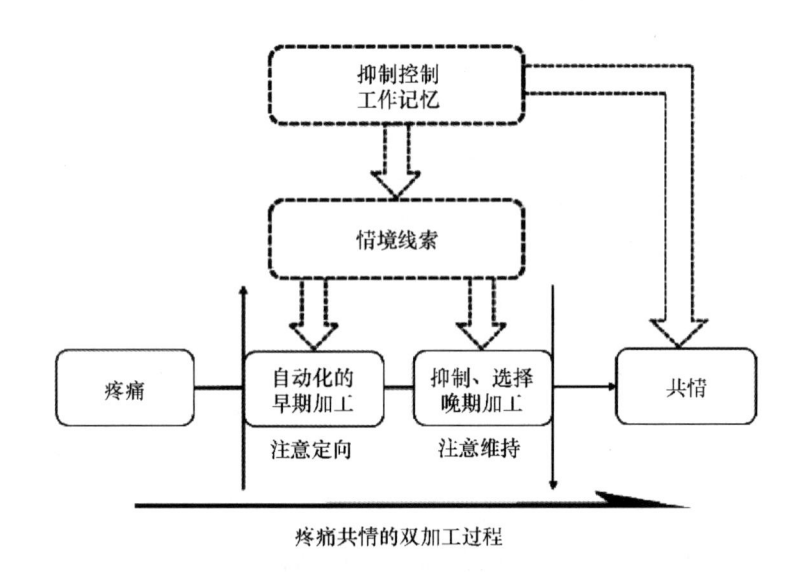

图 8-1　疼痛共情双加工理论模型的补充示意图

Pessoa 提出的双竞争模型从注意加工的角度对情绪与认知加工的交互作用进行了一定程度的阐释（Pessoa，2008：148；2009：160）。Pessoa 认为情绪性刺激对个体信息加工过程的影响是通过刺激驱动和状态依赖这两种方式，其中刺激驱动与个体的视觉加工密切相关。Pessoa 认为刺激驱动影响个体认知加工的原因主要有两个：其一是情境性线索这类视觉刺激引起增强的视觉反应，从而产生注意偏向，获得更多的注意加工资源；其二是情绪性信息可能被直接传送到了调节认知加工的神经结构。在总结前人研究的基础上，Pessoa（2009：160）提出了该加工的脑区结构图。在他的理论架构中，前扣带回、背外侧前额叶皮层、额下回、眶额叶皮层以及前脑岛至关重要，而这与疼痛共情的核心脑区十分一致（Lamm 等，2011：2492）。随着研究的深入开展，Pessoa（2017：357）进一步提出，认知和情绪的加工作用是随着时间而发生变化的一个动态网络，这与本书的核心论点是相一致的。

第二节 儿童共情研究的未来

总的来说，本书围绕学前期儿童疼痛共情的产生与调控这一主题，对可能的影响因素进行了探讨和论述，例如情境线索和执行功能。并且，在第六章的实验研究中还借助了眼动追踪技术来动态地考察了个体的执行功能及其子成分对其注意分配的影响，以求更全面地反映一般认知能力在学前期儿童疼痛共情加工中的作用。但是，本书作者的知识存在一定的局限性，书中所述也可能存在一定的偏颇，无法用现有的研究结果进行解释和回答，这就有待后来者进一步围绕该主题进行深挖。在此，仅提出一些不成熟的想法。

一 关注儿童特质共情的影响

在本书中没有考虑到儿童自身的特质共情水平对其疼痛共情的影响。许多研究发现，被试自身的特质共情水平与其疼痛共情反应密切相关，Saarela 等（2007：230）的研究就发现，被试在观看慢性疼痛患者的面孔图片时，左侧前脑岛和左侧额下回的激活水平与其共情得分呈正相关。此外，来自成人和学前期儿童的眼动研究也发现，个体的特质共情水平与其疼痛注意偏向密切相关（颜志强等，2016：573；Yan 等，2017：1）。但是，也有一些研究没有重复出这些关系（Giummarra 等，2015：807）。鉴于前文中所提到的疼痛共情双加工理论模型，今后的研究者应该进一步考察情境线索、个体的特质共情水平和执行功能对其疼痛共情反应的影响，以更加全面地回答这个问题。

二 控制儿童实验的材料属性

实验效应往往与实验所使用的刺激材料有着密切的关系。在本书的实验研究中所使用的面孔图片是卡通化的图片,与真人图片相比,卡通化图片更加接近幼儿的理解,其对情绪的表达更加生动(Rosset 等,2008:919)。现有的研究发现,在较短的呈现时间下,与真人的面孔图片相比,被试对卡通化的面孔图片情绪类型正确率更高,而这个优势效应可能也得益于其低水平的视觉特征(Kendall 等,2015:1379)。但是,这也同样带来了实验的生态效度问题,越来越多的研究开始倡导使用具有生态效度的、动态的实验材料(Camras,2011:138)。从注意加工的角度来说,第六章中所使用的物理线索具有凸显的视觉特征,即鲜艳的红色,眼动的结果也表明被试对一致线索条件下伤口的首次注视到达时间快于对不一致线索条件下伤口的首次注视到达时间。今后的研究可能要考虑进一步地控制颜色对实验效应的影响。同时,第六章的实验结果发现一致线索与不一致线索条件下判断为真的比例没有差异,这进一步提示研究者对实验材料的控制可能有待提高。

三 考虑儿童自身的情绪状态

此外,儿童自身的情绪状态也会影响到其对他人的疼痛共情。有研究者试图诱发被试的消极情绪(Cao 等,2017:1),例如悲伤情绪来考察其对疼痛共情的影响,结果发现,诱发的悲伤情绪可以促进其疼痛共情的反应。进一步地,有研究发现(Cheng 等,2017:1),与在悲伤的情绪下相比,被试在高兴的情绪下完成传统疼痛共情任务的表现更差,表现为更难以从非疼痛刺激中区分出疼痛刺激。来自电生理的脑电研究也发现,这种情绪效应存在生理基础,即与非疼痛刺激相比,个体在观看疼痛刺激时有更强的 μ 节律反应,而且在诱发负性情绪之后的 μ 节律反应要弱于诱发中性情绪和积极情绪(Li 等,2017:1311)。因此,今后的研究者在进一步研究中需要考虑儿童当前或一段时间内的情绪状态,避免对实验效应的干扰。

四 调查儿童自身的疼痛经历

除此之外,儿童自身与疼痛有关的经历也可能会影响到实验效应。虽然本书所讨论的对象为学前期儿童,其与疼痛有关的经历较少,且较为一致。但是,来自临床样本的一些研究结果发现,有慢性疼痛的个体相比于正常被试对疼痛刺激有更强的注意偏向反应(Jackson 等,2018:1113),他们更难以从疼痛刺激中解离出来,并可能会难以调节疼痛刺激所产生的威胁值。不过,一项系统性综述的结果显示,儿童及年轻个体确实不存在对疼痛刺激的注意偏向,但是疼痛刺激是否会影响随后的注意分配还不清楚(Brookes 等,2018:1091)。本书第五、第六章的实验研究并没有评估被试的疼痛经历,难以考察其自身疼痛经历对实验效应的影响,今后的研究可以进一步深入探讨。

五 转向儿童积极共情的研究

另外,目前共情发展的相关研究主要集中于探讨消极情绪方面(如疼痛、厌恶、悲伤),尤以疼痛最为常见(Perry 等,2012:909),缺少对积极情绪共情的探讨。在现实生活中,具有良好共情能力的人绝不只是单纯地体会他人的痛苦和悲伤,他们也能够分享别人的快乐和成功。迄今为止,积极共情的探讨仍处于起步阶段(Morelli 等,2015:57),未来需要拓宽研究方向,对积极共情加工的神经机制和发展进程及其影响因素进行更加深入的探讨。已有研究发现,在助人群体,如咨询师、护士和教师群体中,与消极共情相比,积极共情与亲社会行为的关系更加密切(Andreychik,2019:147)。

六 研究社交排斥对儿童共情的影响

与社会交往有关的疼痛值得进一步的研究。无论是本书中所提及的物理线索还是社会线索,其实都还是物理层面的信息,近年来有研究者逐渐关注由社会交往所造成的社会层面的疼痛(Sleegers

等，2017：187）。社会层面的疼痛是指个体感觉到在进行社会交往时被希冀的社会关系所排斥或者被重要他人和群体贬损时表现出的一种特定的负性情绪反应（史燕伟等，2015：1608），而 Cyberball 是研究社会层面疼痛的经典范式（Williams, Jarvis, 2006：174）。在该任务中，实验者让被试参与在线式虚拟掷球游戏，指导语告知被试其需要与另外两名位于其他地方的玩家一起在线玩这个游戏，在这个任务上的表现如何不重要，重点是要想象游戏情境，想象越真实越好。在排斥组，被试仅在最开始时能接到球，之后再也没能接到球，而接受组接到球的概率与其他玩家一样大。实际上并不存在其他玩家，玩家之间掷球的操作是提前设定好的（程苏等，2011：905）。现有的核磁共振成像研究的结果发现，物理疼痛和社会疼痛可能具有共同的脑神经基础，它们都激活了前扣带回、腹内侧前额叶皮层和脑岛等（Eisenberger, 2012：421）。

第三节　结语

无论是来自动物的研究还是来自人类的研究都表明，共情深植于其演化历史（Meyza, Knapska, 2018：15）。对群体内其他个体的共情既有助于该个体的生存，也有助于个体间的互惠，从而促进群体的繁衍。但是，人性总是很有趣的，共情的亲社会性和疼痛交流的主动性催生了疼痛假装的出现（Steinkopf, 2016：1）。这种来自自然演化的"军备竞赛"也促进了个体执行功能的发展。

从宏观层面来看，人类和动物的演化还是朝着好的方面在发展，有更多的合作、分享、帮助等亲社会行为（Tomasello, Vaish, 2013：231）。因此，根据王登峰和崔红（2008：1）的观点，不管其所处的文化背景是怎样的，其最终都是都会从一个生物人成长为社会人，而成长的最终目标则是向善。与生俱来的共情能力和后天逐渐成长的执行功能相互作用，使得个体灵活地应对他人的情绪信息。

参考文献

一 中文文献

安连超、耿艳萌、陈靖涵、李春梅、赫英娟，2017，《大学生共情与亲社会行为的关系》，《中国健康心理学杂志》第9期。

白云静、郑希耕、葛小佳、隋南，2005，《行为遗传学：从宏观到微观的生命研究》，《心理科学进展》第3期。

陈杰、伍可、史宇鹏、艾小青，2021，《特质性自我构念与内外群体疼痛共情的关系：来自事件相关电位的证据》，《心理学报》第6期。

陈晶、史占彪、张建新，2007，《共情概念的演变》，《中国临床心理学杂志》第6期。

陈立胜，2016，《"恻隐之心"、"他者之痛"与"疼痛镜像神经元"——对儒家以"识痛痒"论仁思想一系的现代解释》，《社会科学》第12期。

陈立胜，2011，《恻隐之心："同感"、"同情"与"在世基调"》，《哲学研究》第12期。

陈睿、唐丹丹、胡理，2015，《基于神经生理学的疼痛测量》，《心理科学》第5期。

陈顺森、白学军、沈德立、张灵聪，2012，《背景性质对7—10岁自闭症谱系障碍儿童面孔搜索与加工的作用》，《心理科学》第4期。

陈天勇、李德明，2005，《执行功能可分离性及与年龄关系的潜变量分析》，《心理学报》第2期。

陈巍、何静，2017，《镜像神经元、同感与共享的多重交互主体性——加莱塞的现象学神经科学思想及其意义》，《浙江社会科学》第 7 期。

陈武英、刘连启，2016，《情境对共情的影响》，《心理科学进展》第 1 期。

陈武英、卢家楣、刘连启、林文毅，2014，《共情的性别差异》，《心理科学进展》第 9 期。

陈优巧、聂雪晴、李沐蕾、吴大兴，2018，《高中生阈下自闭特质与共情、友谊风格的关系》，《中国临床心理学杂志》第 3 期。

成升魁、董纪昌、刘秀丽、刘晓洁、宗耕、李秀婷、邓祥征，2021，《新时代中国国民营养与粮食安全研究中的关键科学问题——第 249 期"双清论坛"综述》，《中国科学基金》第 3 期。

程家萍、罗跃嘉、崔芳，2017，《认知负荷对疼痛共情的影响：来自 ERP 研究的证据》，《心理学报》第 5 期。

程苏、刘璐、郑涌，2011，《社会排斥的研究范式与理论模型》，《心理科学进展》第 6 期。

*邓林园、李蓓蕾、武永新、许睿、靳佩佩，2018，《家庭环境对初中生助人行为的影响——自我效能感和共情的中介作用》，《北京师范大学学报》（社会科学版）第 5 期。

邓林园、武永新、孔荣、方晓义，2014，《冲动性人格亲子沟通对青少年网络成瘾的交互作用分析》，《心理发展与教育》第 2 期。

丁凤琴、陆朝晖，2016，《共情与亲社会行为关系的元分析》，《心理科学进展》第 8 期。

丁宁、邱小茹、王冬妹，1994，《遗传与环境因素对儿童个性影响的双生子研究》，《中国心理卫生杂志》第 1 期。

董戴凤、吴琼、姚树桥，2016，《共情：基于面孔图片的范式和基于身体部分图片范式的元分析》，《中国临床心理学杂志》第 4 期。

*范明惠、胡瑜，2017，《青少年共情能力现状及相关因素》，《中国心理卫生杂志》第 11 期。

方杰、温忠麟、梁东梅、李霓霓，2015，《基于多元回归的调节效应分析》，《心理科学》第 3 期。

方杰、张敏强、邱皓政，2012，《中介效应的检验方法和效果量测量：回顾与展望》，《心理发展与教育》第 1 期。

房超、方晓义，2003，《父母—青少年亲子沟通的研究》，《心理科学进展》第 1 期。

付迪、戚艳艳、伍海燕、刘勋，2017，《共情与反共情的整合机制》，《科学通报》第 22 期。

龚栩、黄宇霞、王妍、罗跃嘉，2011，《中国面孔表情图片系统的修订》，《中国心理卫生杂志》第 1 期。

郭瑞芳、彭聃龄，2005，《脑可塑性研究综述》，《心理科学》第 2 期。

*郭志映，2016，《共情训练提升初中生人际关系的干预研究》，硕士学位论文，重庆师范大学，第 15 页。

韩丽颖，2005，《特质移情和状态移情及其对助人行为的影响研究》，硕士学位论文，东北师范大学，第 11 页。

郝艳斌、王福兴、谢和平、安婧、王玉鑫、刘华山，2018，《自闭症谱系障碍者的面孔加工特点——眼动研究的元分析》，《心理科学进展》第 1 期。

何二林、王琳琳，2020，《美国反欺凌课程探析——以"第二步"项目课程为例》，《比较教育研究》第 5 期。

何黎胜、郭秀艳、杨艳明、王萍，2009，《物理线索缺失下的错误记忆》，《应用心理学》第 1 期。

*何宁、朱云莉，2016，《自爱与他爱：自恋、共情与内隐利他的关系》，《心理学报》第 2 期。

*洪森，2015，《共情训练对改善初中生同伴关系的研究》，硕士学位论文，湖南师范大学，第 24 页。

胡传鹏、孔祥祯、Wagenmakers, E. J.、Ly, A.、彭凯平，2018，《贝叶斯因子及其在 JASP 中的实现》，《心理科学进展》第 6 期。

胡晓晴、傅根跃、施臻彦，2009，《镜像神经元系统的研究回顾及展望》，《心理学报》第1期。

*黄翯青，2013，《共情的双过程模型及其发展机制——自我他人表征—区分—抑制控制系统的作用》，博士学位论文，北京大学，第45页。

黄翯青、苏彦捷，2012，《共情的毕生发展：一个双过程的视角》，《心理发展与教育》第4期。

黄翯青、苏彦捷，2010，《共情中的认知调节和情绪分享过程及其关系》，《西南大学学报》（社会科学版）第6期。

黄续、杨爽、周萍，2014，《基本共情量表在中国大学生群体中的信效度检验》，《教育观察》（上旬刊）第34期。

季忆婷、范云、张婷、冯蔚、舒艳、陈亮亮、朱涛、李斐、刘欣，2018，《注意缺陷多动障碍伴孤独症特征儿童社交相关行为问题及执行功能研究》，《临床儿科杂志》第8期。

*贾笑颖，2014，《大学生共情现状及其干预研究》，硕士学位论文，扬州大学，第17页。

金艾裙，2009，《引入团体心理辅导 创新高校思想政治教育》，《江苏高教》第2期。

康一奇、种霞、吴南，2018，《自闭症早期预警：联合注意和共情的发生发展及影响因素》，《心理科学进展》第7期。

寇彧、徐华女，2005，《移情对亲社会行为决策的两种功能》，《心理学探新》第3期。

李晨枫、吕锐、刘洁、钟杰，2011，《基本共情量表在中国青少年群体中的初步修订》，《中国临床心理学杂志》第2期。

李春桃，2019，《利他行为亦增加"自我收益"》，《中国社会科学报》第1700期。

李红、王乃弋，2004，《论执行功能及其发展研究》，《心理科学》第2期。

*李洪琴，2018，《积极共情、观点采择对大学生的老年刻板印象的

影响》，硕士学位论文，天津师范大学，第16页。
* 李晋，2016，《父母教养方式对初中生利他行为的影响：人格与共情的中介作用》，硕士学位论文，山东师范大学，第15页。
* 李婧煜，2014，《团体辅导对师范类专业学生共情能力影响的研究》，硕士学位论文，鲁东大学，第12页。

李美华、沈德立，2006，《3—4岁幼儿认知灵活性实验研究》，《心理学探新》第1期。
* 李硕，2018，《初中生自尊与亲社会行为的关系研究：共情的中介作用》，硕士学位论文，吉林大学，第16页。
* 李晓含，2018，《大学生大五人格、共情和情绪表达性的关系研究》，硕士学位论文，山东大学，第22页。
* 李晓宁，2017，《大学生共情能力对人际关系的影响研究》，硕士学位论文，南昌大学，第18页。
* 李兴慧，2012，《大学生共情、人格与人际关系的关系研究》，硕士学位论文，哈尔滨师范大学，第14页。

李杨卓、杨旭成、高红、高湘萍，2018，《工作记忆表征对视觉注意的影响：基于非目标模板的视角》，《心理科学进展》第9期。

李昀宸、张敏，2017，《个体经验和线索提示对焦虑共情的影响》，《应用心理学》第4期。

梁静、李开云、曲方炳、陈宥辛、颜文靖、傅小兰，2014，《说谎的非言语视觉线索》，《心理科学进展》第6期。

林崇德，2007，《"心理和谐"是心理学研究中国化的催化剂》，《心理发展与教育》第1期。
* 林栋，2016，《初中生共情、情绪调节对合作倾向的影响与干预研究》，硕士学位论文，上海师范大学，第15页。

刘聪慧、王永梅、俞国良、王拥军，2009，《共情的相关理论评述及动态模型探新》，《心理科学进展》第5期。
* 刘富丽，2018，《网络去抑制对网络自我表露的影响：执行功能的调节作用》，硕士学位论文，北京大学，第20页。

刘宏艳、胡治国、彭聃龄，2006，《情绪神经回路的可塑性》，《心理科学进展》第 5 期。

*刘少迁，2018，《幼儿父母共情能力及影响因素研究》，硕士学位论文，河北师范大学，第 18 页。

刘思航、杨莉君、邓晴、颜志强，2021，《共情促进早期积极同伴关系发展的理论分析与实践路径》，《陕西学前师范学院学报》第 10 期。

刘蔚、付瑶、罗樱樱、张瑞、张秀英、蔡晓凌、韩学尧、纪立农，2021，《情境模拟训练在提高医学生共情能力中的应用研究》，《医学与哲学》第 3 期。

刘晓陵、金瑜，2005，《行为遗传学研究之新进展》，《心理学探新》第 2 期。

刘砚燕、唐杰、胡韵，2021，《高年级本科护生共情对人文关怀能力的影响》，《护理实践与研究》第 21 期。

*刘艳丽、陆桂芝、张守臣、金童林、张亚利，2016，《大学生共情在亲社会行为与尴尬间的中介作用》，《中国心理卫生杂志》第 10 期。

刘烨、付秋芳、傅小兰，2009，《认知与情绪的交互作用》，《科学通报》第 18 期。

*刘振聪，2017，《初中生领悟社会支持、共情与攻击性的关系及其干预研究》，硕士学位论文，闽南师范大学，第 34 页。

*吕丹华，2016，《大学生共情能力与性骚扰认识误区的相关研究》，硕士学位论文，福州大学，第 27 页。

*罗海军，2016，《中学生冷漠无情特质及其与共情、家庭环境的关系研究》，硕士学位论文，云南师范大学，第 34 页。

罗红杰，2022，《"以文化人"到"立德树人"的系统逻辑》，《系统科学学报》第 3 期。

*罗小漫、何浩，2016，《高职生共情与特质愤怒的关系：希望感的调节作用》，《职教通讯》第 4 期。

罗肖泉，2002，《析"同情伦理学"之同情观》，《广西社会科学》第 4 期。

骆大森，2017，《心理学可重复性危机两种根源的评估》，《心理与行为研究》第 5 期。

＊骆振冰，2017，《情感共情与认知共情的年龄差异：社交动机和年龄相关性的调节作用》，硕士学位论文，浙江师范大学，第 31 页。

马超、宋佳、钟建军、周必全，2013，《执行功能训练促进儿童注意力的研究综述》，《内蒙古师范大学学报》（教育科学版）第 6 期。

马兰慧、明均仁，2020，《绘本亲子互动阅读中的"支架"类型及其影响因素》，《图书馆论坛》第 3 期。

马伟娜、朱蓓蓓，2014，《孤独症儿童的情绪共情能力及情绪表情注意方式》，《心理学报》第 4 期。

孟景、陈有国、黄希庭，2010，《疼痛共情的影响因素及其认知机制》，《心理科学进展》第 3 期。

孟景、沈林，2017，《自闭症谱系障碍个体的共情及其理论与神经机制》，《心理科学进展》第 1 期。

孟昭兰，2000，《体验是情绪的心理实体——个体情绪发展的理论探讨》，《应用心理学》第 2 期。

闵昌运、郑超然、郜广超、林静洛、张林，2013，《情景风险因素对助人行为倾向的影响作用》，《社会心理科学》第 7 期。

莫书亮、苏彦捷，2009，《3—4 岁儿童的错误信念理解：补语句法，语义理解和工作记忆的作用》，《心理发展与教育》第 3 期。

穆菁菁、马玉婷、赵菁、董毅、孔蕾、李龙春、孟祥明，2013，《高校新生共情能力与快感缺失相关性分析》，《中国学校卫生》第 8 期。

聂丹丹、王浩、罗蓉，2016，《可重复性：心理学研究不可忽视的实践》，《中国临床心理学杂志》第 4 期。

聂宏斌、阴山燕、任丽君、韩梦娇、朱思琪、孙小越、王一藤、纪晓宁，2018，《共情训练改善初中生人际关系的实验研究》，《中国健康心理学杂志》第 9 期。

潘彦谷、刘衍玲、马建苓、冉光明、雷浩，2012，《共情的神经生物基础》，《心理科学进展》第 12 期。

彭苏浩、汤倩、宣宾，2014，《基因—大脑—行为框架下的抑制控制与老化》，《心理科学进展》第 8 期。

戚秀华、侯冬玉、谷晓丽、常晓丹，2011，《手术室护士职业倦怠与共情能力的相关性研究》，《护理学杂志》第 4 期。

邱晓华、郑京平、万东华、冯春平、巴威、严于龙，2006，《中国经济增长动力及前景分析》，《经济研究》第 5 期。

任姣姣、岳婕、帖利军，2016，《儿童注意缺陷多动障碍发病机制的研究进展》，《中国妇幼健康研究》第 7 期。

戎幸、孙炳海、黄小忠、蔡曼颖、李伟健，2010，《人际反应指数量表的信度和效度研究》，《中国临床心理学杂志》第 2 期。

*芮子艺，2015，《认知启动对不同依恋类型大学生共情能力的影响》，硕士学位论文，江西师范大学，第 16 页。

尚倩、阮秋琦、李小利，2011，《双目立体视觉的目标识别与定位》，《智能系统学报》第 4 期。

邵显侠，2012，《论孟子的道德情感主义》，《中国哲学史》第 4 期。

沈巧、郑显兰、李霞、冷虹瑶，2018，《儿童疼痛管理相关临床实践指南内容分析》，《护理学杂志》第 7 期。

胜利，2010，《神入（empathy）之后——在精神病学领域译作"投情"之商榷》，《中国心理卫生杂志》第 6 期。

盛光华、王丽童、车思雨，2021，《人与自然和谐共生视角下自然共情对亲环境行为的影响》，《西安交通大学学报》（社会科学版）第 1 期。

史燕伟、徐富明、王伟、李燕、刘程浩，2015，《感同身受的社会痛苦：来自神经影像学的证据》，《心理科学进展》第 9 期。

宋平、张卓、杨波，2016，《青少年暴力犯的共情特点及其对罪犯矫治的启示》，《心理技术与应用》第 4 期。

苏彦捷、姜玮丽、魏祺、尚思源，2017，《是什么引发了青春期？》，《科学通报》第8期。

苏彦捷、于晶，2015，《执行功能与心理理论关系的元分析：抑制控制和灵活转换的作用》，《心理发展与教育》第1期。

孙俊才、刘萍，2017，《共情优势的视觉加工证据》，《心理科学进展》第suppl.期。

孙丽丽，2021，《天真之眼——绘本在儿童哲学中的另一种运用》，《教育发展研究》第2期。

孙连荣、王沛，2019，《和谐医患关系的心理机制及其促进技术》，《心理科学进展》第6期。

孙时进、高艳，2006，《团体心理辅导：理论与应用的多维度思考》，《思想·理论·教育》第5期。

*谭婉萱，2015，《团体训练对初中生共情水平的影响——家庭教养方式的调节作用》，硕士学位论文，湖南师范大学，第21页。

唐美云，2021，《思政课教学中的"讲理"与"共情"》，《中南民族大学学报》（人文社会科学版）第9期。

*唐宁，2015，《共情训练对小学生亲社会行为的影响》，硕士学位论文，湖南师范大学，第26页。

*田园，2017，《学龄前儿童对消极情绪的理解——共情与抑制控制的作用》，硕士学位论文，北京大学，第18页。

王登峰、崔红，2008，《心理社会行为的中西方差异："性善—性恶文化"假设》，《西南大学学报》（社会科学版）第1期。

王登峰、黄希庭，2007，《自我和谐与社会和谐——构建和谐社会的心理学解读》，《西南大学学报》（社会科学版）第1期。

王福兴、童钰、钱莹莹、谢和平，2016，《眼动追踪技术与婴幼儿研究：程序、方法与数据分析》，《心理与行为研究》第4期。

王敬欣、贾丽萍、黄培培、白学军，2014，《情绪场景图片的注意偏向：眼动研究》，《心理科学》第6期。

王静梅、张义宾、郑晨烨、卢英俊、秦金亮，2019，《3—6岁儿童执行功能子成分发展的研究》，《心理发展与教育》第 1 期。

王君、陈天勇，2012，《抑制控制与高级认知功能的关系》，《心理科学进展》第 11 期。

王孟成、邓俏文、张积标、罗兴伟、吴艳，2014，《冷酷无情特质：儿童品行障碍新的标记变量》，《中国临床心理学杂志》第 3 期。

*王梦露，2017，《情绪共情与认知共情的性别角色差异研究》，硕士学位论文，西北大学，第 19 页。

王启忱、刘赞、苏彦捷，2021，《共情的毕生发展及其神经基础》，《中国科学：生命科学》第 6 期。

*王赛东，2009，《初中生共情能力的培养》，硕士学位论文，浙江师范大学，第 17 页。

王伟平、苏彦捷，2007，《眼睛注视是独特的吗？——来自发展的证据》，《心理学探新》第 3 期。

*王晓，2013，《视觉空间转换与共情、助人倾向的关系》，硕士学位论文，湖南师范大学，第 17 页。

王协顺、苏彦捷，2019，《中国青少年版认知和情感共情量表的修订》，《心理技术与应用》第 9 期。

王亚楠、张青、毛宗福，2018，《团体心理辅导在提高护理本科生共情能力中的应用》，《中华护理教育》第 3 期。

王阳、王才康、温忠麟、肖婉婷，2017，《共情和同情量表在中国幼儿教师样本中的效度和信度》，《中国临床心理学杂志》第 6 期。

王昇芳、苏彦捷，2005，《成年个体的心理理论与执行功能》，《心理与行为研究》第 2 期。

王争艳、刘红云、雷雳、张雷，2020，《家庭亲子沟通与儿童发展关系》，《心理科学进展》第 2 期。

*韦维，2018，《初中生共情与网络欺凌中旁观者行为的关系：道德推脱的中介作用》，硕士学位论文，陕西师范大学，第 21 页。

魏高峡、满晓霞、盖力锟、姚颖、胡卓尔、张澍、陈丽珍、沈浩冉、高媛媛、左西年，2021，《人类共情领域认知神经科学：研究展望与应用启示》，《中国科学：生命科学》第 6 期。

魏华林、朱安安，2012，《国际传真美国社会情绪学习课程选介——"第二步"课程》，《中小学心理健康教育》第 12 期。

*魏祺、苏彦捷，2019，《学龄前儿童中的共情及其不同成分》，《心理技术与应用》第 9 期。

魏源，2007，《浙江某高校大学生共情特点分析》，《中国学校卫生》第 2 期。

温忠麟、侯杰泰、张雷，2005，《调节效应与中介效应的比较和应用》，《心理学报》第 2 期。

*吴李玲，2017，《自恋和共情对中学生助人行为的影响》，硕士学位论文，江西师范大学，第 18 页。

*吴南，2013，《催产素受体基因与亲社会行为：个体和情境因素的作用》，博士学位论文，北京大学，第 43 页。

*吴伟泱，2018，《趋近—抑制气质儿童的观点采择与共情能力》，硕士学位论文，浙江大学，第 32 页。

肖福芳、申荷永，2010，《论 Empathy 的翻译及其内涵》，《心理学探新》第 6 期。

肖啸、周宗奎、李卉，2015，《4—6 岁幼儿执行功能与学习表现的关系》，《心理研究》第 1 期。

*肖运华，2015，《中文版格里菲斯共情测验父母版信效度研究及高功能孤独谱系障碍儿童面部表情识别的特征》，硕士学位论文，南京医科大学，第 9 页。

*谢东杰、路浩、苏彦捷，2018，《学龄前儿童分配模式的传递效应：心理理论和共情的作用》，《心理学报》第 9 期。

谢和平、王福兴、周宗奎、吴鹏，2016，《多媒体学习中线索效应的元分析》，《心理学报》第 5 期。

*谢真真，2016，《中学生共情、道德推脱与网络欺负的关系研究》，硕士学位论文，河北大学，第 19 页。

辛自强、辛素飞，2013，《增进群际和谐的社会心理学路径》，《心理技术与应用》第 2 期。

解芳、盛光华、龚思羽，2019，《全民环境共治背景下参照群体对中国居民绿色购买行为的影响研究》，《中国人口·资源与环境》第 8 期。

辛自强、周正，2012，《大学生人际信任变迁的横断历史研究》，《心理科学进展》第 3 期。

徐凯文，2010，《Empathy：本源，内涵与译名》，《中国心理卫生杂志》第 6 期。

*徐敏，2011，《大学生共情、情绪智力、人际效能感的测量及共情的干预研究》，硕士学位论文，浙江师范大学，第 18 页。

*徐荣芳，2018，《共情训练对中职生攻击性行为的干预研究》，硕士学位论文，南昌大学，第 15 页。

许又新，2010，《Empathy 译名的商榷》，《中国心理卫生杂志》第 6 期。

闫俊、孟根花、李刚，2012，《强迫症患者与精神分裂症患者的执行功能》，《中国心理卫生杂志》第 1 期。

闫志民、李丹、赵宇晗、余林、杨逊、朱水容、王平，2014，《日益孤独的中国老年人：一项横断历史研究》，《心理科学进展》第 7 期。

阎占定，2020，《思想政治理论课教学要讲出理论的温度》，《学科与课程建设》第 2 期。

*颜玉平，2013，《共情训练对中学生人际交往能力的影响》，硕士学位论文，湖南师范大学，第 18 页。

*颜源，2017，《中美大学生共情特征比较》，硕士学位论文，湖南师范大学，第 26 页。

颜志强、李珊，2021，《共情和抑郁的关系：同伴关系的调节作用》，《心理与行为研究》第 3 期。

颜志强、苏金龙、苏彦捷，2017，《共情的时代变迁：一项横断历史元分析》，《心理技术与应用》第 10 期。

颜志强、苏金龙、苏彦捷，2018，《共情与同情：词源、概念和测量》，《心理与行为研究》第 4 期。

颜志强、苏彦捷，2018，《共情的性别差异：来自元分析的证据》，《心理发展与教育》第 2 期。

颜志强、苏彦捷，2017，《共情研究主题的变化——来自文献计量学的证据》，《心理科学》第 3 期。

颜志强、苏彦捷，2021，《认知共情和情绪共情的发展差异：元分析初探》，《心理发展与教育》第 1 期。

颜志强、王福兴、苏彦捷，2016，《疼痛面孔注意加工中共情的作用——来自眼动的证据》，《心理科学》第 3 期。

*颜志强，2019，《学前期儿童的疼痛共情：情境线索的影响及执行功能的调控作用》，博士学位论文，北京大学，第 73—120 页。

杨彩霞，2019，《基于"共情润心 双格发展"教育理念的师德建设四维体系》，《中国教师》第 6 期。

杨敏齐、王国芳、韩鹏、杨晓辉，2014，《精神病态的家庭风险因素》，《心理科学进展》第 8 期。

*杨明月，2017，《人格、共情与亲社会行为之间的关系》，硕士学位论文，南京师范大学，第 26 页。

杨娜、肖晓、钱乐琼、莫新竹、周世杰，2013，《中文版共情商数问卷的信度及效度研究》，《中国临床心理学杂志》第 5 期。

杨涛、赵国庆、毛睿智、黄佳、粟幼嵩、朱娜、周儒白、林啸、夏卫萍、王凡、刘瑞、王兴、黄致嘉、王勇、胡莺燕、曹岚、苑成梅、汪作为、陈俊、方贻儒，2018，《未服药的双相抑郁患者执行功能的对照研究》，《临床精神医学杂志》第 2 期。

*杨雪冉，2017，《共情训练对小学流动儿童同伴关系影响的研究》，硕士学位论文，湖南师范大学，第 26 页。

*杨亚青，2017，《幼儿教师共情能力现状研究》，硕士学位论文，河北师范大学，第 15 页。

杨艳杰、褚海云、杨秀贤、邱晓惠、乔正学、宋雪佳、赵尔樱、周佳玮，2021，《共情能力在医生压力与医患关系间的中介效应》，《中国公共卫生》第1期。

杨业、汤艺、彭微微、吕雪靖、胡理、陈军，2017，《共情：遗传—环境—内分泌—大脑机制》，《科学通报》第32期。

易俊、杨娟、郑绍红，2021，《"一带一路"职业教育国际行动中文明互鉴的意涵、价值与路径》，《教育与职业》第21期。

＊于玲，2016，《初中生羞怯与亲社会行为的关系：共情的调节作用》，硕士学位论文，山东师范大学，第19页。

＊于萍，2016，《初中孤儿共情能力与亲社会行为倾向关系的研究》，硕士学位论文，沈阳师范大学，第20页。

＊余皖婉，2012，《大学生共情及其影响因素研究》，硕士学位论文，安徽医科大学，第14页。

袁贵仁，2012，《国务院关于实施〈国家中长期教育改革和发展规划纲要〉工作情况的报告——在第十一届全国人民代表大会常务委员会第二十四次会议上》，《中国高等教育》第2期。

袁贵仁，2010，《继续解放思想 坚持改革创新 努力开创教育事业科学发展新局面》，《中国高等教育》第5期。

袁贵仁，2014，《坚持立德树人 加强社会主义核心价值观教育——深入学习贯彻习近平同志在北京大学师生座谈会上的重要讲话精神》，《云南教育》（视界时政版）第6期。

岳童、黄希庭，2016，《认知神经研究中的积极共情》，《心理科学进展》第3期。

＊曾敏，2012，《教师共情能力及训练研究》，硕士学位论文，西南大学，第17页。

詹志禹，1987，《年级、性别角色、人情取向与同理心的关系》，硕士学位论文，台湾政治大学，第125—154页。

张翠颖，2016，《共情培训对肿瘤医院实习护生情绪智力及临床沟通能力的影响》，《护理管理杂志》第3期。

＊张冬，2015，《共情团体训练对改善大学生人际交往状况的干预研

究》,硕士学位论文,东北师范大学,第 14 页。

张凤凤、董毅、汪凯、詹志禹、谢伦芳,2010,《中文版人际反应指针量表(IRI–C)的信度及效度研究》,《中国临床心理学杂志》第 2 期。

*张玲玲,2014,《幼儿教师共情能力调查研究》,硕士学位论文,南京师范大学,第 18 页。

张文静、徐芬,2005,《3—5 岁幼儿执行功能的发展》,《应用心理学》第 1 期。

张文新、王美萍、曹丛,2012,《发展行为遗传学简介》,《心理科学进展》第 9 期。

*张雯雯,2014,《情绪共情与认知共情的年龄效应:基于自我报告测量与任务表现的证据》,硕士学位论文,浙江师范大学,第 18 页。

张英兰,2010,《共情应用于护患沟通的效果》,《中华护理杂志》第 12 期。

张真、苏彦捷,2004,《非人灵长类的抑制控制能力》,《心理科学进展》第 5 期。

赵法生,2010,《孔子人性论的三个向度》,《哲学研究》第 8 期。

*赵佳、李长瑾、洪炜、苏英、官锐园,2017,《北京市社区老年人共情能力与领悟社会支持、抑郁的关联》,《中国健康心理学杂志》第 10 期。

赵丽君,2006,《家庭教育中培养幼儿同情心的策略》,《沈阳教育学院学报》第 3 期。

赵陵波、蒋宇婧、任志洪,2016,《个体共情能力与攻击性关系的元分析》,《福州大学学报》(哲学社会科学版)第 1 期。

*赵瑞雪,2018,《大学生寻求宽恕心理教育研究》,硕士学位论文,南京医科大学,第 27 页。

*赵兴娥、谭晓菊、王文丽、李现红,2014,《高职实习护生共情能力的临床培训效果评价》,《护理学报》第 3 期。

赵旭东，2010，《Empathy 的内涵与译名》，《中国心理卫生杂志》第 6 期。

郑日昌、李占宏，2006，《共情研究的历史与现状》，《中国心理卫生杂志》第 4 期。

*周庚秀，2013，《家庭环境、学校环境与中学生共情能力的关系研究》，硕士学位论文，湖南师范大学，第 23 页。

周海波、甘烨彤、易靓靓、胡瑞、谭千保、钟毅平，2019，《自我—他人重叠影响疼痛共情的 ERP 研究》，《心理科学》第 5 期。

周含芳、刘志军，2018，《家庭系统视域下幼儿共情能力的培养》，《当代教育理论与实践》第 5 期。

周坚宇，2014，《亲子阅读活动：促进农村留守儿童心理健康发展的有效途径》，《图书与情报》第 3 期。

周晓林，2004，《执行控制：一个具有广阔理论前途和应用前景的研究领域》，《心理科学进展》第 5 期。

朱鹤、石凡超、安澜、殷晓莎、付梅花、王昱丹、周艺林、杨芳、姚燕、张艳秋，2016，《中国部分大学生网络欺凌行为发生现状调查分析》，《吉林大学学报》（医学版）第 3 期。

朱晓倩、王一伊、苏彦捷、曾晓、颜志强，2021，《儿童共情研究及其测量工具：回顾与展望》，《心理技术与应用》第 10 期。

*朱淑湘、文少司、陈杰、唐宁、洪森，2015，《中小学生亲子亲合与心理弹性的关系：共情的调节作用》，《教育测量与评价》（理论版）第 7 期。

*朱一鸣、汪凯、张龙、胡盼盼、吴娇南，2016，《道德判断与共情的相关性研究》，《安徽医科大学学报》第 3 期。

朱玉、陈新贵、吴小玲、许胜、曹召伦、汪凯、张蕾，2018，《多维度共情测验的编制及信效度分析》，《安徽医科大学学报》第 7 期。

宗阳、王广新，2016，《拟人化、自然共情与亲环境行为》，《中国健康心理学杂志》第 9 期。

二 英文文献

Abramson, L., Paz, Y., and Knafo‐Noam, A., 2018, "From Negative Reactivity to Empathic Responding: Infants High in Negative Reactivity Express More Empathy Later in Development, with the Help of Regulation", *Developmental Science*, Vol. 22, No. 3.

Abu‐Akel, A., Fischer‐Shofty, M., Levkovitz, Y., Decety, J., and Shamay‐Tsoory, S., 2014, "The Role of Oxytocin in Empathy to the Pain of Conflictual Out‐Group Members among Patients with Schizophrenia", *Psychological Medicine*, Vol. 44, No. 16.

* Ainley, V., Maister, L., and Tsakiris, M., 2015, "Heartfelt Empathy? No Association between Interoceptive Awareness, Questionnaire Measures of Empathy, Reading the Mind in the Eyes Task or the Director Task", *Frontiers in Psychology*, Vol. 6.

* Albiero, P., Matricardi, G., Speltri, D., and Toso, D., 2009, "The Assessment of Empathy in Adolescence: A Contribution to the Italian Validation of the Basic Empathy Scale", *Journal of Adolescence*, Vol. 32, No. 2.

* Allen, M., Frank, D., Glen, J. C., Fardo, F., Callaghan, M. F., and Rees, G., 2017, "Insula and Somatosensory Cortical Myelination and Iron Markers Underlie Individual Differences in Empathy", *Scientific Reports*, Vol. 7.

* Amiruddin, A., Fueggle, S. N., Nguyen, A. T., Gignac, G. E., Clunies‐Ross, K. L., and Fox, A. M., 2017, "Error Monitoring and Empathy: Explorations within a Neurophysiological Context", *Psychophysiology*, Vol. 54, No. 6.

Andreychik, M. R., and Migliaccio, N., 2015, "Empathizing with Others' Pain Versus Empathizing with Others' Joy: Examining the Separability of Positive and Negative Empathy and Their Relation to Different Types of Social Behaviors and Social Emotions", *Basic and Applied Social Psychology*, Vol. 37, No. 5.

Andreychik, M. R., 2019, "Feeling Your Joy Helps Me to Bear Feeling Your Pain: Examining Associations between Empathy for Others' Positive Versus Negative Emotions and Burnout", *Personality and Individual Differences*, Vol. 137.

Angera, J. J., Carter, S. J., Nakamoto, M., and Kalso, M., 1999, "Understanding the One You Love: A Longitudinal Assessment of an Empathy Training Program for Couples in Romantic Relationships", *Family Relations*, Vol. 48, No. 3.

* Ang, R. P., and Goh, D. H., 2010, "Cyberbullying among Adolescents: The Role of Affective and Cognitive Empathy, and Gender", *Child Psychiatry and Human Development*, Vol. 41, No. 4.

Anml, A., Nw, A., and Jamf, B., 2018, "Cyberbullying in Hong Kong Chinese Students: Life Satisfaction, and the Moderating Role of Friendship Qualities on Cyberbullying Victimization and Perpetration", *Personality and Individual Differences*, Vol. 133.

* Arli, D., and Anandya, D., 2018, "Exploring the Impact of Empathy, Compassion, and Machiavellianism on Consumer Ethics in an Emerging Market", *Asian Journal of Business Ethics*, Vol. 7, No. 1.

Aron, A. R., Robbins, T. W., and Poldrack, R. A., 2014, "Inhibition and the Right Inferior Frontal Cortex: One Decade on", *Trends in Cognitive Sciences*, Vol. 18, No. 4.

Atlas, L. Y., Bolger, N., Lindquist, M. A., and Wager, T. D., 2010, "Brain Mediators of Predictive Cue Effects on Perceived Pain", *Journal of Neuroscience*, Vol. 30, No. 39.

Averbeck, B. B., 2010, "Oxytocin and the Salience of Social Cues", *Proceedings of the National Academy of Sciences of the United States of America*, Vol. 107, No. 20.

* Bacchini, D., De Angelis, G., and Dragone, M., 2018, "Empathy and Utilitarian Judgment in Incarcerated and Community Control Adolescents", *Criminal Justice and Behavior*, Vol. 45, No. 7.

Baddeley, A., 1992, "Working Memory", *Science*, Vol. 255, No. 5044.

* Bailey, P. E., Henry, J. D., and Von Hippel, W., 2008, "Empathy and Social Functioning in Late Adulthood", *Aging and Mental Health*, Vol. 12, No. 4.

* Baldner, C., and Mcginley, J. J., 2014, "Correlational and Exploratory Factor Analyses (EFA) of Commonly Used Empathy Questionnaires: New Insights", *Motivation & Emotion*, Vol. 38, No. 5.

Ball, C. L., Smetana, J. G., and Sturge - Apple, M. L., 2017, "Following My Head and My Heart: Integrating Preschoolers' Empathy, Theory of Mind, and Moral Judgments", *Child Development*, Vol. 88, No. 2.

Baron – Cohen, S., and Wheelwright, S., 2004, "The Empathy Quotient: An Investigation of Adults with Asperger Syndrome or High Functioning Autism, and Normal Sex Differences", *Journal of Autism and Developmental Disorders*, Vol. 34, No. 2.

Baron – Cohen, S., Jolliffe, T., Mortimore, C., and Robertson, M., 1997, "Another Advanced Test of Theory of Mind: Evidence from Very High Functioning Adults with Autism or Asperger Syndrome", *Journal of Child Psychology and Psychiatry*, Vol. 38, No. 7.

Baron – Cohen, S., Wheelwright, S., Hill, J., Raste, Y., and Plumb, I., 2001, "The 'Reading the Mind in the Eyes' Test Revised Version: A Study with Normal Adults, and Adults with Asperger Syndrome or High – Functioning Autism", *Journal of Child Psychology and Psychiatry*, Vol. 42, No. 2.

Bartal, I. B., Decety, J., and Mason, P., 2011, "Empathy and Pro – Social Behavior in Rats", *Science*, Vol. 334, No. 6061.

Bartlett, M., Littlewort, G., Frank, M., and Lee, K., 2014, "Automatic Decoding of Facial Movements Reveals Deceptive Pain Expressions", *Current Biology*, Vol. 24, No. 7.

Batson, C. D., and Ahmad, N. Y., 2009, "Using Empathy to Improve Intergroup Attitudes and Relations", *Social Issues and Policy Review*, Vol. 3, No. 1.

Batson, C. D., and Shaw, L. L., 1991, "Evidence for Altruism: Toward a Pluralism of Prosocial Motives", *Psychological Inquiry*, Vol. 2, No. 2.

Batson, C. D., Fultz, J., and Schoenrade, P. A., 1987, "Distress and Empathy: Two Qualitatively Distinct Vicarious Emotions with Different Motivational Consequences", *Journal of Personality*, Vol. 55, No. 1.

* Beadle, J. N., Sheehan, A. H., Dahlben, B., and Gutchess, A. H., 2013, "Aging, Empathy, and Prosociality", *The Journals of Gerontology Series B: Psychological Sciences and Social Sciences*, Vol. 70, No. 2.

* Belacchi, C., and Farina, E., 2012, "Feeling and Thinking of Others: Affective and Cognitive Empathy and Emotion Comprehension in Prosocial/Hostile Preschoolers", *Aggressive Behavior*, Vol. 38, No. 2.

Bensalah, L., Caillies, S., and Anduze, M., 2016, "Links among Cognitive Empathy, Theory of Mind, and Affective Perspective Taking by Young Children", *Journal of Genetic Psychology*, Vol. 177, No. 1.

Berenguer, J., 2010, "The Effect of Empathy in Environmental Moral Reasoning", *Environment and Behavior*, Vol. 42, No. 1.

Berenguer, J., 2007, "The Effect of Empathy in Proenvironmental Attitudes and Behaviors", *Environment and Behavior*, Vol. 39, No. 2.

Best, J. R., and Miller, P. H., 2010, "A Developmental Perspective on Executive Function", *Child Development*, Vol. 81, No. 6.

Beyer, J. E., and Knapp, T. R., 1986, "Methodological Issues in the Measurement of Children's Pain", *Children's Health Care*, Vol. 14, No. 4.

Bieri, D., Reeve, R. A., Champion, G. D., Addicoat, L., and Ziegler, J. B., 1990, "The Faces Pain Scale for the Self – Assessment of the Severity of Pain Experienced by Children: Development, Initial Validation, and Preliminary Investigation for Ratio Scale Properties", *Pain*, Vol. 41, No. 2.

Bilevicius, E., Kolesar, T., Smith, S., Trapnell, P., and Kornelsen, J., 2018, "Trait Emotional Empathy and Resting State Functional Connectivity in Default Mode, Salience, and Central Executive Networks", *Brain Sciences*, Vol. 8, No. 7.

Bird, G., and Viding, E., 2014, "The Self to Other Model of Empathy: Providing a New Framework for Understanding Empathy Impairments in Psychopathy, Autism, and Alexithymia", *Neuroscience & Biobehavioral Reviews*, Vol. 47,

Black, H., and Phillips, S., 1982, "An Intervention Program for the Development of Empathy in Student Teachers", *The Journal of Psychology*, Vol. 112.

Blair, R. J., 2008, "Fine Cuts of Empathy and the Amygdala: Dissociable Deficits in Psychopathy and Autism", *Quarterly Journal of Experimental Psychology*, Vol. 61, No. 1.

Blair, R. J., 2005, "Responding to the Emotions of Others: Dissociating Forms of Empathy through the Study of Typical and Psychiatric Populations", *Consciousness and Cognition*, Vol. 14, No. 4.

Blakey, E., Visser, I., and Carroll, D. J., 2015, "Different Executive Functions Support Different Kinds of Cognitive Flexibility: Evidence from 2 –, 3 –, and 4 – Year – Olds", *Child Development*,

Vol. 87, No. 2.

Bloom, P., 2017a, "Empathy and Its Discontents", *Trends in Cognitive Sciences*, Vol. 21, No. 1.

Bloom, P., 2017b, "Empathy, Schmempathy: Response to Zaki", *Trends in Cognitive Sciences*, Vol. 21, No. 2.

Boele, S., Van der Graaff, J., de Wied, M., Van der Valk, I. E., Crocetti, E., and Branje, S., 2019, "Linking Parent – Child and Peer Relationship Quality to Empathy in Adolescence: A Multilevel Meta – Analysis", *Journal of Youth and Adolescence*, Vol. 48, No. 6.

*Bojana, D. M., Jasmina, K. S., Valentina, S. T., and Ilija, M. Z., 2016, "Empathy and Peer Violence among Adolescents: Moderation Effect of Gender", *School Psychology International*, Vol. 37, No. 4.

Bonfils, K. A., Lysaker, P. H., Minor, K. S., and Salyers, M. P., 2016, "Affective Empathy in Schizophrenia: A Meta – Analysis", *Schizophrenia Research*, Vol. 175, No. 1 – 3.

Bonfils, K. A., Lysaker, P. H., Minor, K. S., and Salyers, M. P., 2017, "Empathy in Schizophrenia: A Meta – Analysis of the Interpersonal Reactivity Index", *Psychiatry Research*, Vol. 249.

Borenstein, M., Hedges, L. V., Higgins, J. P. T., and Rothstein, H. R., 2009, *Introduction to Meta – Analysis*, West Sussex: Wiley & Sons.

Borke, H., 1971, "Interpersonal Perception of Young Children: Egocentrism or Empathy?", *Developmental Psychology*, Vol. 5, No. 2.

Botvinick, M., Jha, A. P., Bylsma, L. M., Fabian, S. A., Solomon, P. E., and Prkachin, K. M., 2005, "Viewing Facial Expressions of Pain Engages Cortical Areas Involved in the Direct Experience of Pain", *Neuroimage*, Vol. 25, No. 1.

Brink, T. T., Urton, K., Held, D., Kirilina, E., Hofmann, M.

J., Klann – Delius, G., Jacobs, A. M., and Kuchinke, L., 2011, "The Role of Orbitofrontal Cortex in Processing Empathy Stories in 4 – to 8 – Year – Old Children", *Frontiers in Psychology*, Vol. 2.

Brookes, M., Sharpe, L., and Kozlowska, K., 2018, "Attentional and Interpretational Biases Towards Pain – Related Stimuli in Children and Adolescents: A Systematic Review of the Evidence", *The Journal of Pain*, Vol. 19, No. 10.

* Brouns, B. H. J., de Wied, M. A., Keijsers, L., Branje, S., van Goozen, S. H. M., and Meeus, W. H. J., 2013, "Concurrent and Prospective Effects of Psychopathic Traits on Affective and Cognitive Empathy in a Community Sample of Late Adolescents", *Journal of Child Psychology and Psychiatry*, Vol. 54, No. 9.

Bryant, B. K., 1982, "An Index of Empathy for Children and Adolescents", *Child Development*, Vol. 53, No. 2.

Budell, L., Jackson, P., and Rainville, P., 2010, "Brain Responses to Facial Expressions of Pain: Emotional or Motor Mirroring?", *NeuroImage*, Vol. 53, No. 1.

Bufalari, I., Aprile, T., Avenanti, A., Di, R. F., and Aglioti, S. M., 2007, "Empathy for Pain and Touch in the Human Somatosensory Cortex", *Cerebral Cortex*, Vol. 17, No. 11.

* Cacciatore, J., Thieleman, K., Killian, M., and Tavasolli, K., 2015, "Braving Human Suffering: Death Education and Its Relationship to Empathy and Mindfulness", *Social Work Education*, Vol. 34, No. 1.

Camras, L. A., 2011, "Differentiation, Dynamical Integration and Functional Emotional Development", *Emotion Review*, Vol. 3, No. 2.

Cao, Y., Dingle, G., Chan, G. C. K., and Cunnington, R., 2017, "Low Mood Leads to Increased Empathic Distress at Seeing Others' Pain", *Frontiers in Psychology*, Vol. 8.

* Carre, A., Stefaniak, N., D'Ambrosio, F., Bensalah, L., and Besche-Richard, C., 2013, "The Basic Empathy Scale in Adults (BES-A): Factor Structure of a Revised Form", *Psychological Assessment*, Vol. 25, No. 3.

Carreras, M. R., Braza, P., Munoz, J. M., Braza, F., Azurmendi, A., Pascual-Sagastizabal, E., Cardas, J., and Sanchez-Martin, J. R., 2014, "Aggression and Prosocial Behaviors in Social Conflicts Mediating the Influence of Cold Social Intelligence and Affective Empathy on Children's Social Preference", *Scandinavian Journal of Psychology*, Vol. 55, No. 4.

Carr, L., Iacoboni, M., Dubeau, M. C., Mazziotta, J. C., and Lenzi, G. L., 2003, "Neural Mechanisms of Empathy in Humans: A Relay from Neural Systems for Imitation to Limbic Areas", *Proceedings of the National Academy of Sciences*, Vol. 100, No. 9.

Castarlenas, E., Miró, J., and Sánchez-Rodríguez, E., 2013, "Is the Verbal Numerical Rating Scale a Valid Tool for Assessing Pain Intensity in Children Below 8 Tears of Age?", *The Journal of Pain*, Vol. 14, No. 3.

Chang, J., Versloot, J., Fashler, S. R., McCrystal, K. N., and Craig, K. D., 2015, "Pain Assessment in Children Validity of Facial Expression Items in Observational Pain Scales", *Clinical Journal of Pain*, Vol. 31, No. 3.

Chapman, E., Baron-Cohen, S., Auyeung, B., Knickmeyer, R., Taylor, K., and Hackett, G., 2006, "Fetal Testosterone and Empathy: Evidence from the Empathy Quotient (EQ) and the Reading the Mind in the Eyes Test", *Social Neuroscience*, Vol. 1, No. 2.

Chartrand, T. L., and Bargh, J. A., 1999, "The Chameleon Effect: The Perception-Behavior Link and Social Interaction", *Journal of Personality and Social Psychology*, Vol. 76, No. 6.

Chen, C., Crivelli, C., Garrod, O. G. B., Schyns, P. G., Fernández-Dols, J. M., and Jack, R. E., 2018, "Distinct Facial Expressions Represent Pain and Pleasure across Cultures", *Proceedings of the National Academy of Sciences*, Vol. 115, No. 43.

Cheng, J., Jiao, C., Luo, Y., and Cui, F., 2017, "Music Induced Happy Mood Suppresses the Neural Responses to Other's Pain: Evidences from an ERP Study", *Scientific Reports*, Vol. 7, No. 1.

Cheng, Y., Chen, C., and Decety, J., 2014, "An EEG/ERP Investigation of the Development of Empathy in Early and Middle Childhood", *Developmental Cognitive Neuroscience*, Vol. 10.

* Chen, W., Feng, H., Lv, C., and Lu, J., 2018, "Relationships between Empathy, Gender, and Testosterone Levels in Older Adults", *Social Behavior and Personality*, Vol. 46, No. 11.

* Chen, Y. C., Chen, C. C., Decety, J., and Cheng, Y., 2014, "Aging Is Associated with Changes in the Neural Circuits Underlying Empathy", *Neurobiology of Aging*, Vol. 35, No. 4.

Choi, D., and Watanuki, S., 2014, "Effect of Empathy Trait on Attention to Faces: An Event-Related Potential (ERP) Study", *Journal of Physiological Anthropology*, Vol. 33, No. 4.

Christov-Moore, L., and Iacoboni, M., 2016, "Self-Other Resonance, Its Control and Prosocial Inclinations: Brain-Behavior Relationships", *Human Brain Mapping*, Vol. 37, No. 4.

* Chrysikou, E. G., and Thompson, W. J., 2015, "Assessing Cognitive and Affective Empathy through the Interpersonal Reactivity Index: An Argument against a Two-Factor Model", *Assessment*, Vol. 23, No. 6.

* Chu, M. Y., Meyer, A., Foulkes, L., and Kita, S., 2014, "Individual Differences in Frequency and Saliency of Speech-Accompanying Gestures: The Role of Cognitive Abilities and Empathy",

Journal of Experimental Psychology – General, Vol. 143, No. 2.

Ciarrochi, J., Parker, P. D., Sahdra, B. K., Kashdan, T. B., Kiuru, N., and Conigrave, J. H., 2017, "When Empathy Matters: The Role of Sex and Empathy in Close Friendships", *Journal of Personality*, Vol. 85, No. 4.

* Ciucci, E., and Baroncelli, A., 2014, "The Emotional Core of Bullying: Further Evidences of the Role of Callous – Unemotional Traits and Empathy", *Personality and Individual Differences*, Vol. 67.

* Clark, S. S., and Giacomantonio, S. G., 2013, "Music Preferences and Empathy: Toward Predicting Prosocial Behavior", *Psychomusicology: Music, Mind, and Brain*, Vol. 23, No. 3.

Cohen, B. H., 2007, *Explaining Psychological Statistics (3rd Edition)*, New Jersey: John Wiley & Sons.

Cohen, J., 1992, "A Power Primer", *Psychological Bulletin*, Vol. 112, No. 1.

Coll, M. P., Budell, L., Rainville, P., Decety, J., and Jackson, P. L., 2012, "The Role of Gender in the Interaction between Self – Pain and the Perception of Pain in Others", *The Journal of Pain*, Vol. 13, No. 7.

Coll, M. P., 2018, "Meta – Analysis of ERP Investigations of Pain Empathy Underlines Methodological Issues in ERP Research", *Social Cognitive and Affective Neuroscience*, Vol. 13, No. 10.

* Constantine, M. G., 2000, "Social Desirability Attitudes, Sex, and Affective and Cognitive Empathy as Predictors of Self – Reported Multicultural Counseling Competence", *Counseling Psychologist*, Vol. 28, No. 6.

Cowan, D. G., Vanman, E. J., and Nielsen, M., 2014, "Motivated Empathy: The Mechanics of the Empathic Gaze", *Cognition and Emotion*, Vol. 28, No. 8.

Craig, K. D., Versloot, J., Goubert, L., Vervoort, T., and Crombez, G., 2010, "Perceiving Pain in Others: Automatic and Controlled Mechanisms", *Journal of Pain*, Vol. 11, No. 2.

Creavy, K. L., Gatzke‑Kopp, L. M., Zhang, X., Fishbein, D., and Kiser, L. J., 2020, "When You Go Low, I Go High: Negative Coordination of Physiological Synchrony among Parents and Children", *Developmental Psychobiology*, Vol. 62, No. 3.

Crivelli, C., and Fridlund, A. J., 2018, "Facial Displays Are Tools for Social Influence", *Trends in Cognitive Sciences*, Vol. 22, No. 5.

Cuevas, K., and Bell, M. A., 2014, "Infant Attention and Early Childhood Executive Function", *Child Development*, Vol. 85, No. 2.

Cuff, B. M. P., Brown, S. J., Taylor, L., and Howat, D. J., 2014, "Empathy: A Review of the Concept", *Emotion Review*, Vol. 8, No. 2.

Cui, F., Zhu, X. R., Luo, Y. J., and Cheng, J. P., 2017, "Working Memory Load Modulates the Neural Response to Other's Pain: Evidence from an ERP Study", *Neuroscience Letters*, Vol. 644.

Dadds, M. R., Hunter, K., Hawes, D. J., Frost, A. D., Vassallo, S., Bunn, P., Merz, S., and Masry, Y. E., 2008, "A Measure of Cognitive and Affective Empathy in Children Using Parent Ratings", *Child Psychiatry and Human Development*, Vol. 39, No. 2.

Danziger, N., Prkachin, K. M., and Willer, J. C., 2006, "Is Pain the Price of Empathy? The Perception of Others' Pain in Patients with Congenital Insensitivity to Pain", *Brain*, Vol. 129, No. Pt9.

Davidson, M. C., Amso, D., Anderson, L. C., and Diamond, A., 2006, "Development of Cognitive Control and Executive Functions from 4 to 13 Years: Evidence from Manipulations of Memory, Inhibition, and Task Switching", *Neuropsychologia*, Vol. 44, No. 11.

* Davis, A. C., Leppanen, W., Mularczyk, K. P., Bedard, T., and Stroink, M. L., 2018, "Systems Thinkers Express an Elevated Capacity for the Allocentric Components of Cognitive and Affective Empathy", *Systems Research and Behavioral Science*, Vol. 35, No. 2.

Davis, M. H., 1983, "Measuring Individual Differences in Empathy: Evidence for a Multidimensional Approach", *Journal of Personality and Social Psychology*, Vol. 44, No. 1.

Davis, T. L., 1995, "Gender Differences in Masking Negative Emotions: Ability or Motivation?", *Developmental Psychology*, Vol. 31, No. 4.

Decety, J., and Cowell, J. M., 2014, "The Complex Relation between Morality and Empathy", *Trends in Cognitive Science*, Vol. 18, No. 7.

Decety, J., and Fotopoulou, A., 2015, "Why Empathy Has a Beneficial Impact on Others in Medicine: Unifying Theories", *Frontiers in Behavioral Neuroscience*, Vol. 8.

Decety, J., and Jackson, P. L., 2004, "The Functional Architecture of Human Empathy", *Behavioral and Cognitive Neuroscience Reviews*, Vol. 3, No. 2.

Decety, J., and Meyer, M., 2008, "From Emotion Resonance to Empathic Understanding: A Social Developmental Neuroscience Account", *Development and Psychopathology*, Vol. 20, No. 4.

Decety, J., and Michalska, K. J., 2010, "Neurodevelopmental Changes in the Circuits Underlying Empathy and Sympathy from Childhood to Adulthood", *Developmental Science*, Vol. 13, No. 6.

Decety, J., and Svetlova, M., 2012, "Putting Together Phylogenetic and Ontogenetic Perspectives on Empathy", *Developmental Cognitive Neuroscience*, Vol. 2, No. 1.

Decety, J., Bartal, I. B., Uzefovsky, F., and Knafo–Noam, A., 2016, "Empathy as a Driver of Prosocial Behaviour: Highly Conserved

Neurobehavioural Mechanisms across Species", *Philosophical Transactions of the Royal Society B – Biological Sciences*, Vol. 371, No. 1686.

Decety, J., 2009, "Empathy, Sympathy and the Perception of Pain", *Pain*, Vol. 145, No. 3.

Decety, J., Michalska, K. J., Akitsuki, Y., and Lahey, B. B., 2009, "Atypical Empathic Responses in Adolescents with Aggressive Conduct Disorder: A Functional MRI Investigation", *Biological Psychology*, Vol. 80, No. 2.

Decety, J., 2010, "The Neurodevelopment of Empathy in Humans", *Developmental Neuroscience*, Vol. 32, No. 4.

Decety, J., 2011, "The Neuroevolution of Empathy", *Annals of the New York Academy of Sciences*, Vol. 1231, No. 2011.

Dempster, F. N., 1992, "The Rise and Fall of the Inhibitory Mechanism: Toward a Unified Theory of Cognitive Development and Aging", *Developmental Review*, Vol. 12, No. 1.

Dennis, T. A., and Hajcak, G., 2009, "The Late Positive Potential: A Neurophysiological Marker for Emotion Regulation in Children", *Journal of Child Psychology and Psychiatry*, Vol. 50, No. 11.

de Ruddere, L., Goubert, L., Vervoort, T., Kappesser, J., and Crombez, G., 2013, "Impact of Being Primed with Social Deception Upon Observer Responses to Others' Pain", *Pain*, Vol. 154, No. 2.

de Vignemont, F., and Singer, T., 2006, "The Empathic Brain: How, When and Why?", *Trends in Cognitive Sciences*, Vol. 10, No. 10.

de Waal, F. B. M., and Preston, S. D., 2017, "Mammalian Empathy: Behavioural Manifestations and Neural Basis", *Nature Reviews Neuroscience*, Vol. 18, No. 8.

de Waal, F. B. M., 2008, "Putting the Altruism Back into Altruism: The Evolution of Empathy", *Annual Review of Psychology*, Vol. 59.

de Waal, F. B. M., 2012, "The Antiquity of Empathy", *Science*, Vol. 336, No. 6083.

Deyo, K. S., Prkachin, K. M., and Mercer, S. R., 2004, "Development of Sensitivity to Facial Expression of Pain", *Pain*, Vol. 107, No. 1 – 2.

Diamond, A., Barnett, W. S., Thomas, J., and Munro, S., 2007, "Preschool Program Improves Cognitive Control", *Science*, Vol. 318, No. 5855.

Diamond, A., 2013, "Executive Functions", *Annual Review of Psychology*, Vol. 64.

* Di Girolamo, M., Giromini, L., Winters, C. L., Serie, C. M. B., and de Ruiter, C., 2017, "The Questionnaire of Cognitive and Affective Empathy: A Comparison between Paper – and – Pencil Versus Online Formats in Italian Samples", *Journal of Personality Assessment*, Vol. 101, No. 2.

Dimberg, U., Andréasson, P., and Thunberg, M., 2011, "Emotional Empathy and Facial Reactions to Facial Expressions", *Journal of Psychophysiology*, Vol. 25, No. 1.

Dodell – Feder, D., Felix, S., Yung, M. G., and Hooker, C. I., 2015, "Theory of Mind Related Neural Activity for One's Romantic Partner Predicts Partner Well – Being", *Social Cognitive and Affective Neuroscience*, Vol. 11, No. 4.

Dondi, M., Simion, F., and Caltran, G., 1999, "Can Newborns Discriminate between Their Own Cry and the Cry of Another Newborn Infant?", *Developmental Psychology*, Vol. 35, No. 2.

Dopierała, A., Jankowiak – Siuda, K., and Boski, P., 2017, "Empathy Gap – What Do We Know About Empathizing with Others' Pain?", *Polish Psychological Bulletin*, Vol. 48, No. 1.

Dubnicki, C., 1977, "Relationships among Therapist Empathy and Authoritarianism and a Therapist's Prognosis", *Journal of Consulting and Clinical Psychology*, Vol. 45, No. 5.

Dunfield, K. A., and Kuhlmeier, V. A., 2013, "Classifying Prosocial Behavior: Children's Responses to Instrumental Need, Emotional Distress, and Material Desire", *Child Development*, Vol. 84, No. 5.

Dziobek, I., Rogers, K., Fleck, S., Bahnemann, M., Heekeren, H. R., Wolf, O. T., and Convit, A., 2008, "Dissociation of Cognitive and Emotional Empathy in Adults with Asperger Syndrome Using the Multifaceted Empathy Test (MET)", *Journal of Autism and Developmental Disorders*, Vol. 38, No. 3.

Edele, A., Dziobek, I., and Keller, M., 2013, "Explaining Altruistic Sharing in the Dictator Game: The Role of Affective Empathy, Cognitive Empathy, and Justice Sensitivity", *Learning and Individual Differences*, Vol. 24.

Egorova, N., Park, J., and Kong, J., 2017, "In the Face of Pain: The Choice of Visual Cues in Pain Conditioning Matters", *European Journal of Pain*, Vol. 21, No. 7.

Eisenberger, N. I., 2012, "The Pain of Social Disconnection: Examining the Shared Neural Underpinnings of Physical and Social Pain", *Nature Reviews Neuroscience*, Vol. 13, No. 6.

* Eisenberg, N., and Okun, M. A., 1996, "The Relations of Dispositional Regulation and Emotionality to Elders' Empathy – Related Responding and Affect While Volunteering", *Journal of Personality*, Vol. 64.

Eisenberg, N., Cumberland, A., Guthrie, I. K., Murphy, B. C., and Shepard, S. A., 2005, "Age Changes in Prosocial Responding and Moral Reasoning in Adolescence and Early Adulthood", *Journal of Research on Adolescence*, Vol. 15, No. 3.

Eisenberg, N., Liew, J., and Pidada, S. U., 2004, "The Longitudinal Relations of Regulation and Emotionality to Quality of Indonesian Children's Socioemotional Functioning", *Developmental Psychology*, Vol. 40, No. 5.

Eisenberg, N., Michalik, N., Spinrad, T. L., Hofer, C., Kupfer, A., Valiente, C., Liew, J., Cumberland, A., and Reiser, M., 2007, "The Relations of Effortful Control and Impulsivity to Children's Sympathy: A Longitudinal Study", *Cognitive Development*, Vol. 22, No. 4.

Eivers, A. R., Brendgen, M., and Borge, A. I. H., 2011, "Associations between Young Children's Emotion Attributions and Prediction of Outcome in Differing Social Situations", *British Journal of Developmental Psychology*, Vol. 28.

Ekman, P., and Friesen, W. V., 1978, *Facial Action Coding System: A Technique for the Measurement of Facial Movement*, Palo Alto: Consulting Psychologists Press.

Ensor, R., and Hughes, C., 2008, "Content or Connectedness? Mother-Child Talk and Early Social Understanding", *Child Development*, Vol. 79, No. 1.

Euler, F., Steinlin, C., and Stadler, C., 2017, "Distinct Profiles of Reactive and Proactive Aggression in Adolescents: Associations with Cognitive and Affective Empathy", *Child and Adolescent Psychiatry and Mental Health*, Vol. 11.

Fabes, R. A., Eisenberg, N., Karbon, M., Troyer, D., and Switzer, G., 1994, "The Relations of Children's Emotion Regulation to Their Vicarious Emotional Responses and Comforting Behaviors", *Child Development*, Vol. 65, No. 6.

Fan, Y., and Han, S., 2008, "Temporal Dynamic of Neural Mechanisms Involved in Empathy for Pain: An Event-Related Brain Potential Study", *Neuropsychologia*, Vol. 46, No. 1.

Fan, Y., Duncan, N. W., de Greck, M., and Northoff, G., 2011, "Is There a Core Neural Network in Empathy? An fMRI Based Quantitative Meta-Analysis", *Neuroscience & Biobehavioral Reviews*, Vol. 35, No. 3.

Faul, F., Erdfelder, E., Buchner, A., and Lang, A., 2009, "Statistical Power Analyses Using G*Power 3.1: Tests for Correlation and Regression Analyses", *Behavior Research Methods*, Vol. 41, No. 4.

Ferrer, E., Shaywitz, B. A., Holahan, J. M., Marchione, K., and Shaywitz, S. E., 2010, "Uncoupling of Reading and Iq over Time: Empirical Evidence for a Definition of Dyslexia", *Psychological Science*, Vol. 21, No. 1.

Feshbach, N., and Roe, K., 1968, "Empathy in Six- and Seven-Year-Olds", *Child Development*, Vol. 39, No. 1.

Field, T., Diego, M., Hernandez-Reif, M., and Fernandez, M., 2007, "Depressed Mothers' Newborns Show Less Discrimination of Other Newborns' Cry Sounds", *Infant Behavior & Development*, Vol. 30, No. 3.

*Foell, J., Brislin, S. J., Drislane, L. E., Dziobek, I., and Patrick, C. J., 2018, "Creation and Validation of an English-Language Version of the Multifaceted Empathy Test (MET)", *Journal of Psychopathology and Behavioral Assessment*, Vol. 40, No. 3.

*Ford, R. M., Driscoll, T., Shum, D., and Macauley, C. E., 2012, "Executive and Theory-of-Mind Contributions to Event-Based Prospective Memory in Children: Exploring the Self-Projection Hypothesis", *Journal of Experimental Child Psychology*, Vol. 111.

Friesen, W. J., and Wright, P. G., 1985, "The Validity of the Carlson Psychological Survey with Adolescents", *Journal of Personality Assessment*, Vol. 49, No. 4.

Fung, C. S., Hua, A., Tam, L., and Mercer, S. W., 2009, "Reliability and Validity of the Chinese Version of the Care Measure in a Primary Care Setting in Hong Kong", *Family Practice*, Vol. 26, No. 5.

Gabel, M. S., and McAuley, T., 2018, "Does Mood Help or Hinder Executive Functions? Reactivity May Be the Key", *Personality and Individual Differences*, Vol. 128.

Gallese, V., Keysers, C., and Rizzolatti, G., 2004, "A Unifying View of the Basis of Social Cognition", *Trends in Cognitive Sciences*, Vol. 8, No. 9.

Gallese, V., 2001, "The 'Shared Manifold' Hypothesis. From Mirror Neurons to Empathy", *Journal of Consciousness Studies*, Vol. 8, No. 5 –7.

* Gao, Z. F., Ye, T., Shen, M. W., and Perry, A., 2016, "Working Memory Capacity of Biological Movements Predicts Empathy Traits", *Psychonomic Bulletin and Review*, Vol. 23, No. 2.

Garcia – Barrera, M. A., Karr, J. E., Trujillo – Orrego, N., Trujillo – Orrego, S., and Pineda, D. A., 2016, "Evaluating Empathy in Colombian Ex – Combatants: Examination of the Internal Structure of the Interpersonal Reactivity Index (IRI) in Spanish", *Psychological Assessment*, Vol. 29, No. 1.

Garner, P. W., and Dunsmore, J. C., 2011, "Temperament and Maternal Discourse About Internal States as Predictors of Toddler Empathy – and Aggression – Related Behavior", *Journal of Early Childhood Research*, Vol. 9, No. 1.

Garra, G., Singer, A. J., Domingo, A., and Thode, H. C., 2013, "The Wong – Baker Pain Faces Scale Measures Pain, Not Fear", *Pediatric Emergency Care*, Vol. 29, No. 1.

Garton, A., and Gringart, E., 2005, "The Development of a Scale to Measure Empathy in 8 – and 9 – Year Old Children", *Australian Journal of Educational Developmental Psychology, Vol. 5, No. 2.

Gathercole, S. E., Pickering, S. J., Ambridge, B., and Wearing, H., 2004, "The Structure of Working Memory from 4 to 15 Years of Age", Developmental Psychology, Vol. 40, No. 2.

Geangu, E., Benga, O., Stahl, D., and Striano, T., 2010, "Contagious Crying Beyond the First Days of Life", Infant Behavior and Development, Vol. 33, No. 3.

Geangu, E., Quadrelli, E., Conte, S., Croci, E., and Turati, C., 2016, "Three‐Year‐Olds' Rapid Facial Electromyographic Responses to Emotional Facial Expressions and Body Postures", Journal of Experimental Child Psychology, Vol. 144.

* Geng, Y., Xia, D., and Qin, B., 2012, "The Basic Empathy Scale: A Chinese Validation of a Measure of Empathy in Adolescents", Child Psychiatry and Human Development, Vol. 43, No. 4.

Gerstadt, C. L., Hong, Y. J., and Diamond, A., 1994, "The Relationship between Cognition and Action: Performance of Children 3 1/2 – 7 Years Old on a Stroop‐Like Day‐Night Test", Cognition, Vol. 53, No. 2.

* Giammarco, E. A., and Vernon, P. A., 2014, " Vengeance and the Dark Triad: The Role of Empathy and Perspective Taking in Trait Forgivingness", Personality and Individual Differences, Vol. 67.

Giudice, M. D., Manera, V., and Keysers, C., 2009, "Programmed to Learn? The Ontogeny of Mirror Neurons", Developmental Science, Vol. 12, No. 2.

Giummarra, M. J., Fitzgibbon, B. M., Georgiou‐Karistianis, N., Beukelman, M., Verdejo‐Garcia, A., Blumberg, Z., Chou, M., and Gibson, S. J., 2015, "Affective, Sensory and Empathic Sharing of Another's Pain: The Empathy for Pain Scale", European Journal of Pain, Vol. 19, No. 6.

* Gökçen, E., Frederickson, N., and Petrides, K. V., 2016, "Theory of Mind and Executive Control Deficits in Typically Developing Adults and Adolescents with High Levels of Autism Traits", *Journal of Autism and Developmental Disorders*, Vol. 46.
* Gökçen, E., Petrides, K. V., Hudry, K., Frederickson, N., and Smillie, L. D., 2014, "Sub-Threshold Autism Traits: The Role of Trait Emotional Intelligence and Cognitive Flexibility", *British Journal of Psychology*, Vol. 105, No. 2.

Gladstein, G. A., 1984, "The Historical Roots of Contemporary Empathy Research", *Journal of the History of the Behavioral Sciences*, Vol. 20, No. 1.

Goering, M., and Mrug, S., 2021, "Empathy as a Mediator of the Relationship between Authoritative Parenting and Delinquent Behavior in Adolescence", *Journal of Youth and Adolescence*, Vol. 50, No. 7.

Goetz, J. L., Keltner, D., and Simonthomas, E., 2010, "Compassion: An Evolutionary Analysis and Empirical Review", *Psychological Bulletin*, Vol. 136, No. 3.

Goubert, L., Craig, K. D., Vervoort, T., Morley, S., Sullivan, M. J., de, C. W. A. C., Cano, A., and Crombez, G., 2005, "Facing Others in Pain: The Effects of Empathy", *Pain*, Vol. 118, No. 3.

Goubert, L., Vervoort, T., and Crombez, G., 2009, "Pain Demands Attention from Others: The Approach Avoidance Paradox", *Pain*, Vol. 143, No. 1-2.

Graziano, W. G., Habashi, M. M., Sheese, B. E., and Tobin, R. M., 2007, "Agreeableness, Empathy, and Helping: A Person X Situation Perspective", *Journal of Personality and Social Psychology*, Vol. 93, No. 4.

Grazzani, I., Ornaghi, V., Pepe, A., Brazzelli, E., and Rieffe,

C., 2017, "The Italian Version of the Empathy Questionnaire for 18 – to 36 – Months – Old Children: Psychometric Properties and Measurement Invariance across Gender of the Emque – I13", *European Journal of Developmental Psychology*, Vol. 14, No. 1.

* Green, L. M., Missotten, L., Tone, E. B., and Luyckx, K., 2018, "Empathy, Depressive Symptoms, and Self – Esteem in Adolescence: The Moderating Role of the Mother – Adolescent Relationship", *Journal of Child and Family Studies*, Vol. 27.

Grégoire, M., Bruneau – Bhérer, R., Morasse, K., Eugène, F., and Jackson, P. L., 2016, "The Perception and Estimation of Others' Pain According to Children", *Pain Research and Management*, Vol. 2016.

* Groen, Y., Fuermaier, A., Heijer, A., Tucha, O., and Althaus, M., 2015, "The Empathy and Systemizing Quotient: The Psychometric Properties of the Dutch Version and a Review of the Cross – Cultural Stability", *Journal of Autism and Developmental Disorders*, Vol. 45, No. 9.

Grynberg, D., and Maurage, P., 2014, "Pain and Empathy: The Effect of Self – Oriented Feelings on the Detection of Painful Facial Expressions", *PLoS One*, Vol. 9, No. 7.

Grynberg, D., and Pollatos, O., 2015, "Perceiving One's Body Shapes Empathy", *Physiology and Behavior*, Vol. 140.

Guajardo, N. R., and Watson, A. C., 2002, "Narrative Discourse and Theory of Mind Development", *The Journal of Genetic Psychology*, Vol. 163, No. 3.

Guastella, A. J., Einfeld, S. L., Gray, K. M., Rinehart, N. J., Tonge, B. J., Lambert, T. J., and Hickie, I. B., 2010, "Intranasal Oxytocin Improves Emotion Recognition for Youth with Autism Spectrum Disorders", *Biological Psychiatry*, Vol. 67, No. 7.

Gu, X., and Han, S., 2007, "Attention and Reality Constraints on the Neural Processes of Empathy for Pain", *Neuroimage*, Vol. 36, No. 1.

Hadjistavropoulos, T., Craig, K. D., Duck, S., Cano, A., Goubert, L., Jackson, P. L., Mogil, J. S., Rainville, P., Sullivan, M. J. L., Williams, A. C. D. C., Vervoort, T., and Fitzgerald, T. D., 2011, "A Biopsychosocial Formulation of Pain Communication", *Psychological Bulletin*, Vol. 137, No. 6.

Hamlin, J. K., Wynn, K., and Bloom, P., 2007, "Social Evaluation by Preverbal Infants", *Nature*, Vol. 450, No. 7169.

Hampton, A. J. D., Hadjistavropoulos, T., Gagnon, M. M., Williams, J., and Clark, D., 2015, "The Effects of Emotion Regulation Strategies on the Pain Experience: A Structured Laboratory Investigation", *Pain*, Vol. 156, No. 5.

Hansen, S., 2011, "Inhibitory Control and Empathy – Related Personality Traits: Sex – Linked Associations", *Brain and Cognition*, Vol. 76, No. 3.

Han, S., Fan, Y., and Mao, L., 2008, "Gender Difference in Empathy for Pain: An Electrophysiological Investigation", *Brain Research*, Vol. 1196.

Han, S., 2011, "Young Children's Emotional Recognition and Empathy Related to Social Cues and Types of Emotion", *The Korean Journal of Human Development*, Vol. 18, No. 2.

Harrison, N. A., Morgan, R., and Critchley, H. D., 2010, "From Facial Mimicry to Emotional Empathy: A Role for Norepinephrine?", *Social Neuroscience*, Vol. 5, No. 4.

Harrison, N. A., Wilson, C. E., and Critchley, H. D., 2007, "Processing of Observed Pupil Size Modulates Perception of Sadness and Predicts Empathy", *Emotion*, Vol. 7, No. 4.

Hashiya, K., Meng, X., Uto, Y., and Tajiri, K., 2018, "Overt Congruent Facial Reaction to Dynamic Emotional Expressions in 9–10–Month–Old Infants", *Infant Behavior & Development*, Vol. 54.

Haviland, J. M., and Lelwica, M., 1987, "The Induced Affect Response: 10–Week–Old Infants' Responses to Three Emotion Expressions", *Developmental Psychology*, Vol. 23, No. 1.

Hepach, R., Vaish, A., and Tomasello, M., 2013, "A New Look at Children's Prosocial Motivation", *Infancy*, Vol. 18, No. 1.

*Herrera–Lopez, M., Gomez–Ortiz, O., Ortega–Ruiz, R., Jolliffe, D., and Romera, E. M., 2017, "Suitability of a Three–Dimensional Model to Measure Empathy and Its Relationship with Social and Normative Adjustment in Spanish Adolescents: A Cross–Sectional Study", *BMJ Open*, Vol. 7, No. 9.

Hess, E. H., and Polt, J. M., 1960, "Pupil Size as Related to Interest Value of Visual Stimuli", *Science*, Vol. 132, No. 3423.

Hess, E. H., 1965, "Attitude and Pupil Size", *Scientific American*, Vol. 212, No. 4.

Heyes, C., 2018, "Empathy Is Not in Our Genes", *Neuroscience & Biobehavioral Reviews*, Vol. 95.

*Heynen, E. J. E., Van der Helm, G. H. P., Stams, G. J. J. M., and Korebrits, A. M., 2016, "Measuring Empathy in a German Youth Prison: A Validation of the German Version of the Basic Empathy Scale (BES) in a Sample of Incarcerated Juvenile Offenders", *Journal of Forensic Psychology Practice*, Vol. 16, No. 5.

Hicks, C. L., von Baeyer, C. L., Spafford, P. A., van Korlaar, I., and Goodenough, B., 2001, "The Faces Pain Scale–Revised: Toward a Common Metric in Pediatric Pain Measurement", *Pain*, Vol. 93, No. 2.

*Hinnant, J. B., and O'Brien, M., 2007, "Cognitive and Emotional

Control and Perspective Taking and Their Relations to Empathy in 5 – Year – Old Children", *The Journal of Genetic Psychology*, Vol. 168, No. 3.

Hoenen, M., Lübke, K. T., and Pause, B. M., 2018, "Empathic Cognitions Affected by Undetectable Social Chemosignals: An EEG Study on Visually Evoked Empathy for Pain in an Auditory and Chemosensory Context", *Frontiers in Behavioral Neuroscience*, Vol. 12.

Hoffman, M. L., 1977, "Empathy, Its Development and Prosocial Implications", *Nebraska Symposium on Motivation*, Vol. 25.

Hogan, R., 1969, "Development of an Empathy Scale", *Journal of Consulting and Clinical Psychology*, Vol. 33, No. 3.

Hojat, M., Mangione, S., and Nasca, T. J., 2001, "The Jefferson Scale of Physician Empathy: Development and Preliminary Psychometric Data", *Educational and Psychological Measurement*, Vol. 61.

Howe, A., Pit – ten Cate, I. M., Brown, A., and Hadwin, J. A., 2008, "Empathy in Preschool Children: The Development of the Southampton Test of Empathy for Preschoolers (STEP)", *Psychological Assessment*, Vol. 20, No. 3.

* Huang, H., and Su, Y., 2014, "Peer Acceptance among Chinese Adolescents: The Role of Emotional Empathy, Cognitive Empathy and Gender", *International Journal of Psychology*, Vol. 49, No. 5.

* Huang, H., Su, Y., and Jin, J., 2017, "Empathy – Related Responding in Chinese Toddlers: Factorial Structure and Cognitive Contributors", *Infant and Child Development*, Vol. 26.

Huguet, A., Stinson, J. N., and McGrath, P. J., 2010, "Measurement of Self – Reported Pain Intensity in Children and Adolescents", *Journal of Psychosomatic Research*, Vol. 68, No. 4.

Ibañez, A., and Manes, F., 2012, "Contextual Social Cognition and the Behavioral Variant of Frontotemporal Dementia", *Neurology*,

Vol. 78, No. 17.

Ibanez, A., Hurtado, E., Lobos, A., Escobar, J., Trujillo, N., Baez, S., Huepe, D., Manes, F., and Decety, J., 2011, "Subliminal Presentation of Other Faces (but Not Own Face) Primes Behavioral and Evoked Cortical Processing of Empathy for Pain", *Brain Research*, Vol. 1398.

Igier, V., Sorum, P. C., and Mullet, E., 2014, "Judging Patients' Pain from External Cues", *Journal of Health Psychology*, Vol. 19, No. 4.

Jackson, P. L., Brunet, E., Meltzoff, A. N., and Decety, J., 2006, "Empathy Examined through the Neural Mechanisms Involved in Imagining How I Feel Versus How You Feel Pain", *Neuropsychologia*, Vol. 44, No. 5.

Jackson, P. L., Meltzoff, A. N., and Decety, J., 2005, "How Do We Perceive the Pain of Others? A Window into the Neural Processes Involved in Empathy", *NeuroImage*, Vol. 24.

Jackson, P. L., Rainville, P., and Decety, J., 2006, "To What Extent Do We Share the Pain of Others? Insight from the Neural Bases of Pain Empathy", *Pain*, Vol. 125, No. 1 - 2.

Jackson, T., Su, L., and Wang, Y., 2018, "Effects of Higher Versus Lower Threat Contexts on Pain - Related Attention Biases: An Eye - Tracking Study", *European Journal of Pain*, Vol. 22, No. 6.

Jeffrey, D., 2016, "Empathy, Sympathy and Compassion in Healthcare: Is There a Problem? Is There a Difference? Does It Matter?", *Journal of the Royal Society of Medicine*, Vol. 109, No. 12.

*Jenkins, L. N., Demaray, M. K., and Tennant, J., 2017, "Social, Emotional, and Cognitive Factors Associated with Bullying", *School Psychology Review*, Vol. 46, No. 1.

Jensen, M., Keefe, F., Lefebvre, J., Romano, J., and Turner,

J., 2003, "One – and Two – Item Measures of Pain Beliefs and Coping Strategies", *Pain*, Vol. 104, No. 3.

Johnson, J. A., Cheek, J. M., and Smither, R., 1983, "The Structure of Empathy", *Journal of Personality and Social Psychology*, Vol. 45, No. 6.

* Johnstone, B., Wildman, W. J., Yoon, D. P., Cohen, D., Armer, J., Lanigar, S., and Wright, A., 2018, "Affect as a Foundational Psychological Process for Spirituality and Empathy", *Mental Health Religion and Culture*, Vol. 21, No. 4.

* Jolliffe, D., and Farrington, D. P., 2006, "Development and Validation of the Basic Empathy Scale", *Journal of Adolescence*, Vol. 29, No. 4.

* Jonason, P. K., and Krause, L., 2013, "The Emotional Deficits Associated with the Dark Triad Traits: Cognitive Empathy, Affective Empathy, and Alexithymia", *Personality and Individual Differences*, Vol. 55, No. 5.

* Kahn, R. E., Frick, P. J., Golmaryami, F. N., and Marsee, M. A., 2017, "The Moderating Role of Anxiety in the Associations of Callous – Unemotional Traits with Self – Report and Laboratory Measures of Affective and Cognitive Empathy", *Journal of Abnormal Child Psychology*, Vol. 45, No. 3.

Kanske, P., Böckler, A., Trautwein, F. – M., Parianen Lesemann, F. H., and Singer, T., 2016, "Are Strong Empathizers Better Mentalizers? Evidence for Independence and Interaction between the Routes of Social Cognition", *Social Cognitive and Affective Neuroscience*, Vol. 11, No. 9.

Kappesser, J., and Williams, A. C. D. C., 2002, "Pain and Negative Emotions in the Face: Judgements by Health Care Professionals", *Pain*, Vol. 99, No. 1 – 2.

Karmann, A. J., Lautenbacher, S., Bauer, F., and Kunz, M., 2014, "The Influence of Communicative Relations on Facial Responses to Pain: Does It Matter Who Is Watching?", *Pain Research and Management*, Vol. 19, No. 1.

Keenan, T., 1998, "Memory Span as a Predictor of False Belief Understanding", *New Zealand Journal of Psychology*, Vol. 27, No. 2.

Kendall, W., Kingstone, A., and Todd, R., 2015, "Detecting Emotions Is Easier in Less Realistic Faces", *Journal of Vision*, Vol. 15, No. 12.

Keogh, E., Cheng, F., and Wang, S., 2018, "Exploring Attentional Biases Towards Facial Expressions of Pain in Men and Women", *European Journal of Pain*, Vol. 22, No. 9.

* Khanjani, Z., Jeddi, E. M., Hekmati, I., Khalilzade, S., Nia, M. E., Andalib, M., and Ashrafian, P., 2015, "Comparison of Cognitive Empathy, Emotional Empathy, and Social Functioning in Different Age Groups", *Australian Psychologist*, Vol. 50, No. 1.

Klimecki, O. M., Leiberg, S., Ricard, M., and Singer, T., 2014, "Differential Pattern of Functional Brain Plasticity after Compassion and Empathy Training", *Social Cognitive & Affective Neuroscience*, Vol. 9, No. 6.

Klimecki, O. M., Vuilleumier, P., and Sander, D., 2016, "The Impact of Emotions and Empathy-Related Traits on Punishment Behavior: Introduction and Validation of the Inequality Game", *Plos One*, Vol. 11, No. 3.

Knafo, A., Zahn-Waxler, C., Van Hulle, C., Robinson, J. L., and Rhee, S. H., 2008, "The Developmental Origins of a Disposition toward Empathy: Genetic and Environmental Contributions", *Emotion*, Vol. 8, No. 6.

Koelsch, S., Jacobs, A. M., Menninghaus, W., Liebal, K.,

Klann – Delius, G., von Scheve, C., and Gebauer, G., 2015, "The Quartet Theory of Human Emotions: An Integrative and Neurofunctional Model", *Physics of Life Reviews*, Vol. 13.

* Kokkinos, C. M., and Kipritsi, E., 2012, "The Relationship between Bullying, Victimization, Trait Emotional Intelligence, Self – Efficacy and Empathy among Preadolescents", *Social Psychology of Education*, Vol. 15, No. 1.

Konrath, S. H., O'Brien, E. H., and Hsing, C., 2010, "Changes in Dispositional Empathy in American College Students over Time: A Meta – Analysis", *Personality and Social Psychology Review*, Vol. 15, No. 2.

Korndörfer, M., Egloff, B., and Schmukle, S. C., 2015, "A Large Scale Test of the Effect of Social Class on Prosocial Behavior", *Plos One*, Vol. 10, No. 7.

Küster, D., 2018, "Social Effects of Tears and Small Pupils Are Mediated by Felt Sadness: An Evolutionary View", *Evolutionary Psychology*, Vol. 16, No. 1.

Kunz, M., Lautenbacher, S., LeBlanc, N., and Rainville, P., 2012, "Are Both the Sensory and the Affective Dimensions of Pain Encoded in the Face?", *Pain*, Vol. 153, No. 2.

Kurdek, L. A., 1981, "Young Adults' Moral Reasoning About Prohibitive and Prosocial Dilemmas", *Journal of Youth and Adolescence*, Vol. 10, No. 4.

Laible, D. J., Carlo, G., and Roesch, S. C., 2004, "Pathways to Self – Esteem in Late Adolescence: The Role of Parent and Peer Attachment, Empathy, and Social Behaviours", *Journal of Adolescence*, Vol. 27, No. 6.

Lamm, C., and Majdandzic, J., 2015, "The Role of Shared Neural Activations, Mirror Neurons, and Morality in Empathy – A Critical

Comment", *Neuroscience Research*, Vol. 90.

Lamm, C., Batson, C. D., and Decety, J., 2007, "The Neural Substrate of Human Empathy: Effects of Perspective – Taking and Cognitive Appraisal", *Journal of Cognitive Neuroscience*, Vol. 19, No. 1.

Lamm, C., Decety, J., and Singer, T., 2011, "Meta – Analytic Evidence for Common and Distinct Neural Networks Associated with Directly Experienced Pain and Empathy for Pain", *Neuro Image*, Vol. 54, No. 3.

* Lang, S., Yu, T., Markl, A., Mueller, F., and Kotchoubey, B., 2011, "Hearing Others' Pain: Neural Activity Related to Empathy", *Cognitive Affective and Behavioral Neuroscience*, Vol. 11, No. 3.

Lantrip, C., Isquith, P. K., Koven, N. S., Welsh, K., and Roth, R. M., 2016, "Executive Function and Emotion Regulation Strategy Use in Adolescents", *Applied Neuropsychology: Child*, Vol. 5, No. 1.

Lawrence, E. J., Shaw, P., Baker, D., Baron – Cohen, S., and David, A. S., 2004, "Measuring Empathy: Reliability and Validity of the Empathy Quotient", *Psychological Medicine*, Vol. 34, No. 5.

Lepron, E., Causse, M., and Farrer, C., 2015, "Responsibility and the Sense of Agency Enhance Empathy for Pain", *Proceedings of the Royal Society of London B: Biological Sciences*, Vol. 282, No. 1799.

* Lethbridge, E. M., Richardson, P., Reidy, L., and Taroyan, N. A., 2017, "Exploring the Relationship between Callous – Unemotional Traits, Empathy Processing and Affective Valence in a General Population", *Europe's Journal of Psychology*, Vol. 13, No. 1.

Leung, A. N. M., Wong, N., and Farver, J. M., 2018, "Cyberbullying in Hong Kong Chinese Students: Life Satisfaction, and the Moderating Role of Friendship Qualities on Cyberbullying Victimization and

Perpetration", *Personality and Individual Differences*, Vol. 133.

Levy, J., Goldstein, A., Pratt, M., and Feldman, R., 2018, "Maturation of Pain Empathy from Child to Adult Shifts from Single to Multiple Neural Rhythms to Support Interoceptive Representations", *Scientific Reports*, Vol. 8, No. 1810.

Lieberman, M. D., 2007, "Social Cognitive Neuroscience: A Review of Core Processes", *Annual Review of Psychology*, Vol. 58, No. 1.

Lin, H. C., and Grisham, M., 2017, "Distressed yet Empathically Sensitive: Preschoolers' Responses to Infant Crying", *Infant Behavior and Development*, Vol. 49.

* Lin, H. C., Yang, Y., McFatter, R., Biggar, R. W., and Perkins, R., 2017, "Inmates' Empathy in Relation to Perceived Parenting and Attachment Working Models", *Journal of Criminal Psychology*, Vol. 7, No. 4.

Littlewort, G. C., Bartlett, M. S., and Lee, K., 2009, "Automatic Coding of Facial Expressions Displayed During Posed and Genuine Pain", *Image and Vision Computing*, Vol. 27, No. 12.

Liu, Y., Wang, Y., Luo, R., and Su, Y., 2014, "From the External to the Internal: Behavior Clarifications Facilitate Theory of Mind (TOM) Development in Chinese Children", *International Journal of Behavioral Development*, Vol. 40, No. 1.

Li, X., Meng, X., Li, H., Yang, J., and Yuan, J., 2017, "The Impact of Mood on Empathy for Pain: Evidence from an EEG Study", *Psychophysiology*, Vol. 54, No. 9.

LoBue, V., 2014, "Deconstructing the Snake: The Relative Roles of Perception, Cognition, and Emotion on Threat Detection", *Emotion*, Vol. 14, No. 4.

Lovett, B. J., and Sheffield, R. A., 2007, "Affective Empathy Deficits in Aggressive Children and Adolescents: A Critical Review",

Clinical Psychology Review, Vol. 27, No. 1.

Low, M., and LaScala, S., 2015, "Medical Memoir: A Tool to Teach Empathy to Nursing Students", *Nurse Education Today*, Vol. 35, No. 1.

Lucas – Molina, B., Sarmento, R., Quintanilla, L., and Giménez – Dasí, M., 2018, "The Spanish Version of the Empathy Questionnaire (EmQue): Evidence for Longitudinal Measurement Invariance and Relationship with Emotional Regulation", *Early Education and Development*, Vol. 29, No. 4.

Luciana, M., Conklin, H. M., Hooper, C. J., and Yarger, R. S., 2005, "The Development of Nonverbal Working Memory and Executive Control Processes in Adolescents", *Child Development*, Vol. 76, No. 3.

* Lui, J. H. L., Barry, C. T., and Sacco, D. F., 2016, "Callous – Unemotional Traits and Empathy Deficits: Mediating Effects of Affective Perspective – Taking and Facial Emotion Recognition", *Cognition and Emotion*, Vol. 30, No. 6.

Luna, B., Marek, S., Larsen, B., Tervo – Clemmens, B., and Chahal, R., 2015, "An Integrative Model of the Maturation of Cognitive Control", *Annual Review of Neuroscience*, Vol. 38.

Macbeth, A., and Gumley, A., 2012, "Exploring Compassion: A Meta – Analysis of the Association between Self – Compassion and Psychopathology", *Clinical Psychology Review*, Vol. 32, No. 6.

* MacDonald, H. Z., and Price, J. L., 2017, "Emotional Understanding: Examining Alexithymia as a Mediator of the Relationship between Mindfulness and Empathy", *Mindfulness*, Vol. 8, No. 6.

Mackes, N. K., Golm, D., O'Daly, O. G., Sarkar, S., Sonuga – Barke, E. J. S., Fairchild, G., and Mehta, M. A., 2018, "Tracking Emotions in the Brain—Revisiting the Empathic Accuracy

Task", *NeuroImage*, Vol. 178.

Makris, N., Biederman, J., Valera, E. M., Bush, G., Kaiser, J., Kennedy, D. N., Caviness, V. S., Faraone, S. V., and Seidman, L. J., 2007, "Cortical Thinning of the Attention and Executive Function Networks in Adults with Attention—Deficit/Hyperactivity Disorder", *Cereb Cortex*, Vol. 17, No. 6.

Marshall, W. L., and Maric, A., 1996, "Cognitive and Emotional Components of Generalized Empathy Deficits in Child Molesters", *Journal of Child Sexual Abuse*, Vol. 5, No. 2.

Maunuksela, E. L., Olkkola Klaus, T., and Korpela, R., 1987, "Measurement of Pain in Children with Self-Reporting and Behavioral Assessment", *Clinical Pharmacology and Therapeutics*, Vol. 42, No. 2.

*Maurage, P., Grynberg, D., Noel, X., Joassin, F., Philippot, P., Hanak, C., and Campanella, S., 2011, "Dissociation between Affective and Cognitive Empathy in Alcoholism: A Specific Deficit for the Emotional Dimension", *Alcoholism - Clinical and Experimental Research*, Vol. 35, No. 9.

Mcgrath, P. A., Seifert, C. E., Speechley, K. N., Booth, J. C., Stitt, L., and Gibson, M. C., 1996, "A New Analogue Scale for Assessing Children's Pain: An Initial Validation Study", *Pain*, Vol. 64, No. 3.

McHarg, G., Fink, E., and Hughes, C., 2019, "Crying Babies, Empathic Toddlers, Responsive Mothers and Fathers: Exploring Parent-Toddler Interactions in an Empathy Paradigm", *Journal of Experimental Child Psychology*, Vol. 179.

Mehrabian, A., and Epstein, N., 1972, "A Measure of Emotional Empathy", *Journal of Personality*, Vol. 40, No. 4.

Mehrabian, A., 1997, "Relations among Personality Scales of Aggression, Violence, and Empathy: Validation Evidence Bearing on the Risk of Eruptive Violence Scale", *Aggressive Behavior*, Vol. 23.

Meiring, L., Subramoney, S., Thomas, K. G. F., Decety, J., and Fourie, M. M., 2014, "Empathy and Helping: Effects of Racial Group Membership and Cognitive Load", *South African Journal of Psychology*, Vol. 44, No. 4.

* Melchers, M. C., Li, M., Haas, B. W., Reuter, M., Bischoff, L., and Montag, C., 2016, "Similar Personality Patterns Are Associated with Empathy in Four Different Countries", *Frontiers in Psychology*, Vol. 7.

Melchers, M., Montag, C., Reuter, M., Spinath, F. M., and Hahn, E., 2016, "How Heritable Is Empathy? Differential Effects of Measurement and Subcomponents", *Motivation and Emotion*, Vol. 40, No. 5.

Melloni, M., Lopez, V., and Ibanez, A., 2014, "Empathy and Contextual Social Cognition", *Cognitive, Affective, & Behavioral Neuroscience*, Vol. 14, No. 1.

Mercer, S. W., Maxwell, M., Heaney, D., and Watt, G. C., 2004, "The Consultation and Relational Empathy (CARE) Measure: Development and Preliminary Validation and Reliability of an Empathy—Based Consultation Process Measure", *Family Practice*, Vol. 21, No. 6.

Meuwese, R., Cillessen, A. H. N., and Güroğlu, B., 2017, "Friends in High Places: A Dyadic Perspective on Peer Status as Predictor of Friendship Quality and the Mediating Role of Empathy and Prosocial Behavior", *Social Development*, Vol. 26, No. 3.

Meyer, M. L., Masten, C. L., Ma, Y., Wang, C., Shi, Z., Eisenberger, N. I., and Han, S., 2013, "Empathy for the Social Suffering of Friends and Strangers Recruits Distinct Patterns of Brain Activation", *Social Cognitive and Affective Neuroscience*, Vol. 8, No. 4.

Meyza, K. Z., and Knapska, E., 2018, "What Can Rodents Teach Us About Empathy?", *Current Opinion in Psychology*, Vol. 24.

Meyza, K. Z., Bartal, I. B., Monfils, M. H., Panksepp, J. B., and Knapska, E., 2016, "The Roots of Empathy: Through the Lens of Rodent Models", *Neuroscience & Biobehavioral Reviews*, Vol. 76.

Miller, P. A., and Eisenberg, N., 1988, "The Relation of Empathy to Aggressive and Externalizing/Antisocial Behavior", *Psychological Bulletin*, Vol. 103, No. 3.

Mischkowski, D., Crocker, J., and Way, B. M., 2016, "From Painkiller to Empathy Killer: Acetaminophen (Paracetamol) Reduces Empathy for Pain", *Social Cognitive and Affective Neuroscience*, Vol. 11, No. 9.

Mitchell, R. L. C., and Phillips, L. H., 2007, "The Psychological, Neurochemical and Functional Neuroanatomical Mediators of the Effects of Positive and Negative Mood on Executive Functions", *Neuropsychologia*, Vol. 45, No. 4.

Miyake, A., Friedman, N. P., Emerson, M. J., Witzki, A. H., Howerter, A., and Wager, T. D., 2000, "The Unity and Diversity of Executive Functions and Their Contributions to Complex 'Frontal Lobe' Tasks: A Latent Variable Analysis", *Cognitive Psychology*, Vol. 41, No. 1.

Müller, U., Liebermann-Finestone, D. P., Carpendale, J. I., Hammond, S. I., and Bibok, M. B., 2012, "Knowing Minds, Controlling Actions: The Developmental Relations between Theory of Mind and Executive Function from 2 to 4 Years of Age", *Journal of Experimental Child Psychology*, Vol. 111, No. 2.

Montag, C., Heinz, A., Kunz, D., and Gallinat, J., 2007, "Self-Reported Empathic Abilities in Schizophrenia", *Schizophrenia Research*, Vol. 92, No. 1-3.

*Moore, R. C., Dev, S. I., Jeste, D. V., Dziobek, I., and Eyler, L. T., 2015, "Distinct Neural Correlates of Emotional and Cognitive Empathy in Older Adults", *Psychiatry Research – Neuroimaging*, Vol. 232, No. 1.

Morelli, S. A., Lieberman, M. D., and Zaki, J., 2015, "The Emerging Study of Positive Empathy", *Social & Personality Psychology Compass*, Vol. 9, No. 2.

Moreno, S., Bialystok, E., Barac, R., Schellenberg, E. G., Cepeda, N. J., and Chau, T. J. P., 2011, "Short – Term Music Training Enhances Verbal Intelligence and Executive Function", *Psychological Science*, Vol. 22, No. 11.

Mulder, H., Pitchford, N. J., Hagger, M. S., and Marlow, N., 2009, "Development of Executive Function and Attention in Preterm Children: A Systematic Review", *Developmental Neuropsychology*, Vol. 34, No. 4.

Muñoz, L. C., Qualter, P., and Padgett, G., 2011, "Empathy and Bullying: Exploring the Influence of Callous – Unemotional Traits", *Child Psychiatry and Human Development*, Vol. 42, No. 2.

Myszkowski, N., Celik, P., and Storme, M., 2018, "A Meta – Analysis of the Relationship between Intelligence and Visual 'Taste' Measures", *Psychology of Aesthetics Creativity and the Arts*, Vol. 12, No. 1.

Nakahara, K., and Miyashita, Y., 2005, "Understanding Intentions: Through the Looking Glass", *Science*, Vol. 308, No. 5722.

Nakashima, S. F., Ukezono, M., Nishida, H., Sudo, R., and Takano, Y., 2015, "Receiving of Emotional Signal of Pain from Conspecifics in Laboratory Rats", *Royal Society Open Science*, Vol. 2, No. 4.

*Neumann, D. L., Chan, R. C. K., Wang, Y., and Boyle, G. J.,

2016, "Cognitive and Affective Components of Empathy and Their Relationship with Personality Dimensions in a Chinese Sample", *Asian Journal of Social Psychology*, Vol. 19, No. 3.

Nigg, J. T., 2000, "On Inhibition/Disinhibition in Developmental Psychopathology: Views from Cognitive and Personality Psychology and a Working Inhibition Taxonomy", *Psychological Bulletin*, Vol. 126, No. 2.

Noten, M., Van der Heijden, K. B., Huijbregts, S. C. J., Van Goozen, S. H. M., and Swaab, H., 2019, "Indicators of Affective Empathy, Cognitive Empathy, and Social Attention During Emotional Clips in Relation to Aggression in 3-Year-Olds", *Journal of Experimental Child Psychology*, Vol. 185,

Nummenmaa, L., and Calder, A. J., 2009, "Neural Mechanisms of Social Attention", *Trends in Cognitive Sciences*, Vol. 13, No. 3.

Nystrom, P., 2008, "The Infant Mirror Neuron System Studied with High Density EEG", *Social Neuroscience*, Vol. 3, No. 3-4.

Oberman, L. M., Pineda, J. A., and Ramachandran, V. S., 2007, "The Human Mirror Neuron System: A Link between Action Observation and Social Skills", *Social Cognitive and Affective Neuroscience*, Vol. 2, No. 1.

* O'Kearney, R., Salmon, K., Liwag, M., Fortune, C. A., and Dawel, A., 2017, "Emotional Abilities in Children with Oppositional Defiant Disorder (ODD): Impairments in Perspective-Taking and Understanding Mixed Emotions Are Associated with High Callous-Unemotional Traits", *Child Psychiatry and Human Development*, Vol. 48, No. 2.

Oliveira, N. C. A. C., Gaspardo, C. M., and Linhares, M. B. M., 2017, "Pain and Distress Outcomes in Infants and Children: A Systematic Review", *Brazilian Journal of Medical and Biological*

Research, Vol. 50, No. 7.

Ong, W. Y., Stohler, C. S., and Herr, D. R., 2019, "Role of the Prefrontal Cortex in Pain Processing", *Molecular Neurobiology*, Vol. 56, No. 2.

O'Rourke, D., 2004, "The Measurement of Pain in Infants, Children, and Adolescents: From Policy to Practice", *Physical Therapy*, Vol. 84, No. 6.

Osborn, J., and Derbyshire, S. W., 2010, "Pain Sensation Evoked by Observing Injuryin Others", *American Journal of Epidemiology*, Vol. 148, No. 2.

Overgaauw, S., Guroglu, B., Rieffe, C., and Crone, E. A., 2014, "Behavior and Neural Correlates of Empathy in Adolescents", *Developmental Neuroscience*, Vol. 36, No. 3 - 4.

Owens, E. S., McPharlin, F. W. H., Brooks, N., and Fritzon, K., 2018, "The Effects of Empathy, Emotional Intelligence and Psychopathy on Interpersonal Interactions", *Psychiatry Psychology and Law*, Vol. 25, No. 1.

*Pasalich, D. S., Dadds, M. R., and Hawes, D. J., 2014, "Cognitive and Affective Empathy in Children with Conduct Problems: Additive and Interactive Effects of Callous - Unemotional Traits and Autism Spectrum Disorders Symptoms", *Psychiatry Research*, Vol. 219, No. 3.

Patil, I., Calò, M., Fornasier, F., Cushman, F., and Silani, G., 2017, "The Behavioral and Neural Basis of Empathic Blame", *Scientific Reports*, Vol. 7.

Peeters, P. A. M., and Vlaeyen, J. W. S., 2011, "Feeling More Pain, yet Showing Less: The Influence of Social Threat on Pain", *The Journal of Pain*, Vol. 12, No. 12.

Peled - Avron, L., Levy - Gigi, E., Richter - Levin, G., Korem,

N. , and Shamay - Tsoory, S. G. , 2016, "The Role of Empathy in the Neural Responses to Observed Human Social Touch", *Cognitive Affective Behavioral Neuroscience*, Vol. 16, No. 5.

Penn, D. L. , Sanna, L. J. , and Roberts, D. L. , 2008, "Social Cognition in Schizophrenia: An Overview", *Schizophrenia Bulletin*, Vol. 34, No. 3.

Perez - Albeniz, A. , and Paul, J. D. , 2003, "Dispositional Empathy in High - and Low - Risk Parents for Child Physical Abuse", *Child Abuse & Neglect*, Vol. 27, No. 7.

Perone, S. , Palanisamy, J. , and Carlson, S. M. , 2018, "Age - Related Change in Brain Rhythms from Early to Middle Childhood: Links to Executive Function", *Developmental Science*, Vol. 21, No. 6.

Perry, A. , Saunders, S. N. , Stiso, J. , Dewar, C. , Lubell, J. , Meling, T. R. , Solbakk, A. K. , Endestad, T. , and Knight, R. T. , 2017, "Effects of Prefrontal Cortex Damage on Emotion Understanding: EEG and Behavioural Evidence", *Brain*, Vol. 140, No. 4.

Perry, D. , Hendler, T. , and Shamay - Tsoory, S. G. , 2012, "Can We Share the Joy of Others? Empathic Neural Responses to Distress Vs Joy", *Social Cognitive and Affect Neuroscience*, Vol. 7, No. 8.

Pessoa, L. , 2017, "A Network Model of the Emotional Brain", *Trends in Cognitive Sciences*, Vol. 21, No. 5.

Pessoa, L. , 2009, "How Do Emotion and Motivation Direct Executive Control?", *Trends in Cognitive Sciences*, Vol. 13, No. 4.

Pessoa, L. , 2008, "On the Relationship between Emotion and Cognition", *Nature Reviews Neuroscience*, Vol. 9, No. 2.

Petrovic, P. , Kalisch, R. , Singer, T. , and Dolan, R. J. , 2008, "Oxytocin Attenuates Affective Evaluations of Conditioned Faces and Amygdala Activity", *Journal of Neuroscience*, Vol. 28, No. 26.

*Pfetsch, J. S. , 2017, "Empathic Skills and Cyberbullying: Relationship of Different Measures of Empathy to Cyberbullying in Comparison to Offline Bullying among Young Adults", *Journal of Genetic Psychology*, Vol. 178, No. 1.

Pickett, C. L., Gardner, W. L., and Knowles, M., 2004, "Getting a Cue: The Need to Belong and Enhanced Sensitivity to Social Cues", *Personality & Social Psychology Bulletin*, Vol. 30, No. 9.

* Pokorny, T., Preller, K. H., Kometer, M., Dziobek, I., and Vollenweider, F. X., 2017, "Effect of Psilocybin on Empathy and Moral Decision – Making", *International Journal of Neuropsychopharmacology*, Vol. 20, No. 9.

Poresky, R. H., 1990, "The Young Children's Empathy Measure: Reliability, Validity and Effects of Companion Animal Bonding", *Psychological Reports*, Vol. 66.

* Powell, P. A., 2018, "Individual Differences in Emotion Regulation Moderate the Associations between Empathy and Affective Distress", *Motivation and Emotion*, Vol. 42, No. 4.

Preston, S. D., and de Waal, F. B. M., 2002, "Empathy: Its Ultimate and Proximate Bases", *Behavioral and Brain Sciences*, Vol. 25, No. 1.

Preston, S. D., 2013, "The Origins of Altruism in Offspring Care", *Psychological Bulletin*, Vol. 139, No. 6.

Priebe, J. A., Messingschlager, M., and Lautenbacher, S., 2015, "Gaze Behaviour When Monitoring Pain Faces: An Eye – Tracking Study", *European Journal of Pain*, Vol. 19, No. 6.

Prochazkova, E., and Kret, M. E., 2017, "Connecting Minds and Sharing Emotions through Mimicry: A Neurocognitive Model of Emotional Contagion", *Neuroscience & Biobehavioral Reviews*, Vol. 80.

Prochazkova, E., Prochazkova, L., Giffin, M. R., Scholte, H. S., De Dreu, C. K. W., and Kret, M. E., 2018, "Pupil Mimicry Promotes Trust through the Theory – of – Mind Network", *Proceedings of the National Academy of Sciences*, Vol. 115, No. 31.

* Queiros, A., Fernandes, E., Reniers, R., Sampaio, A., Coutinho, J., and Seara – Cardoso, A., 2018, "Psychometric Properties of the Questionnaire of Cognitive and Affective Empathy in a Portuguese Sample", *Plos One*, Vol. 13, No. 6.

Rameson, L. T., Morelli, S. A., and Lieberman, M. D., 2012, "The Neural Correlates of Empathy: Experience, Automaticity, and Prosocial Behavior", *Journal of Cognitive Neuroscience*, Vol. 24, No. 1.

Ramezani, A., Ghamari, M., Jafari, A., and Aghdam, G. F., 2019, "The Effectiveness of a Tom Training Program in Promoting Empathy between Married Couples", *Journal of Couple & Relationship Therapy*, Vol. 19, No. 2.

Rebok, G., Riley, A., Forrest, C., Starfield, B., Green, B., Robertson, J., and Tambor, E., 2001, "Elementary School – Aged Children's Reports of Their Health: A Cognitive Interviewing Study", *Quality of Life Research*, Vol. 10, No. 1.

Reid, C., Davis, H., Horlin, C., Anderson, M., Baughman, N., and Campbell, C., 2013, "The Kids' Empathic Development Scale (KEDS): A Multi – Dimensional Measure of Empathy in Primary School – Aged Children", *British Journal of Developmental Psychology*, Vol. 31, No. Pt2.

Reniers, R. L., Corcoran, R., Drake, R., Shryane, N. M., and Völlm, B. A., 2011, "The Qcae: A Questionnaire of Cognitive and Affective Empathy", *Journal of Personality Assessment*, Vol. 93, No. 1.

Richter, D., and Kunzmann, U., 2011, "Age Differences in Three Facets of Empathy: Performance – Based Evidence", *Psychology and*

Aging, Vol. 26, No. 1.

Richter, D., Dietzel, C., and Kunzmann, U., 2010, "Age Differences in Emotion Recognition: The Task Matters", *Journal of Gerontology: Psychological Sciences*, Vol. 66, No. 1.

*Rieffe, C., and Camodeca, M., 2016, "Empathy in Adolescence: Relations with Emotion Awareness and Social Roles", *British Journal of Developmental Psychology*, Vol. 34, No. 3.

Rieffe, C., Ketelaar, L., and Wiefferink, C. H., 2010, "Assessing Empathy in Young Children: Construction and Validation of an Empathy Questionnaire (EmQue)", *Personality and Individual Differences*, Vol. 49, No. 5.

Riggs, K. J., Jolley, R. P., and Simpson, A., 2013, "The Role of Inhibitory Control in the Development of Human Figure Drawing in Young Children", *Journal of Experimental Child Psychology*, Vol. 114, No. 4.

Rizzolatti, G., Fadiga, L., Gallese, V., and Fogassi, L., 1996, "Premotor Cortex and the Recognition of Motor Actions", *Brain Research Cognitive Brain Research*, Vol. 3, No. 2.

Robbins, T. W., James, M., Owen, A. M., Sahakian, B. J., Lawrence, A. D., Mcinnes, L., and Rabbitt, P. M., 1998, "A Study of Performance on Tests from the Cantab Battery Sensitive to Frontal Lobe Dysfunction in a Large Sample of Normal Volunteers: Implications for Theories of Executive Functioning and Cognitive Aging. Cambridge Neuropsychological Test Automated Batter", *Journal of the International Neuropsychological Society*, Vol. 4, No. 5.

Roelofs, J., Peters, M. L., Van, d. Z. M., Thielen, F. G., and Vlaeyen, J. W., 2003, "Selective Attention and Avoidance of Pain-Related Stimuli: A Dot-Probe Evaluation in a Pain-Free Population", *Journal of Pain*, Vol. 4, No. 6.

* Romero - Martínez, Á., Lila, M., Sariñana - González, P., González - Bono, E., and Moya - Albiol, L., 2013, "High Testosterone Levels and Sensitivity to Acute Stress in Perpetrators of Domestic Violence with Low Cognitive Flexibility and Impairments in Their Emotional Decoding Process: A Preliminary Study", Aggressive Behavior, Vol. 39, No. 5.

Rosset, D. B., Rondan, C., Da, F. D., Santos, A., Assouline, B., and Deruelle, C., 2008, "Typical Emotion Processing for Cartoon but Not for Real Faces in Children with Autistic Spectrum Disorders", *Journal of Autism & Developmental Disorders*, Vol. 38, No. 5.

Roth - Hanania, R., Davidov, M., and Zahn - Waxler, C., 2011, "Empathy Development from 8 to 16 Months: Early Signs of Concern for Others", *Infant Behavior and Development*, Vol. 34, No. 3.

Ruffman, T., Slade, L., and Crowe, E., 2002, "The Relation between Children's and Mothers' Mental State Language and Theory - of - Mind Understanding", *Child Development*, Vol. 73, No. 3.

Saarela, M. V., Hlushchuk, Y., Williams, A. C. D. C., Schürmann, M., Kalso, E., and Hari, R., 2007, "The Compassionate Brain: Humans Detect Intensity of Pain from Another's Face", *Cerebral Cortex*, Vol. 17, No. 1.

Sagi, A., and Hoffman, M. L., 1976, "Empathic Distress in the Newborn", *Developmental Psychology*, Vol. 12, No. 2.

Sagkal, A. S., Turnuklu, A., and Totan, T., 2012, "Empathy for Interpersonal Peace: Effects of Peace Education on Empathy Skills", *Educational Sciences: Theory and Practice*, Vol. 12, No. 2.

Sahdra, B. K., Ciarrochi, J., Parker, P. D., Marshall, S., and Heaven, P., 2015, "Empathyand Nonattachment Independently Predict Peer Nominations of Prosocial Behavior of Adolescents", *Frontiers in Psychology*, Vol. 6.

Salais, D., and Fischer, R. B., 1995, "Sexual Preference and Altruism", *Journal of Homosexuality*, Vol. 28, No. 1 – 2.

Sallquist, J., Eisenberg, N., Spinrad, T. L., Eggum, N. D., and Gaertner, B. M., 2009, "Assessment of Preschoolers' Positive Empathy: Concurrent and Longitudinal Relations with Positive Emotion, Social Competence, and Sympathy", *Journal of Positive Psychology*, Vol. 4, No. 3.

*Sanchez – Perez, N., Fuentes, L. J., Jolliffe, D., and Gonzalez – Salinas, C., 2014, "Assessing Children's Empathy through a Spanish Adaptation of the Basic Empathy Scale: Parent's and Child's Report Forms", *Frontiers in Psychology*, Vol. 5.

Sawamoto, N., Honda, M., Okada, T., Hanakawa, T., Kanda, M., Fukuyama, H., Konishi, J., and Shibasaki, H., 2000, "Expectation of Pain Enhances Responses to Nonpainful Somatosensory Stimulation in the Anterior Cingulate Cortex and Parietal Operculum/ Posterior Insula: An Event – Related Functional Magnetic Resonance Imaging Study", *The Journal of Neuroscience*, Vol. 20, No. 19.

Schoth, D. E., Nunes, V. D., and Liossi, C., 2012, "Attentional Bias Towards Pain – Related Information in Chronic Pain: A Meta – Analysis of Visual – Probe Investigations", *Clinical Psychology Review*, Vol. 32, No. 1.

Schott, G. D., 2015, "Pictures of Pain: Their Contribution to the Neuroscience of Empathy", *Brain*, Vol. 138, No. Pt3.

Shamay – Tsoory, S. G., Abu – Akel, A., Palgi, S., Sulieman, R., Fischer – Shofty, M., Levkovitz, Y., and Decety, J., 2013, "Giving Peace a Chance: Oxytocin Increases Empathy to Pain in the Context of the Israeli – Palestinian Conflict", *Psychoneuroendocrinology*, Vol. 38, No. 12.

Shamay – Tsoory, S. G., Aharon – Peretz, J., and Perry, D., 2009,

"Two Systems for Empathy: A Double Dissociation between Emotional and Cognitive Empathy in Inferior Frontal Gyrus Versus Ventromedial Prefrontal Lesions", *Brain*, Vol. 132, No. 3.

Shapiro, J., Morrison, E., and Boker, J., 2004, "Teaching Empathy to First Year Medical Students: Evaluation of an Elective Literature and Medicine Course", *Education for Health*, Vol. 17, No. 1.

Silverstein, M. J., Faraone, S. V., Leon, T. L., Biederman, J., Spencer, T. J., and Adler, L. A., 2018, "The Relationship between Executive Function Deficits and Dsm – 5 – Defined Adhd Symptoms", *Journal of Attention Disorders*, Vol. 24, No. 1.

Simmering, V. R., 2012, "The Development of Visual Working Memory Capacity During Early Childhood", *Journal of Experimental Child Psychology*, Vol. 111, No. 4.

Simner, M. L., 1971, "Newborn's Response to the Cry of Another Infant", *Developmental Psychology*, Vol. 5, No. 1.

Simon, D., Craig, K. D., Gosselin, F., Belin, P., and Rainville, P., 2008, "Recognition and Discrimination of Prototypical Dynamic Expressions of Pain and Emotions", *Pain*, Vol. 135, No. 1 – 2.

Singer, T., and Klimecki, O. M., 2014, "Empathy and Compassion", *Current Biology*, Vol. 24, No. 18.

Singer, T., Seymour, B., O'Doherty, J., Kaube, H., Dolan, R. J., and Frith, C. D., 2004, "Empathy for Pain Involves the Affective but Not Sensory Components of Pain", *Science*, Vol. 303, No. 5661.

Siu, A. M. H., and Shek, D. T. L., 2005, "Validation of the Interpersonal Reactivity Index in a Chinese Context", *Research on Social Work Practice*, Vol. 15, No. 2.

Sivaselvachandran, S., Acland, E. L., Abdallah, S., and Martin, L. J., 2016, "Behavioral and Mechanistic Insight into Rodent Empathy", *Neuroscience and Biobehavioral Reviews*, Vol. 91.

Slaughter, V., Peterson, C. C., and Mackintosh, E., 2007, "Mind What Mother Says: Narrative Input and Theory of Mind in Typical Children and Those on the Autism Spectrum", *Child Development*, Vol. 78, No. 3.

Sleegers, W. W. A., Proulx, T., and van Beest, I., 2017, "The Social Pain of Cyberball: Decreased Pupillary Reactivity to Exclusion Cues", *Journal of Experimental Social Psychology*, Vol. 69.

Smith, A., 2009, "The Empathy Imbalance Hypothesis of Autism: A Theoretical Approach to Cognitive and Emotional Empathy in Autistic Development", *The Psychological Record*, Vol. 59, No. 3.

Sobel, D. M., and Letourneau, S. M., 2018, "Children's Developing Descriptions and Judgments of Pretending", *Child Development*, Vol. 90, No. 5.

Soenens, B., Duriez, B., Vansteenkiste, M., and Goossens, L., 2007, "The Intergenerational Transmission of Empathy – Related Responding in Adolescence: The Role of Maternal Support", *Personality Social Psychology Bulletin*, Vol. 33, No. 3.

* Song, Y., and Shi, M., 2017, "Associations between Empathy and Big Five Personality Traits among Chinese Undergraduate Medical Students", *Plos One*, Vol. 12, No. 2.

Sonnby – Borgström, M., 2002, "Automatic Mimicry Reactions as Related to Differences in Emotional Empathy", *Scandinavian Journal of Psychology*, Vol. 43, No. 5.

Sonnby – Borgström, M., Jönsson, P., and Svensson, O., 2003, "Emotional Empathy as Related to Mimicry Reactions at Different Levels of Information Processing", *Journal of Nonverbal Behavior*, Vol. 27, No. 1.

Spinella, M., 2005, "Self – Rated Executive Function: Development of the Executive Function Index", *International Journal of Neuroscience*, Vol. 115.

Spinrad, T. L., and Stifter, C. A., 2006, "Toddlers' Empathy – Related Responding to Distress: Predictions from Negative Emotionality and Maternal Behavior in Infancy", *Infancy*, Vol. 10, No. 2.

Steinkopf, L., 2016, "An Evolutionary Perspective on Pain Communication", *Evolutionary Psychology*, Vol. 14, No. 2.

Stephan, W. G., and Finlay, K., 1999, "The Role of Empathy in Improving Intergroup Relations", *Journal of Social Issues*, Vol. 55, No. 4.

Stern, J. A., and Cassidy, J., 2017, "Empathy from Infancy to Adolescence: An Attachment Perspective on the Development of Individual Differences", *Developmental Review*, Vol. 47.

Stinson, J. N., Kavanagh, T., Yamada, J., Gill, N., and Stevens, B., 2006, "Systematic Review of the Psychometric Properties, Interpretability and Feasibility of Self – Report Pain Intensity Measures for Use in Clinical Trials in Children and Adolescents", *Pain*, Vol. 125, No. 1.

Strayer, J., and Roberts, W., 2010, "Children's Anger, Emotional Expressiveness, and Empathy: Relations with Parents' Empathy, Emotional Expressiveness, and Parenting Practices", *Social Development*, Vol. 13, No. 2.

Strayer, J., 1993, "Children's Concordant Emotions and Cognitions in Response to Observed Emotions", *Child Development*, Vol. 64, No. 1.

* Sun, B. H., Luo, Z. B., Zhang, W. W., Li, W. J., and Li, X. Y., 2018, "Age – Related Differences in Affective and Cognitive Empathy: Self – Report and Performance – Based Evidence", *Aging Neuropsychology and Cognition*, Vol. 25, No. 5.

Sun, Y. B., Lin, X. X., Ye, W., Wang, N., Wang, J. Y., and Luo, F., 2017, "A Screening Mechanism Differentiating True from False Pain During Empathy", *Scientific Reports*, Vol. 7.

Svenaeus, F., 2015, "The Relationship between Empathy and Sympathy in Good Health Care", *Medicine Health Care & Philosophy*, Vol. 18, No. 2.

* Sze, J. A., Gyurak, A., Goodkind, M. S., and Levenson, R. W., 2012, "Greater Emotional Empathy and Prosocial Behavior in Late Life", *Emotion*, Vol. 12, No. 5.

Taylor, Z. E., Eisenberg, N., Spinrad, T. L., Eggum, N. D., and Sulik, M. J., 2013, "The Relations of Ego – Resiliency and Emotion Socialization to the Development of Empathy and Prosocial Behavior across Early Childhood", *Emotion*, Vol. 13, No. 5.

Teo, T., 2014, *Encyclopedia of Critical Psychology*, New York: Springer.

Thoma, P., Zalewski, I., von Reventlow, H. G., Norra, C., Juckel, G., and Daum, I., 2011, "Cognitive and Affective Empathy in Depression Linked to Executive Control", *Psychiatry Research*, Vol. 189, No. 3.

Tobon, C., Ibanez, A., Velilla, L., Duque, J., Ochoa, J., Trujillo, N., Decety, J., and Pineda, D., 2015, "Emotional Processing in Colombian Ex – Combatants and Its Relationship with Empathy and Executive Functions", *Social Neuroscience*, Vol. 10, No. 2.

Tomasello, M., and Vaish, A., 2013, "Origins of Human Cooperation and Morality", *Annual Review of Psychology*, Vol. 64, No. 1.

Tomlinson, D., von Baeyer, C. L., Stinson, J. N., and Sung, L., 2010, "A Systematic Review of Faces Scales for the Self – Report of Pain Intensity in Children", *Pediatrics*, Vol. 126, No. 5.

Tomova, L., Majdandžic, J., Hummer, A., Windischberger, C.,

Heinrichs, M., and Lamm, C., 2017, "Increased Neural Responses to Empathy for Pain Might Explain How Acute Stress Increases Prosociality", *Social Cognitive & Affective Neuroscience*, Vol. 12, No. 3.

Tong, L., Shinohara, R., Sugisawa, Y., Tanaka, E., Yato, Y., Yamakawa, N., and Anme, T., 2012, "Early Development of Empathy in Toddlers: Effects of Daily Parent – Child Interaction and Home – Rearing Environment", *Journal of Applied Social Psychology*, Vol. 42, No. 10.

* Topcu, C., and Erdur – Baker, O., 2012, "Affective and Cognitive Empathy as Mediators of Gender Differences in Cyber and Traditional Bullying", *School Psychology International*, Vol. 33, No. 5.

* Tully, E. C., Ames, A. M., Garcia, S. E., and Donohue, M. R., 2016, "Quadratic Associations between Empathy and Depression as Moderated by Emotion Dysregulation", *Journal of Psychology*, Vol. 150, No. 1.

* Tully, E. C., and Donohue, M. R., 2017, "Empathic Responses to Mother's Emotions Predict Internalizing Problems in Children of Depressed Mothers", *Child Psychiatry and Human Development*, Vol. 48, No. 1.

Twenge, J. M., and Im, C., 2007, "Changes in the Need for Social Approval, 1958 – 2001", *Journal of Research in Personality*, Vol. 41, No. 1.

Vachon – Presseau, E., Martel, M. O., Roy, M., Caron, E., Jackson, P. L., and Rainville, P., 2011, "The Multilevel Organization of Vicarious Pain Responses: Effects of Pain Cues and Empathy Traits on Spinal Nociception and Acute Pain", *Pain*, Vol. 152, No. 7.

* Valiente, C., Eisenberg, N., Fabes, R. A., Shepard, S. A., Cumberland, A., and Losoya, S. H., 2004, "Prediction of

Children's Empathy – Related Responding from Their Effortful Control and Parents' Expressivity", *Developmental Psychology*, Vol. 40, No. 6.

van den Bedem, N., Willems, D., Dockrell, J. E., van Alphen, P., and Rieffe, C., 2019, "Interrelation between Empathy and Friendship Development During (Pre) Adolescence and the Moderating Effect of Developmental Language Disorder: A Longitudinal Study", *Social Development*, Vol. 28, No. 3.

* van Lissa, C. J., Hawk, S. T., de Wied, M., Koot, H. M., van Lier, P., and Meeus, W., 2014, "The Longitudinal Interplay of Affective and Cognitive Empathy within and between Adolescents and Mothers", *Developmental Psychology*, Vol. 50, No. 4.

* van Noorden, T. H. J., Bukowski, W. M., Haselager, G. J. T., Lansu, T. A. M., and Cillessen, A. H. N., 2016, "Disentangling the Frequency and Severity of Bullying and Victimization in the Association with Empathy", *Social Development*, Vol. 25, No. 1.

van Rijn, S., Urbanus, E., and Swaab, H., 2018, "Eyetracking Measures of Social Attention in Young Children: How Gaze Patterns Translate to Real – Life Social Behaviors", *Social Development*, Vol. 28, No. 3.

Verhoeven, K., Dick, B., Eccleston, C., Goubert, L., and Crombez, G., 2014, "The Role of Executive Functioning in Children's Attentional Pain Control: An Experimental Analysis", *Pain*, Vol. 155, No. 2.

Vervoort, T., Trost, Z., Prkachin, K. M., and Mueller, S. C., 2013, "Attentional Processing of Other's Facial Display of Pain: An Eye Tracking Study", *Pain*, Vol. 154, No. 6.

Viechtbauer, W., 2010, "Conducting Meta – Analyses in R with the Metafor Package", *Journal of Statistical Software*, Vol. 36, No. 3.

* Vossen, H. G. M., Piotrowski, J. T., and Valkenburg, P. M., 2017, "The Longitudinal Relationship between Media Violence and Empathy: Was It Sympathy All Along?", *Media Psychology*, Vol. 20, No. 2.

* Vossen, H., Piotrowski, J. T., and Valkenburg, P. M., 2015, "Development of the Adolescent Measure of Empathy and Sympathy (AMES)", *Personality and Individual Differences*, Vol. 74.

Wagenmakers, E. J., Love, J., Marsman, M., Jamil, T., Ly, A., Verhagen, J., Selker, R., Gronau, Q. F., Dropmann, D., Boutin, B., Meerhoff, F., Knight, P., Raj, A., van Kesteren, E. J., van Doorn, J., Smira, M., Epskamp, S., Etz, A., Matzke, D., de Jong, T., van den Bergh, D., Sarafoglou, A., Steingroever, H., Derks, K., Rouder, J. N., and Morey, R. D., 2018, "Bayesian Inference for Psychology. Part Ii: Example Applications with JASP", *Psychonomic Bulletin & Review*, Vol. 25, No. 1.

Wagenmakers, E. J., Marsman, M., Jamil, T., Ly, A., Verhagen, J., Love, J., Selker, R., Gronau, Q. F., Smira, M., Epskamp, S., Matzke, D., Rouder, J. N., and Morey, R. D., 2018, "Bayesian Inference for Psychology. Part I: Theoretical Advantages and Practical Ramifications", *Psychonomic Bulletin & Review*, Vol. 25, No. 1.

* Wai, M., and Tiliopoulos, N., 2012, "The Affective and Cognitive Empathic Nature of the Dark Triad of Personality", *Personality and Individual Differences*, Vol. 52.

Walters, E. T., 1994, "Injury – Related Behavior and Neuronal Plasticity: An Evolutionary Perspective on Sensitization, Hyperalgesia, and Analgesia", *International Review of Neurobiology*, Vol. 36.

Wang, M., Wang, J., Deng, X., and Chen, W., 2019, "Why Are Empathic Children More Liked by Peers? The Mediating Roles of

Prosocial and Aggressive Behaviors", *Personality and Individual Differences*, Vol. 144.

*Wang, Y., Wen, Z., Fu, Y., and Zheng, L., 2017, "Psychometric Properties of a Chinese Version of the Measure of Empathy and Sympathy", *Personality and Individual Differences*, Vol. 119.

Wang, Y., Zhang, Y., Liu, M., Zhou, L., Zhang, J., Tao, H., and Li, X., 2020, "Research on the Formation of Humanistic Care Ability in Nursing Students: A Structural Equation Approach", *Nurse Education Today*, Vol. 86.

Warrier, V., Grasby, K. L., Uzefovsky, F., Toro, R., Smith, P., Chakrabarti, B., Khadake, J., Mawbey-Adamson, E., Litterman, N., and Hottenga, J. J., 2017, "Genome-Wide Meta-Analysis of Cognitive Empathy: Heritability, and Correlates with Sex, Neuropsychiatric Conditions and Cognition", *Molecular Psychiatry*, Vol. 23, No. 6.

*Watson, P. J., Chen, Z., and Ghorbani, N., 2014, "Extrinsic Cultural Religious Orientation: Analysis of an Iranian Measure in University Students in the United States", *Journal of Beliefs and Values-Studies in Religion and Education*, Vol. 35, No. 1.

Watts, L. K., Wagner, J., Velasquez, B., and Behrens, P. I., 2017, "Cyberbullying in Higher Education: A Literature Review", *Computers in Human Behavior*, Vol. 69,

Weisz, E., and Zaki, J., 2018, "Motivated Empathy: A Social Neuroscience Perspective", *Current Opinion in Psychology*, Vol. 24.

*Werner, L. L. A. A., Van der Graaff, J., Meeus, W. H. J., and Branje, S. J. T., 2016, "Depressive Symptoms in Adolescence: Longitudinal Links with Maternal Empathy and Psychological Control", *Journal of Abnormal Child Psychology*, Vol. 44, No. 6.

Wicker, B., Keysers, C., Plailly, J., Royet, J., Gallese, V., and Rizzolatti, G., 2003, "Both of Us Disgusted in My Insula: The Common Neural Basis of Seeing and Feeling Disgust", *Neuron*, Vol. 40, No. 3.

Williams, A. C. D. C., and Craig, K. D., 2016, "Updating the Definition of Pain", *Pain*, Vol. 157, No. 11.

Williams, A. C. D. C., 2002, "Facial Expression of Pain: An Evolutionary Account", *Behavoral and Brain Sciences*, Vol. 25, No. 4.

Williams, D. A., and Thorn, B. E., 1989, "An Empirical Assessment of Pain Beliefs", *Pain*, Vol. 36, No. 3.

Williams, K. D., and Jarvis, B., 2006, "Cyberball: A Program for Use in Research on Interpersonal Ostracism and Acceptance", *Behavior Research Methods*, Vol. 38, No. 1.

Wise, P. S., and Cramer, S. H., 1988, "Correlates of Empathy and Cognitive Style in Early Adolescence", *Psychological Reports*, Vol. 63, No. 1.

Wispé, L., 1986, "The Distinction between Sympathy and Empathy: To Call Forth a Concept, a Word Is Needed", *Journal of Personality and Social Psychology*, Vol. 50, No. 2.

* Woo, Y., Yoon, J., and Kang, S. J., 2017, "Empathy as an Element of Promoting the Manifestation of Group Creativity and Survey on Empathic Ability of Korean Elementary School Students", *Eurasia Journal of Mathematics Science and Technology Education*, Vol. 13, No. 7.

* Wu, N., Li, Z., and Su, Y., 2012, "The Association between Oxytocin Receptor Gene Polymorphism (OXTR) and Trait Empathy", *Journal of Affective Disorders*, Vol. 138, No. 3.

* Wu, N., Shang, S., and Su, Y., 2015, "The Arginine Vasopressin V1b Receptor Gene and Prosociality: Mediation Role of Emotional Empathy", *Psychologicad Journal*, Vol. 4, No. 3.

Wyer Jr, R. S., and Radvansky, G. A., 1999, "The Comprehension and Validation of Social Information", *Psychological Review*, Vol. 106, No. 1.

* Xin, F., and Lei, X., 2015, "Competition between Frontoparietal Control and Default Networks Supports Social Working Memory and Empathy", *Social Cognitive and Affective Neuroscience*, Vol. 10, No. 8.

Yamada, M., and Decety, J., 2009, "Unconscious Affective Processing and Empathy: An Investigation of Subliminal Priming on the Detection of Painful Facial Expressions", *Pain*, Vol. 143, No. 1 - 2.

Yang, C. Y., Decety, J., Lee, S., Chen, C., and Cheng, Y., 2009, "Gender Differences in the Mu Rhythm During Empathy for Pain: An Electroencephalographic Study", *Brain Research*, Vol. 1251.

Yang, Z., Jackson, T., Gao, X., and Chen, H., 2012, "Identifying Selective Visual Attention Biases Related to Fear of Pain by Tracking Eye Movements within a Dot - Probe Paradigm", *Pain*, Vol. 153, No. 8.

Yan, Z., Hong, S., Liu, F., and Su, Y., 2020, "A Meta - Analysis of the Relationship between Empathy and Executive Function", *PsyCh Journal*, Vol. 9, No. 1.

* Yan, Z., Pei, M., and Su, Y., 2017, "Children's Empathy and Their Perception and Evaluation of Facial Pain Expression: An Eye Tracking Study", *Frontiers in Psychology*, Vol. 8,

Yan, Z., Pei, M., and Su, Y., 2021, "Executive Functions Moderated the Influence of Physical Cues on Children's Empathy for Pain: An Eye Tracking Study", *Early Child Development and Care*, Vol. 191, No. 14.

Yan, Z., Pei, M., and Su, Y., 2018, "Physical Cue Influences Children's Empathy for Pain: The Role of Attention Allocation", *Fron-

tiers in Psychology, Vol. 9.

* You, S., Lee, J., Lee, Y., and Kim, A. Y., 2015, "Bullying among Korean Adolescents: The Role of Empathy and Attachment", *Psychology in the Schools*, Vol. 52, No. 6.

* Yu, G. L., Wang, Y. M., and Liu, C. H., 2012, "Improving Public Service Quality from a Developmental Perspective: Empathy, Attachment, and Gender Differences", *Public Personnel Management*, Vol. 41, No. 5.

Zahn-Waxler, C., Robinson, J. A. L., and Emde, R. N., 1992, "The Development of Empathy in Twins", *Developmental Psychology*, Vol. 28, No. 6.

Zaitchik, D., Iqbal, Y., and Carey, S., 2014, "The Effect of Executive Function on Biological Reasoning in Young Children: An Individual Differences Study", *Child Development*, Vol. 85, No. 1.

Zaki, J., 2014, "Empathy: A Motivated Account", *Psychological Bulletin*, Vol. 140, No. 6.

Zaki, J., 2017, "Moving Beyond Stereotypes of Empathy", *Trends in Cognitive Sciences*, Vol. 21, No. 2.

Zelazo, P. D., 2015, "Executive Function: Reflection, Iterative Reprocessing, Complexity, and the Developing Brain", *Developmental Review*, Vol. 38.

Zelazo, P. D., Frye, D., and Rapus, T., 1996, "An Age-Related Dissociation between Knowing Rules and Using Them", *Cognitive Development*, Vol. 11, No. 1.

* Ze, O., Thoma, P., and Suchan, B., 2014, "Cognitive and Affective Empathy in Younger and Older Individuals", *Aging & Mental Health*, Vol. 18, No. 7.

Zhang, Q., Wang, Y., Lui, S. S. Y., Cheung, E. F. C., Neumann, D. L., Shum, D. H. K., and Chan, R. C. K., 2014, "Validation of the Griffith Empathy Measure in the Chinese Context", *Brain Impairment*, Vol. 15, No. 1.

* Zhang, Y., Xiang, J., Wen, J., Bian, W., Sun, L., and Bai, Z., 2018, "Psychometric Properties of the Chinese Version of the Empathy Quotient among Chinese Minority College Students", *Annals of General Psychiatry*, Vol. 17, No. 38.

* Zhao, Q., Neumann, D. L., Cao, X., Baron – Cohen, S., Sun, X., Cao, Y., and Shum, D. H. K., 2018, "Validation of the Empathy Quotient in Mainland China", *Journal of Personality Assessment*, Vol. 100, No. 3.

Zhou, Q., Eisenberg, N., Losoya, S. H., Fabes, R. A., Reiser, M., Guthrie, I. K., Murphy, B. C., Cumberland, A. J., and Shepard, S. A., 2002, "The Relations of Parental Warmth and Positive Expressiveness to Children's Empathy – Related Responding and Social Functioning: A Longitudinal Study", *Child Development*, Vol. 73, No. 3.

索 引

A

爱情　　5,7

B

贝叶斯统计　　88,90,100,104,116,
　　121,147,166

贝叶斯因子　　88—91,100,103,
　　104,106,116,120,121,124,147,
　　166

背外侧前额叶皮层　　133,228

C

恻隐之心　　11,12

D

多维度共情测量任务　　62,64,65

E

俄罗斯套娃模型　　23—26,30,31,
　　52,65,222

额下回　　49,132,134,228,229

儿童　　3,5,6,9,12,28—31,34—
　　37,41,42,45,47—54,56,63,64,
　　66—77,81,83—85,88,93—96,98,
　　100,103,106,108—112,116,118,
　　120,122,124,126—134,136—139,
　　142,144,151,153,154,157—163,
　　170—174,182—184,186,190—
　　192,194—210,219,220,222—224,
　　226—231

儿童及青少年共情量表　　56

F

发表偏差检验　　44,176

发展　　1—3,5—10,13,15,16,19,
　　22,25—27,29—31,33—43,45,
　　47—53,55,56,63—66,68—70,
　　72—76,81—84,94—96,109—111,
　　131—135,137—139,158,160,163,
　　172,174—176,181—184,186—
　　204,209—212,215,217—223,226,
　　231,232

腹外侧前额叶皮层　　133

G

感受和思维量表　74

工作记忆　31,133—135,138,139,142,143,151—155,157,159,161—163,170,172—176,178—183,220,224—227

共情　1—39,41—81,83,85,93—95,108,109,111,125,131—138,142,158,160—162,172—229,231,232

共情反应量表　56,74

共情连续计分体　70

共情商数问卷　60,188

共情问卷　46,62,74,206

H

海马　193

核磁共振成像　26,65,67,68,78,160,232

霍根共情量表　57

J

基本共情量表　46,60,61

计划　2,133,159

杰弗逊医生共情量表　57

K

课程思政　201,202

眶额叶皮层　15,49,68,133,135,228

L

灵活转换　31,133,134,138,139,142,143,151,159,162,163,174—176,178—182,220,224—226

M

梅拉比安情绪共情量表　55,56

N

脑岛　14,36,49,68,73,79,84,135,185,194,228,229,232

脑电　34,65—68,73,160,183,184,230

P

平衡的情绪共情量表　56

Q

前扣带回皮层脑区　134

亲子关系　5—7,198,199,219

亲子阅读　31,195,197—200,219

情境模拟任务　69,71

情境线索　20,21,29,31,32,77—79,81—84,93,98,108,109,111,126—132,136,138,139,151—154,157,160,170,171,173,174,182—184,220,222—227,229

情绪传染　27,28,61,62,137

R

人际反应指针　42,43,46,47,58,

59,65,74,212,213
认知负荷　26,132,135,160
认知和情绪共情问卷　46,61

S

社会线索　31,36,78—85,87—91,93—95,97—109,111,112,115,116,118—130,139,159,162,163,165—174,182,184,220,222—224,227,231

双加工理论模型　23,26,28,31,32,37,49,52,131,137,194,220,226—229

双系统模型　23,27,28,30,31,52,181

T

调节效应检验　45,178

疼痛共情　18—21,28,29,31,32,38,62,63,66,68,72,73,78—85,93—96,98,103,108,109,111,112,115,119,122,126—131,133,135—139,145,151—163,165,170—174,182—184,194,210,220—230

疼痛共情双加工理论模型　29

疼痛评价面孔量表　87,98,112,141,145,163

疼痛评价任务　62,63,69,72,78,83,85,87,93,96,97,108,109,112,139,145,163

同伴关系　6,190—193,202

同情　13—15,17,22,29,46,55,56,58,60,61,69—71,80,111,138,184,199,220,223,225

图画故事法　69

团体辅导　195,196

推理　49,77,133,159,194

W

问题解决　133,159,196,197

物理线索　19,31,36,78—85,87—95,97—100,102—109,111,112,115—122,124—130,136,137,139,141,144—153,159—163,173,182,184,220,222—225,227,230,231

X

行为遗传学　186,187

杏仁核　36,67,68,193,194

学前期儿童　6,29—32,34,36,48,50,62,79,82,83,85,90,92,94,95,103,109—111,125,128—133,137—139,141,158,159,162,173,183,184,190—192,197,198,219,220,223—226,229,231

Y

眼中读心任务　49,62—64,69,132

异质性检验　45,176

抑制控制　31,73,133,134,138,139,142,151—154,156,157,159,161—163,170—176,178—184,

206,208,209,220,224—227

元分析 2,6,10,27,30,34,38—41,43—45,48,50,52,81,85,125,126,131,174—177,180,181,183,184,190,192,211,212,217,221,223,226

Z

诊疗关系共情量表 57

知觉运动模型 23—26,30,31,49,52,65

执行功能 27,29,31,32,37,50,52,131—139,142,145,151—155,158—163,170,172—184,220,224—229,232

主效应检验 45,177

自然共情 7,8

后 记

依托于"国家社科基金后期资助优秀博士论文出版项目",我撰写了这本书。这是一本描绘学前期儿童共情发展特点的专业书籍,可以作为发展心理学或学前教育学的专业参考读物。

对儿童的关注源于专业、始于责任。虽然我本科专业是应用心理学,博士专业是基础心理学,但是我的研究方向一直都是发展心理学。从2010年进入心理学研究领域以来,我就与儿童结下了深厚的情谊。专业学习使我萌生了儿童发展研究的兴趣,人类的认知和情绪的发展特点让我十分好奇。这一做,就做了10年。现在回过头来看,儿童发展研究已经不仅仅是我的专业和兴趣,也逐渐成了我肩上的一份责任。如何促进和帮助中国儿童健康、快乐地成长,成了我现在重点关注的问题。

本书的写作是对国家政策的呼应,是对教育实践的回答。做好儿童工作,发展儿童事业,培养造就一代新人,是提高民族素质的一项基础工程,是实现我国宏伟发展目标的重要保证,是社会主义现代化建设事业兴旺发达的必然要求。党的十八大以来,以习近平同志为核心的党中央将培养好少年儿童作为一项战略性、基础性工作,坚持儿童优先原则,大力发展儿童事业。基于发展心理学视角,学前期是儿童心理发展的敏感期,也是个体认知及情绪发展最为迅速及重要的时期,为儿童走向社会化奠定基础。共情,无疑是儿童社会化的关键能力。儿童的共情是如何发展的？儿童的共情是否可以培养？儿童的共情如何进行培养？这些都是本书想要尝试回答的问题。

本书是基于我的博士学位论文《5—6岁儿童的疼痛共情：情境线索的影响及执行功能的调控作用》修订而成的。在撰写博士学位论文时，我的写作重点放在了共情的实证研究上，较少地讨论其文化背景和教育建议。而借着这次出书的机会，我重新进行了梳理。我从对中华传统文化的回顾出发，挖掘和探寻共情的文化源起。最后，我回归原点，落脚于共情的教育实践，既有理论层面的总结，也有实践层面的指导方案。另外，原文的写作规范和正文内容更多偏向于学位论文，为了使其符合出版要求，我在原文的基础上进行了修改和扩展。首先，我对原文的表达进行了修改，在不失去专业性的基础上使其更加通俗易懂，字数也由原来的十几万字扩展到了现在的近三十万字。其次，由于内容的更新，章节也由原文的六个章节拓展到了现在的八个章节，我对每个章节的内容和表述都进行了较大幅度的修改。

在成书的过程中，我得到了北京大学、湖南师范大学领导和老师们的大力支持。北京大学心理学院苏彦捷教授（也是我的博士生导师）对于书籍的撰写提出了许多宝贵的意见和建议，并且在百忙之中抽出时间为本书作序。湖南师范大学教育科学学院院长刘铁芳教授、丁道群教授、钟毅平教授、彭运石教授、汪植英书记和屈卫国系主任多次关心、鼓励并指导了本书的写作。研究生朱晓倩、周可、刘嘉璐、罗美伊和本科生兰洛、陈梓轩在本书的写作和校对中给予了我一定的帮助。本书参考文献的作者及中国社会科学出版社的王琪编辑为本书的创作、出版提供了可贵的支持和帮助，在此一并致以深深的谢意！

我的博士生导师苏彦捷教授时常对我说，儿童的发展很快，但是儿童发展研究的进展却是缓慢的。研究永无止境，我们所能看到的只是儿童所展露出的冰山一角而已。在有限的时间和文字里，本书所提出的理论以及对应的实证研究难以全面而准确地描述儿童共情的发展特点，还比较粗浅。同时，受限于我的写作和表达能力，本书不可避免地会存在一些问题，欢迎广大读者批评指正！

颜志强
2022 年 12 月于湖南师范大学教育科学学院